淡交新書

能鑑賞二百六十一番

現行謡曲解題

金子直樹

淡交社

目次

はじめに

「能は高尚すぎて何だかわからない」というご感想をよく耳にします。確かに能の中心にはドラマがありますから、大筋を知っておくに越したことはありません。能を観る前に作品の概略を知ること、ストーリーや作品のテーマ、きっかけになる最低限の情報を仕入れておくことは必要です。

能楽堂に行く前に気軽に読める解説書、ということで、二〇〇一年、能楽が世界無形遺産の第一回の指定を受けた年に『能楽鑑賞百一番』を上梓しました。ところが、読者の方から「百一番では不足、続編を」というリクエストをいただき、二〇〇八年には『能鑑賞二百一番』に改訂。それから十年、どうせなら現行曲全てを網羅してほしいとのご要望に応えることになりました。最近は能楽の入門書も増えたので概略的解説は他の書籍に譲って、曲目解説に特化した本書を作りました。体裁もコンパクトにしたので、扱い易い本になったと思います。

能という芸術は、舞台上に示されたストーリーを理解すれば終わり、というものではありません。舞台を通して自分の心を覗き込み、何かを感じ取り、心を癒すことができる、そんな深さを持った芸術です。「理解」が「感動」を助けるのは事実ですが、「理解」そのものが目的なのではなく、自分の感受性で受け止め、「感動」することが大切だと思います。作品のアウトラインを知っておくことで、能楽堂に着いたら、ともかく舞台を凝視すること、自分の感性を総動員して舞台と向き合うこと、日常とは違った時間と空間を味わうことに熱中していただきたいと思います。

あなたの「感動」のために、本書が少しでもお役に立てればと願っています。

凡例

・ここで取り上げた261番は、能楽シテ方五流（観世・宝生・金春・金剛・喜多）において、現在演じられているものである。その曲は、脈々と演じ続けられているもの、一旦途切れた後に再び演じられるようになって定着したもの（復曲能）、新たに作られ繰り返し再演されているもの（新作能）である。

・曲目名の下にはジャンルと現行曲とする流儀名を記している。ただし、すべての流儀で扱われている場合は、「五流」とした。異称のある場合は、流儀名の下に〈　〉にて別表記を示した。

・上段には、典拠・舞台となった場所・登場人物・用語解説を付している。用語解説については、スペースが限られているため同様の用語でも抽出していない場合もある。

用語索引

＊能楽を見るときに、知っておいてもらいたい用語を挙げました。

間狂言	あいきょうげん	024
相舞	あいまい	031
アズサ	あずさ	008
東遊	あずまあそび	284
一畳台	いちじょうだい	105
祈リ	いのり	255
丑の刻参り	うしのこくまいり	095
役行者	えんのぎょうじゃ	091
男舞	おとこまい	149
替間	かえあい	358
楽	がく	251
神楽	かぐら	063
カケリ	かけり	234
火宅	かたく	260
羯鼓	かっこ	169
神舞	かみまい	220
勧進帳	かんじんちょう	015
斬組	きりくみ	062
クセ	くせ	361
クルイ	くるい	296
小歌	こうた	013
小書	こがき	049
古態演出	こたいえんしゅつ	137
五音曲条々	ごおんきょくじょうじょう	220
五大尊明王	ごだいそんみょうおう	127
西行法師	さいぎょうほうし	151
下り端	さがりは	023
申楽談儀	さるがくだんぎ	162
三道	さんどう	038
獅子	しし	171
『十訓抄』	じっきんしょう	376
『続日本紀』	しょくにほんぎ	376
序ノ舞	じょのまい	364
白拍子	しらびょうし	300
真ノ序ノ舞	しんのじょのまい	040
懺法	せんぽう	269
卒都婆	そとば	209
立廻り	たちまわり	010
段物	だんもの	147
中ノ舞	ちゅうのまい	207
天女ノ舞	てんにょのまい	099
融大臣	とおるのおとど	263
残り留	のこりどめ	077
破ノ舞	はのまい	278
早笛	はやふえ	024
早舞	はやまい	218
直面	ひためん	018
引立大宮	ひったておおみや	247
『風姿花伝』	ふうしかでん	226
変成男子	へんじょうなんし	049
舞働	まいばたらき	237
源頼光	みなもとのらいこう	068
物着	ものぎ	084
六道	ろくどう	079
ロンギ	ろんぎ	099

能鑑賞二百六十一番

現行謡曲解題

【藍染川】

あいそめがわ――四・五番目物 ■観世・金春

梅千世の母は、宰府《さいふ》宮の神主が都に在京中に契り梅千世を生む。故郷へ帰った神主を追って筑紫《つくし》国を訪れ、左近尉《さこのじょう》に神主宛ての手紙を託す。神主は不在で、手紙を見た神主の本妻が、母子を追い返すため偽の返信を渡す。神主に捨てられたと思った母は悲嘆にくれて藍染川に身投げする。残された梅千世を左近尉が慰めるところに神主が帰宅し、母の遺書と遺骸を見て祈りを捧げると、天満天神が現れて母を蘇生させる。

前後のシテが別人格で、ワキ、ワキツレ、アイもそれぞれ活躍する。文が重要な役割を果たしており、母から神主への手紙を本妻が、本妻の書いた偽手紙を母が、母の遺書を神主がと、三つの文を狂言方、シテ方、ワキ方のそれぞれの技法で読む。後場では舞台に置かれた小袖が母の遺骸を表す。ワキ、ワキツレともに重要な役割を担い、ワキ方にとって重く扱われる作品。

典拠＝未詳
場所＝筑紫・藍染川
前シテ＝梅千世の母
後シテ＝天満天神
子方＝梅千世
ワキ＝神主
ワキツレ＝左近尉
ワキツレ＝神主の従者
アイ＝神主の妻

◆**補記**
前シテの母をツレとして、後シテの天神の入った作リ物をはじめから出しておく演出が古くはあったようで、いわゆる「護法型」の能であったとも思われる。

【葵上】

あおいのうえ —— 四番目物 ■ 五流

物《もの》の怪《け》に取りつかれ病床に臥《ふ》す葵上。照日《てるひ》の巫女《みこ》がアズサにかけて物の怪の正体を呼び出すと、破《や》れ車に乗った六条御息所《みやすどころ》の生霊《いきりょう》が現れ、尽きせぬ恨みを告白し、葵上を打ち、連れ去ろうとする。葵上の容態の急変に呼ばれた横川小聖《よかわのこひじり》は一心に祈る。そこに現れたのは鬼女となった御息所の怨霊《おんりょう》。両者は激しく闘うが、さすがの怨霊も御仏の声に祈り伏せられ、菩薩の救いもあって成仏するのだった。

高貴な女性の嫉妬の思いの悲しさ、激しい情念の恐ろしさを凄絶なかたちで描いた作品。観客が『源氏物語』「葵ノ巻」を知っていることを前提に、主人公の情念が現代にも共通した普遍的情念であることを訴えかけている。

六条御息所は元皇太子妃。夫の死後、年下の光源氏と結ばれるが、次第に疎遠になる。賀茂祭に参列する源氏の姿を見ようと出かけた御息所は、

典拠＝『源氏物語』
場所＝京・左大臣邸
前シテ＝六条御息所の霊
後シテ＝六条御息所の霊（鬼相）
ツレ＝照日の巫女
ワキ＝横川小聖
ワキツレ＝朝臣
アイ＝左大臣家の男

◆補記

世阿弥の『**申楽談儀**』には、近江猿楽の名手犬王道阿弥が演じた〈葵上〉について、破れ車に乗った六条御息所が侍女の青女房とともに登場したとの記録が残ってい

る。車の作り物を出し、車添えの女（青女房）を登場させる演出が、本来の演出だったと思われる。この古態演出が1984年10月に法政大学能楽研究所主催の試演能として実現され、以後「古式」の小書で上演されている。

◆**用語解説**

アズサ　弓の弦を鳴らして霊を呼ぶときの音を模した、物憂い呪術的な雰囲気を表現した囃子。本曲と〈砧〉の特殊演出梓之出に用いられる。

枕ノ段（段物）　147頁参照

祈リ　255頁参照

『申楽談儀』　162頁参照

見物場所のことで葵上の従者に辱められる。この事件以後、御息所の内に燃えさかる嫉妬の炎は、そのプライドゆえ、眠りにつくと肉体を離れた生霊となって葵上に襲いかかる。病床の葵上は、舞台に置かれた「出小袖《だしこそで》」により象徴される。役者同士を対立させず、主人公の心理をきわだたせる能の優れた技法だ。前場の終盤が、主人公の心理をみごとに描く**枕ノ段**。後場は鬼女となった御息所の怨霊とエクソシスト小聖との激しい闘い**祈リ**の中に、孤独ですさまじい愛の執心をくぐりぬけ、羞恥の美への帰着を見せる。

#【阿漕】

あこぎ――四番目物 ■ 五流

僧が阿漕ヶ浦で老漁師（老人）と出会う。阿漕という漁師が禁漁区のこの浦でたびたび密漁したため捕らえられ、縛られて沖に沈められたことから、ここは阿漕ヶ浦と呼ばれる。秘事を重ねる罪がみな阿漕に負わされるのも悲しいことだと述懐した漁師は、突然姿を消す。

僧が回向《えこう》していると、地獄の底から阿漕の亡霊が現れ、魚を捕る様子を見せる。亡霊は地獄で苦しむありさまを見せると、「助け給へや旅人」という声だけを残して、また波の底へと沈んでゆく。

「伊勢の海、阿漕ヶ浦に引く網も、度重なれば顕れにけり」という和歌が作品の主題。本来は忍び逢う恋の歌だが、ここでは一切の甘さを排し、もとの密漁伝説に基づき、終始陰惨な舞台を展開する。

前場は年老いた漁師による淡々とした語りのなかに潜む人間の煩悩が聞きどころ。後場では、太鼓《たいこ》立廻《たちまわ》リで魚を追う亡霊の姿に、生活のための営

典拠＝『古今和歌集』
　　　『源平盛衰記』
場所＝伊勢・阿漕ヶ浦
前シテ＝老漁師
後シテ＝漁師の霊
ワキ＝旅の僧、または日向国の男
アイ＝浦の男

◆補記

中世社会では仏教が生活に大きな位置を占め、五戒のひとつである殺生の罪の意識が強かった。そうした時代に、殺生そのものを生業とする人々の苦悩は想像もつかない。能の題材としても

異色を放つこの魅力的なジャンルには、〈鵜飼〉〈善知鳥〉〈阿漕〉があり「三卑賤」と呼ばれる。

◆**用語解説**

立廻リ　舞台上を静かに動きまわること。動きに特定の型はなく、曲ごとに特有の動作をする。笛・小鼓・大鼓で演奏する「大小立廻リ」には、〈百万〉などでわが子を捜しまわる姿などがあり、太鼓が演奏に加わる「太鼓立廻リ」には〈阿漕〉での魚を捕る場面や〈山姥〉の山巡りなどの場面がある。概念があいまいなため、イロエやカケリと混同されることがある。

みを越えた、人間の本能のエクスタシーゆえの罪深さを見せる。

神が出現して祝福する能はもちろん、たいがいの執心・怨霊でもドラマの不自然さとは無関係に成仏させてしまい、めでたしめでたしで終わることの多い能の中で、〈阿漕〉には救いがない。地獄の苦しみをリアルなまでに陰惨に表しつつ、「助け給へや旅人」と叫びながら海底に沈んでいく亡霊。次の旅人が来れば、また浮かび出て殺生と地獄のありさまを見せるのだろう。私たちにとっては、潜在的に持つ自己の罪に救いがないからこそ、人間のドラマとしての感動が深いのだ。

【阿古屋松】

あこやのまつ ── 復曲能

陸奥の国司となった藤原実方《さねかた》が、木樵《きこり》の老人に阿古屋松を尋ねる。昔は陸奥国、今は出羽国にあると言う老人に、松が動くはずはないと笑う実方。老人は、陸奥国から出羽国が分割され、阿古屋松の所在地が出羽国になったと語る。実方は老人の案内で阿古屋松を訪れる。老人は塩竈《しおがま》明神だと素性を明かして消える。実方の仮寝の夢に塩竈明神が出現し、阿古屋松のことを語り、実方が評判をとった賀茂の社の臨時の舞を思い出して舞う。

世阿弥自筆本を基に、監修を松岡心平、節付《ふしづけ》・型付《かたつけ》を観世清和、間《あい》狂言台本を山本東次郎、シテ観世清和で、2012年4月に国立能楽堂で復曲初演。前半は木樵の老人と会話する実方の心の変化が謡で表現される。後場のクセの謡は「闌曲・乱曲」として伝承されたものを活用。実方が賀茂の臨時の祭で舞った舞を、ワキの実方でなくシテの塩竈明神が舞う。

典拠＝未詳
場所＝陸奥・萬松寺
前シテ＝木樵の老人
後シテ＝塩竈明神
ワキ＝藤原実方
ワキツレ＝従者たち
アイ＝所の者

◆補記

本作品復曲と同年6月に、京都観世会「復曲試演の会」で、西野春雄・味方健を中心に台本から見直された〈阿古屋松〉がシテ片山幽雪で復曲上演されている。

【蘆刈】

あしかり——四番目物　■五流

零落《れいらく》して心ならずも妻と別れた左衛門は、蘆売《あしう》りとなっている。妻は都で高貴な家の乳母《めのと》となったが、夫の行方を尋ねて日下《くさか》の里にやってくる。そこに通りかかった蘆売りは、求められるまま蘆や御津《みつ》の浜の故事を語り笠づくしの舞を舞うなど風流のかぎりを尽くす。妻が蘆を買おうと顔をみると、まさしく夫に他ならない。今の身を恥じて小屋に隠れる夫だが、妻とのやりとりに心も打ち解け、装束《しょうぞく》を改めて喜びの舞を舞う。

風流このうえない芸づくしと人情劇的葛藤と颯爽とした舞の祝言性など多彩な要素が混在した作品。第一場では零落した夫が蘆売りとなって登場するが、一見似合わぬ蘆売りの口から高等な文学談が語られる意外性に始まり、御津の浜の故事、そして笠づくしの舞踊と、変化に富んだ舞台が進行し、芸づくしの遊狂的雰囲気が充満している。特に笠ノ段と呼ばれる場面は、笠づくしの言葉のおもしろさや小歌風の独特な旋律やリズムなど、

典拠＝『拾遺和歌集』『大和物語』
場所＝摂津・難波浦
シテ＝蘆売りの男・日下左衛門
ツレ＝左衛門の妻
ワキ＝妻の随行者
ワキツレ＝妻の随行者
アイ＝里の男

◆補記

蘆刈説話にある悲劇的な説話をハッピーエンドに置き換えたのは、ひとつには和歌の徳と夫婦の縁を重ね、男女の心の通い合いを暖かく表現する祝言性にある。また

一方では、男を「蘆売り」と設定することで、蘆づくしの芸能を見せることにある。

◆**用語解説**

笠ノ段（段物）　147頁参照

小歌　室町時代の俗謡《ぞくよう》をそのまま能に取り入れたと考えられ、劇中芸能の一部として謡われる。

物着　84頁参照

男舞　149頁参照

当時の芸能を彷彿とさせる山場となっている。第二場では細やかで愛情あふれる夫婦再会場面を見せる。ここで象徴的なのは、相手が妻だと知った夫が我が身を恥じて小屋に逃げ込み戸を閉ざすが、妻との愛を確認した後に戸を開けて出てくるシーン。流儀や演出によって出される作り物の小屋が、夫の心理的閉鎖から打ち解け心を開くまでの内面を象徴している。第三場は蘆売りの姿から立派な姿へと変身する**物着**《ものぎ》が効果的で、その後の**男**《おとこ》**舞**《まい》が爽やかな祝言性を感じさせる。

【飛鳥川】

あすかがわ――四番目物　■金剛・喜多

都の者が行方不明の母を尋ねる友若を連れて飛鳥川にやって来て、川を渡ろうとする。早乙女《さおとめ》たちは渡瀬が違うと教え、古歌を引用して世の無常を語る。ほととぎすの和歌を思い出して田植をしていた早乙女のひとりがさらに興じて舞を舞い、心乱れて我が子を恋しがる。この女が母だと気付いた友若は名乗り、母子は再会を喜ぶ。

早乙女たちが早苗籠《さなえかご》を持ち、早苗を植える珍しい場面を見せる。ここを中心に、飛鳥川の田園風景を背景にした、初夏の季節感あふれる情景を描き出す。『古今和歌集』の読人知らずの歌「世の中はなにか常なる飛鳥川、きのふの淵ぞけふは瀬になる」をはじめ、数々の引用歌が散りばめられ、流麗な詞章で無常観やわが子への思いを描き出す。シテは**中ノ舞**を舞い、三番目物的な傾向の濃い作品となっている。

典拠＝『古今和歌集』
場所＝大和・飛鳥川

シテ＝母
ツレ＝早乙女
子方＝友若
ワキ＝都の者

◆補記

母子再会を扱った母物狂の定型とは異なり、狂女物でありながら**カケリ**を舞わず、子を思っての狂乱や切迫感といった情趣は薄い。

◆用語解説

中ノ舞　207頁参照
カケリ　234頁参照

【安宅】

あたか――四番目物■五流

義経一行は山伏姿に変装し、東大寺再建のための勧進《かんじん》の一行であると偽って安宅の関所を通ろうとする。関守の富樫《とがし》は怪しみ、勧進帳を読めと迫る。手元の巻物を勧進帳と偽り創作で読み上げる弁慶《べんけい》。富樫は強力《ごうりき》姿の義経を見咎《みとが》めるが、弁慶はとっさの機転で義経を金剛杖《こんごうづえ》で打ちすえたので、富樫は弁慶の気迫に押され、一行の通過を許可する。

弁慶は主君を打ったことを詫び、義経も今の不運な境遇を嘆く。そこに富樫が酒を持って追ってきたので、盃を受けた弁慶は延年《えんねん》の舞を舞うと、一同をせきたてて出発する。

歌舞伎十八番の「勧進帳」で有名だが、能の〈安宅〉には歌舞伎とは違う魅力がある。能は義経や弁慶個人の問題ではなく、極限状態に追い詰められた人間の意志と意志との衝突を描く。弁慶と富樫の問答から勧進帳の読み上げ、義経への杖折檻《せっかん》と富樫への詰め寄りなど、息もつかせぬ緊迫し

典拠＝『義経記』
場所＝加賀・安宅
シテ＝武蔵坊弁慶
子方＝源義経
ツレ＝随行の郎等
ワキ＝富樫
オモアイ＝供の強力
アドアイ＝富樫の下人

◆用語解説

勧進帳　社寺、仏像、鐘や橋梁などの造営や修復のために広く寄進を募ることを記した趣意書のこと。一般に造営や修復の発願趣旨を述べ、誦経《ずきょう》や念仏の功徳を説いたり、あるいは造寺、造像、

造塔、写経、架橋などに間接的に参加すれば現世利益や自他の浄土往生が達成されると説き、金品寄進を呼びかける内容となっている。重源が始めた東大寺大仏殿再建のための勧進文が著名である。

能〈安宅〉の勧進帳は節付も常と異なり、拍子関係もこみ入っていて、特別扱いされている。読物として〈正尊〉の起請文や観世流にある〈木曾〉の願書とともに「三読物」と言われている。

クセ　361頁参照

男舞　149頁参照

た場面が続くが、それは必ずしも義経や弁慶でなければいけないというものではない。背景となっている社会的状況や登場人物の性格などを個別具体的に表現することよりも現代にも通じる、ある状況下に置かれた人間が危機を乗り越えるために行う意志力の造形を、能は描こうとしている。とはいえ、劇的な起伏に富んだ作品であることは間違いない。前半の迫力、後半のしっとりした**クセ**での主従の思い、酒宴での弁慶の勇壮な**男舞**と、見どころは多い。

【敦盛】

あつもり――二番目物　■五流

熊谷直実改め蓮生《れんじょう》法師は、一ノ谷の古戦場で草刈男たちが笛を吹きつつ帰るところに出会う。草刈男は名笛のいわれなどを語って立ち去る中、一人が残って十念《じゅうねん》を授かりたいと頼み、敦盛ゆかりの者と名乗って消える。蓮生が念仏を唱えていると敦盛の亡霊が現れ、平家一門の栄枯盛衰《えいこせいすい》を語り、最後の出陣を前に、敦盛も秘蔵の笛を心ゆくまで吹き鳴らす。そして翌日の合戦で熊谷直実に討たれるさまを再現し、弔《とむら》いを頼んで姿を消す。

16歳の若者の死が、その本人にとってだけではなく戦場で若者を殺した相手にも深い無常を感じさせ戦乱の世を嘆いて出家させてしまうところから、この能は始まる。主人公の敦盛の亡霊が、一方的に第三者に修羅《しゅら》の妄執《もうしゅう》を訴えるのではなく、熊谷直実改め蓮生法師との当事者同士の関係の中で、敵への憎しみから回向《えこう》への感謝へと向かう心理的な解決を、とても自然に描いている。

典拠＝『平家物語』『源平盛衰記』
場所＝摂津・一ノ谷
前シテ＝草刈男
後シテ＝平敦盛の霊
ツレ＝草刈男
ワキ＝蓮生法師（熊谷直実）
アイ＝里の男

◆補記

後シテで用いられる「十六」という能面が如実に表すように、敦盛は当時16歳。可憐で多感な青年だった。平家の一門といっても勇壮な武士ではなく、貴族化した音楽好きの貴公子としての性格が強い。笛が得意だったようで、前場の草刈り男の吹く笛から、後場での出陣前の演奏まで、美しくもはかない印象で貫いている。武将が死んで修羅道に落ちると、修羅の苦患を表すため**カケリ**という舞を舞う。〈敦盛〉では流儀により、女性の舞う優美な中ノ舞を舞う。これも敦盛のイメージ作りに一役買っている。

◆用語解説

直面　能面をつけずに素顔で演じること。表情を変化させたりはしない。

クセ　361頁参照

中ノ舞　207頁参照

カケリ　234頁参照

前場《まえば》のシテは**直面**《ひためん》で、刈り草をはさんだ竹を手に持ち、牧歌的雰囲気を感じさせてくれる。それにひきかえ、後場《のちば》の若武者姿はりりしさと可憐さをあわせ持っている。平家一門がはかない栄華を奢《おご》っていた20年を夢のように回想しながら散り散りに都落ちをし、一ノ谷に城を作って須磨人となれ親しんで暮らすようになった様子を**クセ**の部分で舞い、最後の宴での情景を武者姿による**中ノ舞**（喜多流は男舞、金春は中ノ舞・男舞両様）で象徴し、合戦から討たれる場面へと、敦盛の心理の展開を視覚的にもみごとに仕上げている。

【海人】

あま――五番目物 ■ 五流〈観世〈海士〉〉

房前《ふささき》の大臣《おとど》は亡き母の追善供養のため志度《しど》の浦に着く。一人の海人が現れ、唐から贈られた面向不背《めんこうふはい》の玉を我が身を犠牲にして龍宮から取り返し、その功によって海人の子は藤原淡海《たんかい》（不比等）の世継ぎとなり、それが今の房前の大臣だと語り、消え失せる。

大臣は、母の追善供養を営む。すると母の幽霊が龍女の姿となって現れ、法華経《ほけきょう》の功徳《くどく》で成仏できたと喜びの舞を舞う。

前場《まえば》は、子供のためにわが身を犠牲にする母の姿を、いつの世にも共通する強い性格の母親像として描き、自己犠牲のいたましさ、母親の心情の哀れさを語る玉取り伝説を仕方話《しかたばなし》にした玉ノ段を中心に構成している。子に対する愛情から命を捨ててまで玉を持ち帰る海人の姿が、謡《うたい》、型ともによくできた仕方話に仕上がっている。玉ノ段は、玉取り伝説を扱った先行芸能の影響がうかがえるが、単に芸能を見せるに留まらず、母性愛の偉大

典拠＝『讃岐国志度道場縁起』
場所＝讃岐・志度の浦
前シテ＝海人の女
後シテ＝龍女（房前の母の霊）
子方＝藤原房前
ワキ＝従者
ワキツレ＝従者
アイ＝浦の男

◆**補記**
瀬戸内海に面した香川県さぬき市志度にある志度寺は、四国八十八霊場の86番目の古刹。志度寺の持つ数多い縁起の中で第一巻ともいうべ

さを語るドラマとして、作品の中にみごとに融合している。後場《のちば》はドラマの構成としては副次的だが、早舞《はやまい》を見せることで前場での情念の浄化作用を行い、作品世界を現代に通じる完成された小宇宙として完結させている。海人の幽霊が龍女姿なのは、女性はそのままでは成仏できないので龍女という過程を通過する必要があると考えられていたからだ。早舞を舞うが、前場での母親の思いの哀れさが強い分だけ、報われた霊の歓喜の舞として、浄化された雰囲気が漂う。

　原型の〈海人〉は現行曲の前場を中心に構成され、母子の情愛をたっぷりと描き、クライマックスに玉ノ段を配した一場物だったようだ。後に世阿弥が後場を加えて改作したと考えられる。

き『讃岐国志度道場縁起』を中心に能〈海人〉が作られている。『志度寺縁起』は一方で興福寺に伝わる三種の宝物の由来譚でもあり、藤原北家と深い関連がある。〈海人〉は『**申楽談儀**』に金春権守が演じたとの記録がある。

◆用語解説

玉ノ段（段物）　147頁参照

早舞　218頁参照

『申楽談儀』　162頁参照

【綾鼓】

あやのつづみ――四番目物　■宝生・金剛・喜多

庭掃きの老人は、女御《にょうご》の姿をかいま見て、恋の虜《とりこ》になってしまう。鼓《つづみ》を打って音が聴こえたら望みを叶えようと言われて喜ぶ老人。しかし綾が張られた鼓は音が出ない。心を踏みにじられた老人は恨んで死ぬ。女御の前に現れた老人の霊は、邪淫《じゃいん》による恨み心の深さを語り、綾の鼓が鳴るものか打ってみろと、笞《むち》を振り上げて女御を責める。鼓は鳴るよしもなく、女御は悲痛の叫びをあげるばかり。老人の霊は恋の淵へと消える。

恋した男心が女性の気まぐれに弄《もてあそ》ばれる話は、現代でも数多い。恋に老若の区別や身分の差別はなく、純粋な心はみな同じとはいうものの、実際には〈綾鼓〉の庭掃きの老人は、一方的な片思いに加え、身分の違い、年齢の違いという三拍子揃った劣等感を持ち、社会的にも決して好意的に受け止められる状況にはない。はじめから、悲劇的な結末が予想される。綾を張った鼓は、どんなに打っても音が出ない。不可能なことを条件に、そ

典拠＝未詳
場所＝筑前・木の丸御所
前シテ＝老人
後シテ＝老人の霊
ツレ＝女御
ワキ＝廷臣
アイ＝従者

◆**補記**

三島由紀夫は戯曲集『近代能楽集』の中で、ビルの掃除夫の老人が洋装店のマダムに恋をするという設定の「綾の鼓」を創作した。また、山崎正和は戯曲「世阿弥」に、〈綾鼓〉を土台にした場面を描いている。左大臣藤原

道臣の娘で鹿苑院（足利義満）の愛人葛野前に恋した世阿弥が、葛野前に渡された綾の鼓を命がけで打つが、むろん鳴らない。そこに鹿苑院の声がして、再び打つと今度は朗々と鳴る。所詮世阿弥の芸は鹿苑院の光の影にすぎないという、世阿弥自身の存在否定につながるような強烈な場面だ。作品のテーマと現代との繋がりがうかがえる作品をひもとくと、改めて能の持つ魅力が見えてくる。

れを成し得れば希望を叶えるという設定には、分不相応な恋を諦めさせようという女御の意図がはじめからあったのか、それがほんの気まぐれなのか、深い思慮の結果なのかは判らない。類曲〈恋重荷《こいのおもに》〉で怨霊が女御の守り神に転じるという執心の解決が用意されているのに対し、〈綾鼓〉の未解決な結末、人間の持つ執心の深さを激しく描く舞台に魅力を感じるのは、長寿高齢化社会という現代に生きる私たちの、閉塞感を感じる中での偽らざる情念と、どこか一致するからかもしれない。

【嵐山】

あらしやま——脇能　■　五流

典拠＝『太平記』
場所＝山城・嵐山
前シテ＝花守の老人
後シテ＝蔵王権現
前ツレ＝花守の姥
後ツレ＝木守の神
後ツレ＝勝手の神
ワキ＝当今に仕える臣下
ワキツレ＝同行の朝臣
アイ＝末社の神

◆用語解説

天女ノ舞　99頁参照

下り端　後シテ、或いは後ツレの登場の際に演奏される明るくゆったりとしたリズム感のある登場音楽。

嵐山へ桜の様子を見に来た臣下の前に花守の老人夫婦が現れ、神木の木陰を清め、嵐山の桜は木守《こもり》・勝手《かって》の二神が影向《ようごう》して守護するのだと語ると、木守・勝手の明神だと正体を明かして消え去る。やがて木守・勝手の二神が現れ舞を舞うと蔵王権現が来臨し、国土の安穏《あんのん》と衆生《しゅじょう》の済度《さいど》を誓う。

嵐山の桜が吉野の神々（蔵王権現、木守・勝手の二神）によって守られ、それが神々による世の守護であるという祝言性の高い能。

前場《まえば》は動きの少ない場面だが、情緒たっぷりに演じられる。

後場《のちば》は華やかな場面展開となる。木守・勝手の神が登場して**天女ノ舞**を見せた後、蔵王権現が現れて豪快な型を見せる。後ツレは木守の明神が男体、勝手の明神が女体の姿で、二人とも桜の枝を持って登場する。流儀によっては男女が逆のこともあり、また後ツレを子方にすることもある。演出的には後ツレが**下り端《さがりは》**の囃子で登場して天女ノ舞を舞い、ツレの登場楽に多用される早笛《はやふえ》で後シテが登場するなど風流能の典型を示しているが、シテに舞事も働キ事もないのが特徴的。早笛で登場した役が舞働《まいばたらき》を舞わないのは脇能の現行曲では〈嵐山〉だけ。満開の桜の下で数々のショー的な舞台が展開され、荘重さよりも絢爛《けんらん》さを前面に押し出し、観客の気持ちを浮き立たせる作品。

現行の常の間《あい》狂言は末社の神が一人出るだけだが、風流能にはしばしばにぎやかな間狂言を登場させることがあり、〈嵐山〉にも替間《かえあい》（特殊演出）の〈猿聟《さるむこ》〉がある。〈猿聟〉は、吉野の聟猿が供を連れ、嵐山の舅猿のもとへ聟入りする様子を仕組んだもので、大勢の猿が登場し、「キャアキャア」という猿の鳴き声を台詞らしく聞かせながら酒宴を催し、小舞を舞うというにぎやかなもの。こちらの方が本来の形かとも考えられる。

早笛　荒ぶる神・龍神などとなった後シテ・後ツレが勇壮な様子で登場する際に奏される急テンポの囃子事。

舞働　237頁参照

間狂言　能に登場する狂言方とその演技。

替間　358頁参照

【蟻通】

ありどおし——四番目物　■　五流

紀貫之《きのつらゆき》は和歌の道を究めようと玉津島《たまつしま》明神参詣を思い立つ。途中、和泉国にくると急に日が暮れ大雨が降りだして、乗っている馬も倒れ伏してしまう。貫之が途方にくれていると、傘をさし松明《たいまつ》を持った宮守の老人が現れ、ここは蟻通明神で社前を下馬せずに通ろうとしたために、神の怒りに触れ、咎《とが》められたのに違いないと語り、和歌を詠んで神の心を慰めるようにと勧める。貫之が和歌を詠むと馬が元気になって立ち上がる。宮守は貫之に促されて神楽《かぐら》を舞ううち、明神が宮守に憑《つ》き、貫之が和歌に寄せる志に感じて姿を見せたと言うと、鳥居に隠れ姿を消す。

　蟻通明神の怒りを紀貫之が和歌を詠んで鎮めたという、和歌の徳を讃えた作品。

　ワキは紀貫之で、冒頭から終曲まで謡《うたい》と型が多く、重要な役割を負っている。ワキの出では空を見たり鐘の音を聞いたりし、雨粛々とした暗夜に

典拠＝『貫之集』
場所＝和泉・蟻通神社

シテ＝宮守
ワキ＝紀貫之
ワキツレ＝従者

◆**補記**

蟻通明神は物咎めする神として名高い神様で、『泉州名所図会』には、街道往来の旅人に物咎めをして困るというので、社殿は街道を背にして建てたため、裏側にも鳥居がある。

『申楽談儀』には、この曲を世阿弥が演じたときの謡いぶりが、田楽の亀阿弥そっく

馬も倒れ、茫然とする大宮人の風情を見せる。

　シテの宮守は傘をさし、松明を持って登場する。こうした扮装はこの作品特有のもの。世阿弥は**『申楽談儀《さるがくだんぎ》』**の中で、普通なら扇で象徴的に表現するところを傘と松明を用いることで、雨の降りそそぐ夜の闇の中に松明の火に社殿が浮かび上がる情景を描き出す演出を、能に趣を添える例として語っている。**クセ**をシテが舞わず、ワキが倒れた馬を引き立てるところは見せ場。シテは**立廻《たちまわ》リ**を舞うが、これは神楽を舞う心持ちで舞台を巡るもの。ワキの活躍に対し、シテは一曲を通して所作《しょさ》も少なく、神々しい趣を主眼としており、渋くて皮肉な味わいを持った心持ちの多い能となっている。

りだったとの話が記されている。或いは田楽の亀阿弥のスタイルを取り入れた、複式夢幻能が完成される前の、古風な面影を残した作品とも考えられる。

◆用語解説

神楽　63頁参照
『申楽談儀』　162頁参照
クセ　361頁参照
立廻リ　10頁参照

【淡路】

あわじ――脇能 ■ 観世・金春・金剛

臣下が従者とともに淡路島に渡ると、老人と若い男が春の田をならしている。臣下の問いに、老人はこの田が伊弉諾尊《いざなぎのみこと》、伊弉冉尊《いざなみのみこと》二神を祀《まつ》る当社の田であると言うと、二神と我が国の国土創成のいきさつを語り、立ち去る。里人から当社の由来を聞いた臣下が待つところに、夜半、月光のもとにイザナギノミコトが出現して勇壮に舞うと、淡路島はじめ国土ができたいわれを示し、国土の永続を寿ぐ。

前場《まえば》ではシテ・ツレがエブリを持って苗代田《なわしろだ》を作る風土性をみせる。後シテの伊弉諾尊は、観世流と金剛流では邯鄲男《かんたんおとこ》の面を掛けた若い男の神で神舞《かみまい》を舞い、金春流では大天神の面を掛けて太鼓入り急ノ舞を舞う。金剛流でも小書《こがき》「急々之舞」のときは大天神の面を掛け、髪をミズラに結い、勾玉《まがたま》をかけて、最も速度の速い舞を舞う。

典拠＝『神皇正統記』
場所＝淡路島
前シテ＝老人
後シテ＝伊弉諾尊
ツレ＝若い男（金剛は姥）
ワキ＝臣下
ワキツレ＝従者
アイ＝里人

◆補記
古くは各流とも姥であったと考えられ、老人とともに伊弉諾尊、伊弉冉尊の化身として扱われていたようだ。

◆用語解説
神舞 220頁参照

【碇潜】

いかりかづき――五番目物 ■ 観世・金剛

典拠＝『平家物語』
場所＝長門・早鞆浦
前シテ＝老人
後シテ＝平知盛
後ツレ＝二位尼・大納言局
ワキ＝旅の僧

◆**補記**
観世流の現行演出は江戸後期以降のものと思われる。

◆**用語解説**
舞働　237頁
古態演出　137頁参照

旅の僧が長門国早鞆浦《はやともうら》で渡し舟に乗り、船を操る老人に壇ノ浦の軍《いくさ》物語を所望すると、老人は能登守教経《のりつね》の奮戦と最期のありさまを語って消える。僧が平家一門の跡を弔《とむら》っていると、海中から大船が浮かび上がり、二位《にいの》尼《あま》、大納言局《だいなごんのつぼね》、平知盛の霊が現れる。二位尼は安徳天皇の入水《じゅすい》のありさまを語り、知盛は戦での勇姿を見せる（舞働《まいばたらき》）と碇を戴いて海底に沈む。

『平家物語』を典拠としているが、前場《まえば》で教経の最期を、後場《のちば》で幼い安徳天皇と二位尼の入水、そして知盛の最期と、三つの主題を巧みに盛り込んだ構成となっている。全体の枠組みは夢幻能だが、一人の主人公に焦点を合わせるのではなく、壇ノ浦で滅亡していく平家一門の全体像を、まるで絵巻物でもみるように描いている。観世流では後場に知盛一人しか登場しない演出が常だが、近年は禅鳳本をふまえた二位尼や大納言局が共に後場に登場する**古態《こたい》演出**（小書・舟出之習）の上演が試みられている。

【生田敦盛】

いくたあつもり――二番目物　■観世・宝生・金春〈生田〉・金剛

法然上人が賀茂参詣の帰り道に幼児を拾った。子が10歳になった折に上人が説法の場でこのことを話すと、母と名乗る女が出て父は平敦盛だと伝えた。子は夢にでも父に会いたいと願い、賀茂明神に祈願した。満願の日に法然の従者とともに賀茂明神にやってきた敦盛の子は、霊夢に導かれて生田の森で敦盛の霊に出会う。敦盛の霊は昔語りをして舞を舞うが、修羅の苦しみを見せ、跡を弔うよう頼んで消える。

世阿弥作の〈敦盛〉を念頭に、別種の趣向による金春禅鳳《ぜんぽう》作品。一場ものの形式だが、ワキの経過説明が長いこともあり、生田の森に着くまでが前半といった印象を与える。シテがわが子に語る軍《いくさ》物語は哀れさの深い場面であり、滅びゆく平家と敦盛の心情がしみわたる。次に舞われる中ノ舞は、修羅物としての性格よりも親子の情愛の方が中心となっていることが、直前に語られる平家没落と敦盛の心情に相応しいと言える。

典拠＝未詳
場所＝山城・賀茂社、摂津・生田の森
シテ＝平敦盛の霊
子方＝敦盛の遺児
ワキ＝法然の従者

◆**補記**

敦盛と遺児の再会と別離を描き、意識的に子方を目立たせる演出効果を狙っているのは、〈初雪〉や〈一角仙人〉などにも見られる禅鳳作品の共通した傾向で、晩年の禅鳳が孫の岌蓮のために作ったと考えられている。

【一角仙人】

いっかくせんにん——四番目物 ■観世・金春・金剛・喜多

典拠＝『今昔物語集』『太平記』
場所＝天竺・波羅那
シテ＝一角仙人
ツレ＝旋陀夫人
子方（又はツレ）＝龍神
ワキ＝随行の朝臣
ワキツレ＝輿舁

◆**補記**

簡素な能舞台には珍しく、作り物が二つ出される。一つは一角仙人の庵、もう一つは龍神を閉じ込めた岩屋だ。舞台に象徴的に置かれた二つの作り物が、山奥の仙郷を表す。

一角仙人は龍神と争って勝ち、神通力《じんつうりき》で龍神を岩屋に封じ込めたため雨が降らなくなって人々が困っている。帝は旋陀夫人《せんだぶにん》という絶世の美女を派遣し、仙人の心を夫人の虜《とりこ》にして神通力を失わせようと計画する。仙人の庵を訪れた夫人は、仙人に酒を勧め、面白く舞うと、夫人の容色に迷った一角仙人は酔い潰れ、寝込んでしまう。仙人が神通力を失ったので、龍神は自由になり、仙人を倒して大雨を降らせつつ龍宮に帰る。

山奥の仙郷にやってきた旋陀夫人は、いかにもその場にそぐわない。一角仙人も夫人に目をとめる。人倫《じんりん》通わぬ深山で生活している仙人にとっては、洗練された夫人の美しさは驚愕に値するものだったろう。女の色香に免疫ができていなかった純情な仙人にとって、酒の酔いとむせかえるような夫人の色気は、少々強すぎる刺激だったのだろう。飲酒戒（邪淫戒も）を破った天罰として神通力を失った仙人の姿は、とても他人事とは思えない

岩屋が砕けて中から龍神が現れるところは、子方が龍神を演じる場合は、岩の作リ物が左右に割れて、中から龍神に扮した子方二人が飛び出し、仙人との立廻リを演じる。龍神を大人が演じる場合は、岩を出さずに揚げ幕から登場する演出になるが、舞台効果としては子方を用いて岩の作リ物を割った方が、ダイナミックな楽しさがある。

◆用語解説

楽　251頁参照

相舞　シテとツレなど二人以上が同じ舞を一緒に舞うこと。

人間の煩悩を表しているようだ。

酒と色気で仙人をたぶらかす旋陀夫人は、美しく舞う。ここでは夫人と仙人の楽《がく》の相舞《あいまい》が見どころ。はじめは夫人が一人で舞うが、仙人は夫人の舞を見ているうちに興にのり、自分も立って舞いはじめる。

歌舞伎の「鳴神《なるかみ》」では、主人公の鳴神上人と雲絶《くものたえ》間《ま》姫《ひめ》との間で、ずいぶんとリアルでエロチックなやりとりがあるが、能ではもちろんそこまでの描写はしない。あとは観客のイマジネーションにまかされている。

【井筒】

いづつ――三番目物 ■ 五流

在原業平《ありわらのなりひら》と紀有常《きのありつね》の娘の跡を弔う旅僧の前に女が現れ、昔を語る。高安の愛人に通う業平を妻は恨むどころか、夜道を通う夫の身を案じ歌を詠む。その心が業平の高安通いを止める。回想はさらに過去へと遡る。幼なじみの男女が成人し、互いに歌を交換して、やがて恋が実る。そう語り女は姿を消す。僧の夢に女は業平の形見を身に着けて現れ、思いを込めて舞う。のぞき込んだ井筒の水鏡《みずかがみ》に映った姿は、業平の面影そのまま。懐かしく思いながらも、夜明けとともに亡霊は姿を消す。

あの世から時間を遡《さかのぼ》って現れた女の回想にのせて、純粋に浄化された思慕の情が際立つ作品。高安の女との三角関係も、じっと座るシテの姿が地謡《じうたい》によって息づくことで、有常の娘のひたむきさだけがクローズアップされる。そして回想をより遠い昔、二人の幼いころへと逆転させることで、美しい恋愛の情の純粋な高揚を引き出す。

典拠＝『伊勢物語』
場所＝大和・在原寺
前シテ＝里の女
後シテ＝井筒の女の霊
ワキ＝旅の僧
アイ＝里の男

◆**補記**

井筒は前場の**クセ**、後場の**序ノ舞**を中心に、世阿弥自身が『中楽談儀』で「上花也」と自賛するほど、幽玄能の代表作といわれる。しかし室町末期には、髪の乱れた「十寸髪」の面を着け、激しいカケリを舞う演出があった。復曲された舞台を見ると、おとなしそうなシテの内面にこもった嫉妬の炎や、永遠に待ちつづけても得られぬ恋人を、せめて形見を身に付けることで得ようとする、女の情念が見えるかのようだ。

◆**用語解説**

クセ　361頁参照

序ノ舞　364頁参照

い

ここでは「筒井筒井筒にかけしまろが丈、生ひにけらしな妹見ざるまに」「比べ来し振り分け髪も肩過ぎぬ、君ならずして誰か上ぐべき」という二首の歌が象徴となる。こうした心情がピークに達するのが後場《のちば》の序ノ舞。業平夫婦を離れ、時代を超えて誰の心にも共鳴する普遍的な恋の物語となったとき、もはや言葉もいらず、具象的な型も用いず、純粋に抽象的な舞だけが提示される。私たちはそこに、業平夫婦の愛の永遠性を見てとるだけでなく、自らの心のうちにある恋慕の思いを若者は憬れ、熟年は懐かしみ、それぞれの年齢や経験にあわせて感じることができる。

【岩船】

いわふね――脇能　■五流

典拠＝『風土記』『万葉集』
『新古今和歌集』
場所＝摂津・住吉
前シテ＝童子
後シテ＝龍神
ワキ＝勅使
ワキツレ＝臣下たち
アイ＝浦人

◆補記

天の探女が岩船に乗って住吉浦に近い高津にやってきたという伝承は『万葉集』巻三の角麿の歌が最も古いようで、この歌は作品の後場の冒頭にも引用される。

勅使《ちょくし》が天皇の命令で高麗《こうらい》や唐土《もろこし》の宝を買うため摂津国住吉に来ると、童子に出会う。童子は龍女の宝珠を捧げ、住吉の市の繁栄を寿ぎ、岩船が宝を積んでやってくることを語り、自分は岩船を漕ぎ寄せた天の探女《さぐめ》だと名乗って消える。浦人から住吉明神の由来や岩船のことを聴いた勅使の前に龍神が登場すると、八大龍王とともに岩船を岸に引き寄せ、船中から宝が運び出されて御代の繁栄を寿ぐ。

爽快で祝言性の高い作品。観世流では前場を省略した「半能」というかたちで祝言能として演じられる。主題は住吉の市の繁栄と岩船がもたらす天からの宝の到来という、二つの融合にある。『古事記』や『日本書紀』に登場する岩船が到着する住吉が、経済活動の繁栄と豊かな生活の象徴として描かれる。後場では八大龍王や天の探女などを登場させず、龍神一人に力強さを集約している。龍神が舞働《まいばたらき》で威勢を示す。

【鵜飼】

うかい――五番目物　■五流

石和《いさわ》川にやってきた僧の前に鵜使いの老人が現れる。僧は老人に、いつまでも殺生《せっしょう》を続けることをやめて他の職につくように説得するが、老人は生計をたてるための仕事なので、やめるわけにはいかないと言う。そして殺生禁断の場所で鵜を使ったのが見つかり殺されたのは自分たちだと語り、罪滅ぼしのため、生前と同様に鵜飼の様子を見せて消え去る。

弔う僧の前に地獄の鬼が現れ、法華経の功徳で鵜使いの老人が成仏できたと語る。

殺生の罪で地獄に堕ちた賤しい身分の漁夫を主人公とした作品。鵜使いの老人が生まれながらに持っている罪。好きで殺すのではなく、そうしなければ自分の生活が成り立たない人間の、原罪ともいうべき運命の非情さ。生きるために罪を重ね、死後も業を背負い続ける者の悲劇。老人の語る自らの人生の悲惨さが鵜ノ段と呼ばれる見せ場で、凄惨な美しさを持って展

典拠＝未詳
場所＝甲斐・石和
前シテ＝鵜使いの老人
後シテ＝地獄の鬼
ワキ＝旅の僧
ワキツレ＝同行の僧
アイ＝里の男

◆補記

榎並左衛門の原作を世阿弥が改訂したとの記述が『**申楽談儀**』にあるが、古くは前シテの鵜使いがそのまま舞台に残り、後場で地獄の鬼が現れて鵜使いを責めるといった演出だったとも考えられる。地獄の鬼が仏法の護持

開される。「驚く魚を追いまわ」す殺生の瞬間には「罪も報いも後の世も忘れはてて面白や」というエクスタシーがある。生前、僧に諫《いさ》められながら、なお殺生を続けた鵜使いの老人の、ただ生計のためだけでない人間の罪深さを感じさせられる。松明《たいまつ》を振り、扇を使って鵜を放つさまを見せるなど、地謡にあわせた写実的な型の多い物語的な場面だ。〈阿漕《あこぎ》〉や〈善知鳥《うとう》〉でも同様に殺生を見せるが、〈鵜飼〉では前場に置かれていることが特徴的。

後場《のちば》は一転して地獄の鬼の登場となり、力強い姿を見せ、法華経を礼讃する。

者として描かれている点は、〈野守〉に通じる鬼神の性格付けとして注目される。

ワキは日蓮上人であることをほのめかしている。川瀬の石に法華経の経文を一字ずつ書き、川に投げ入れて弔う場面は、日蓮の行った川施餓鬼の法要によるものと思われる。

◆用語解説

鵜ノ段（段物）　147頁参照

『申楽談儀』　162頁参照

【浮舟】

うきふね —— 四番目物　■観世・金春・金剛

典拠＝『源氏物語』
場所＝山城・宇治　小野
前シテ＝里の女
後シテ＝浮舟の君の霊
ワキ＝旅の僧
アイ＝里の男

宇治の里にやってきた僧の尋ねに、女は浮舟のことを語る。浮舟は薫《かおるの》大将《たいしょう》に愛され、ここ宇治の里に隠れ住んでいたが、匂宮《におうのみや》が忍んで訪ね、浮舟を宇治川に誘い出して深い契りを結んだ。薫に申し訳なく思いつつも、匂宮のことが忘れられない浮舟は悩み、死にたいと嘆いた末、行方不明になった。語り終えた女は、小野の里に住む者と名乗って消える。

僧は小野の里で浮舟の跡を弔《とむら》う。浮舟の亡霊が現れ、思い悩んだが、弔いを受けて執心が晴れたと言って消える。

紀州徳川家の能楽師徳田隣忠の『隣忠秘抄《りんちゅうひしょう》』には、『源氏物語』を題材とした作品を演じようとする能役者であれば、原典に通じておくべきだとの発想が書かれている。藤原俊成が「源氏見ざる歌詠みは遺恨の事なり」と語ったのと通じるものだ。しかし〈浮舟〉が『源氏物語』についての観客の予備知識を前提にするあまり、理解しにくい面を持っていることも事

◆**補記**

世阿弥の『**三道**《さんどう》』には、女体の能姿の理想として六条御息所、夕顔、浮舟の三人を、特に優れたものとして具体的にあげている。どれも『源氏物語』の登場人物であり、しかも高貴な女性なら他にも多くいる中で、あえてこの三人を選んだのには

訳がある。それは六条御息所の「葵上に付祟り」、夕顔の「物の怪に取られ」、浮舟の「憑物」など、数奇な運命を辿ったドラマチックな女性たちであることだ。王朝的幽玄美の象徴というべき『源氏物語』に登場するあでやかな女性たちが物の怪のために迷いの世界で苦しむ姿に、世阿弥は「見風の便りある幽花」を見いだしたのだ。

◆用語解説

『三道』 世阿弥が能の作り方の要諦を説いた伝書。

実だ。『源氏物語』と〈浮舟〉では、匂宮が浮舟を見知った経過や、宇治川の舟に連れ出す経過などに相違があるし、なによりも能は浮舟の出家に触れていない。能では僧都に救われたところで浮舟の生涯を終わらせ、僧都のもう一つの役割をワキに持たせ、浮舟の後世を弔うという構成にしている。『源氏物語』を読み終えたとき、浮舟はこのまま出家生活を続けるのか、それとも薫のもとに戻り還俗するのかと思いを馳せてしまう。能がここに用意した結末、すなわち死後に仏果を得て成仏したという解釈は、そうした疑問に対する回答なのかもしれない。

【雨月】

うげつ——四番目物　■五流

西行法師は住吉明神へ参詣の途中、老夫婦に宿を求める。老翁は雨音を楽しみ、姥《うば》は洩れ来る月影を賞するために、軒を葺くかどうかで互いに譲らない。このことで老人は西行に和歌の下の句を出して上の句をつけさせ、西行の歌に感動して招き入れる。秋らしい風情を充分に味わう西行法師。はや夜も更け、老夫婦は住吉の神だと言って姿を消す。住吉の神は宮守の老人に乗り移って祝詞《のりと》を上げて舞を奏し、歌道の徳を賞する。

前場《まえば》は、落ち着いた寂しさの中に、渋く情緒のあふれる雰囲気を味わう場面だ。少ない動きの中に、空を見上げたり、音を聞くように耳を傾けたりといった文意に則した型が活きている。後場《のちば》は、宮守の老人に憑いた住吉明神による**真《しん》ノ序ノ舞**が中心になっている。

雨の音と月の光を求める老夫婦の争いと西行の即興の句とを中心に描かれる秋の風情と、宮守の老人に憑《つ》いた住吉明神の舞とは、あまり一貫性が

典拠＝『撰集抄』『古今著聞集』
場所＝摂津・住吉
前シテ＝里の老人
後シテ＝宮守の老人（住吉明神の憑霊）
前ツレ＝里の姥
ワキ＝西行法師
アイ＝末社の神

◆補記

金春禅竹の作といわれ、『撰集抄』にある「江口柱本ノ尼連歌ノ事」を骨子に歌人伝説を舞台化したものであり、秋の風物詩としての性格をも持った作品となってい

る。世阿弥作の〈蟻通〉と類似しており、〈蟻通〉の紀貫之と蟻通明神の関係に触発されて、これを西行法師と住吉明神に置き換え、和歌と能の道が同じである歌舞一心論を主張したと言われている。

◆用語解説

西行法師　151頁参照

真ノ序ノ舞　脇能で老体の神などが荘重に舞う。舞事の中でも最も厳粛に演奏されるが、テンポが停滞することは嫌われており、徐々に速度が早くなる。〈老松〉〈放生川〉などにも用いられる。笛・小鼓・大鼓・太鼓で演奏される。

ないように思える。前場の老夫婦は専ら西行との風雅な会話に終始しているし、この老夫婦が神の化身かどうかも明確ではない。後場も神が本体を現すのではなく、宮人に憑いて舞を舞うというのも脇能的ではない。

月を愛で時雨《しぐれ》を好むのは、共にわが国に古くからある趣味だが、この趣味が和歌の道と結びつけられて表現された作品。現代都市では、軒を打つ時雨も、洩れ来る月影も、松風の音も、なかなか私たちの心までは届いてくれなくなってしまったが、せめて舞台から秋を感じ取っていただきたいものだ。

なお、老夫婦の住まいとして出される作リ物は、屋根の一部が葺きさしたままになっている。この作品だけの特殊な作リ物である。

【右近】

うこん――脇能　■観世・宝生・金剛

鹿島神社の神職が都に上り、北野の右近の馬場で花を眺めていると、あでやかな上臈《じょうろう》が車を桜の木陰に止める。神職が在原業平《ありわらのなりひら》の歌を口ずさむと、上臈はその時の返歌を詠み、ともに桜花を眺める。北野天満宮の名所を教えた上臈は、桜葉の神であると言って消える。やがて桜葉の神が女神の姿で現れ、舞を舞う。

桜の名所として名高い右近の馬場に、北野神社の末社である桜葉の宮の女神が現れて御代《みよ》を寿《ことほ》ぐという内容の、世阿弥作といわれる脇能。ただし現在上演されているものには観世小次郎信光の手が加えられていると考えられる。前場《まえば》の中心は『伊勢物語』九十九段にある在原業平の恋物語で、シテとワキに業平と女のイメージを重ねた歌のやりとりは、右近の馬場の春景色にことよせて、情緒深く美しい。後場《のちば》ではシテが美しい女神の姿で現れ、中ノ舞と破ノ舞を舞う優美さが特徴となる異色の脇能。

典拠＝『伊勢物語』
場所＝山城・北野神社右近の馬場
前シテ＝上臈
後シテ＝桜葉の神
ツレ＝上臈の侍女
ワキ＝鹿島神社の神職
ワキツレ＝神職の従者
アイ＝所の者、または末社の神

◆**補記**
世阿弥の『五音曲条々』では松を祝言に、桜を幽曲（幽玄）に例えており、〈右近〉の「ひおりせし」の謡を幽曲の例として挙げている。

【鈿女】

うずめ——脇能　■金剛

椿神社の神職が春の例祭を執り行おうと、神楽《かぐら》役たちを集めて神前で祝《のり》詞《と》をあげる。そこに里の女が現れて、天鈿女命《あめのうずめのみこと》の神徳を讃えると、岩戸隠れの際の神楽の起こりについて述べ、月の出とともに消える。里の男から、天照大神《あまてらすおおみかみ》が岩戸隠れをした際に天鈿女命が舞ったことが神楽の起こりになったと聞いた臣下は、神前に参拝する。やがて神殿から天鈿女命が現れ、古代の神世のありさまをしのんで神楽を舞う。

この作品は、中世末まで椿神社に奉納されていたが、後に絶えたため、1974年4月の椿神社春の大祭に際し、椿神社宮司の依頼により二世金剛巌《いわお》が復曲し上演。その後毎年4月の椿神社大祭で上演されている。前シテは増の面に唐織着《からおりき》流《ながし》出立の里の女、後シテは増の面に緋大口・舞衣出立で榊《さかき》を持ち神楽を舞う。

典拠＝未詳
場所＝伊勢・椿神社
前シテ＝里の女
後シテ＝天鈿女命
ワキ＝椿神社の神職
ワキツレ＝神楽役
アイ＝里の男

◆**補記**

記紀神話の岩戸隠れは、素《す》戔嗚尊《さのおのみこと》の狼藉に怒った天照大神が岩戸に隠れたため、神々が相談して天鈿女命が舞い、天照大神を引き出したというもの。能〈絵馬〉にも描かれている。

【歌占】

うたうら —— 四番目物 ■ 五流

白髪の男巫《おとこみこ》が和歌によって吉凶を占う歌占をしている。里人が素性を尋ねると、男巫は伊勢国二見浦の神職・渡会某《わたらいなにがし》だが、神に暇を告げずに旅に出た報いか途中で急死し、三日後に蘇生したが、髪は真白になったと語る。男巫は里人の親の病気を歌占で言い当て、続いて父を尋ねる幸菊丸が歌占を引くと、もはや父親に会ったという占いだと言う。幸菊丸の素性を尋ねると、自分の子どもだと判る。帰国の名残に地獄の曲舞《くせまい》を舞ううち、男巫に神が乗りうつるが、やがて狂いから覚め、幸菊丸を伴って伊勢の故郷へと帰る。

ストーリー上では父子の再会が主題だが、後半の「地獄の曲舞」を見せることが主眼。

人の一生は夢のようなもので、全ては無常でむなしいもの。人の命は水の泡のようにたちまち消えてしまい、一度去ればもう戻ってこない。こう

典拠＝未詳
場所＝加賀・白山の麓
シテ＝男巫・渡会某
子方＝幸菊丸
ツレ＝男

◆**補記**

富士、立山と並ぶ霊峰である白山を舞台に、別れ別れになっていた父子が、歌占という神秘的な占術を媒介に再会を果たす。和歌を神の言葉として受け取り、その意味を解きほぐすことにより占って神の思し召しとして聞かせる歌占は、中世に流行し歌占人というシャーマン

した無常の世なのに、名誉や利益に執着することは、どんな意味があろうか。かえって多くの罪を作ることになる。と語り、死後墜ちていく地獄の苦しみのありさまを順々に語ってゆく。この地獄の曲舞は、非常に難解な詞章によって作られているため、一聴しただけでは意味を理解するのは困難だ。しかし優れた舞の型や謡の節による比類ない表現力を持っているので、意味を深く理解できなくても、その異様な雰囲気は十分に伝わってくる。極限状況に置かれ、異常な体験をした男の髪が真白になるというのも、人間の生理を象徴している。その白髪を振り乱して地獄のありさまを舞う迫力と、神懸りになっての異常な光景は、昔の芸能が本来持っていた神聖さに通じるように思える。

的人物が現れていたようだ。また曲舞は、当時独立した芸能として巷間に流行していたものと考えられ、中世の思想に裏打ちされたものだったようだ。かつて〈百万〉の中で舞われていたこの曲舞を、世阿弥は自作の曲舞と差し替え、元雅がこれを〈歌占〉に取り入れた。しかも頓死して三日後に蘇生したという設定で、実際に地獄を見てきた男巫に舞わせるという着眼は、実に優れたものだ。

【内外詣】

うちともうで――四番目物　■金剛

勅使が新春に伊勢大神宮に参拝すると、神官と神子《みこ》が現れ、神宮の威光を讃える。勅使から命じられて祝詞《のりと》をあげた神官は、五常の道を説く。勅使の所望で神子は幣を持って神楽《かぐら》を奏する。続いて装束を改めた神官が勇壮な獅子の舞を舞うと、神子の舞の間に再び装束をかえた神官が現れるが、やがて東の空が白み、天照大神《あまてらすおおみかみ》の出現を思わせる朝日が神宮に輝きわたって、新春を祝福する。

作品の中で獅子を舞うのは各流とも〈石橋《しゃっきょう》〉〈望月《もちづき》〉の二曲だが、金剛流のみ本曲を加えて三曲となる。〈望月〉同様に劇中劇としての設定なので、扮装も面を用いず金扇と赤い覆面《ふくめん》による。シテは前後ともに直面《ひためん》だが、獅子を舞うため中入りして着替え、獅子を舞った後に舞台上で神官の姿に戻る。神子の神楽、神官の獅子、神子の破ノ舞と芸づくしを見せながらも、神宮の清々しさを感じさせる作品。

典拠＝未詳
場所＝伊勢・伊勢大神宮
前シテ＝神主
後シテ＝神主
ツレ＝神子
ワキ＝勅使
ワキツレ＝勅使の従者たち

◆補記

獅子を舞うことから曲籍を四番目とするが、曲趣から脇能として扱うことがあり、その場合は登場音楽が次第や一声から、真之次第や真之一声になるなどの変化がある。

【善知鳥】

うとう——四番目物 ■ 五流（喜多〈烏頭〉）

越中国立山《たてやま》で老人が僧を呼び止め、自分は去年の秋に死んだので形見を妻子に届けてほしいと頼み、証拠に臨終まで着ていた衣の片袖を僧に渡して消える。僧が託された片袖を猟師の妻に渡すと、残された衣と合う。僧の読経《どきょう》に引かれて猟師の亡霊が現れる。生前の殺生《せっしょう》を思い返しうとうを捕る姿を見せると、今は地獄で化鳥《けちょう》となったうとうに苦しめられ、助けたまえとの声を残して消え去る。

妻子を懐かしんで現れる猟師の亡霊。しかし彼は殺生の罪で地獄の苦しみを味わっている。彼自身が好きこのんで生まれたわけではない猟師の家で、家族を養っていくための精一杯の生活努力が罪として罰せられる。まるで原罪を背負ったかのような状況。自分自身が抗うことのできない運命にはまりこみ、生きるために殺生を続け、地獄に落ちてまでも家族を懐かしんで現れる亡霊の心情は、現代社会の中で必死に生きている多くの父親

典拠＝『今昔物語集』『新撰歌枕名寄』

場所＝越中・立山の麓
陸奥・外の浜

前シテ＝老人

後シテ＝猟師の霊

子方＝猟師の子

ツレ＝猟師の妻

ワキ＝旅の僧

アイ＝外の浜の浦人

◆補記

能がドラマとして現代の私たちに感動を与える大きな理由として、能が取り扱っている主題が、ある特定の状況だけのものではなく、時代

を超え立場を超えた普遍的情念でありうるということがあげられる。

ストーリーを追いかけて、主人公が感じたり考えたりしたことを疑似体験するだけではなくて、ふと自分の懐に引き込んだ時に、ひょっとしてこれは自分にもあるのではないかと思わせるものがあるからだ。もちろん、能の作品全てがこうした性質を持つわけではなく、また、象徴的な能の表現様式と立ち向かった時に、観客側で感じとる部分も大きいのかもしれない。

う」

の心を、思わずはっとさせるものがある。子供の前で、地獄で苛《さいな》まれる姿を見せねばならない残酷さ。ところが一方、うとうを捕る場面では、黒く垂れた髪の奥から瞳だけがらんらんと輝き、無心に鳥を捕る姿を見せる。そこには殺生への後悔など微塵もなく、猟へのあくなき執心と殺生のエクスタシーだけが存在している。僧の力、すなわち仏教の力をもってしても救うことができずに永遠に彷徨《さまよ》わなければならない魂の悲鳴が、凄惨なまでに人間存在の矛盾とやりきれなさを示す。

【采女】

うねめ――三番目物 ■ 五流

春日神社に参詣した僧は、神前の森に木を植える里の女に出会う。僧の問いに、女は木を植えることが春日明神の神慮によると述べ、さらに僧を猿沢の池に導き、ここで入水した采女の故事を語り、実は自分が采女の幽霊であると明かして、猿沢の池の中に姿を消す。供養する僧の前に采女の亡霊が現れ、弔いのおかげで成仏できたことを喜び、宮廷での曲水の宴を思いおこして**序ノ舞**を舞うと、御代《みよ》を祝福して猿沢の池の水底へ消える。

春日神社の縁起と采女伝説を導入部として采女の歌舞の美しさを示し、御代をたたえ、仏法を賛嘆するという内容の作品。帝の寵愛《ちょうあい》を失って入水《じゅすい》した采女の悲恋物語に留まらず、前場《まえば》には木を植える場面から春日神社の縁起に関する語りを置き、後場《のちば》には采女とはどのようなものかとの説明にあたる**クセ**を持つなど、題材が多岐にわたるため、統一感を欠くように感じられる。そのため観世流の**小書**《こがき》「美奈保之伝《みなほのでん》」では、大幅なカットと再

典拠＝『大和物語』『古今和歌集 仮名序』
場所＝大和・春日野
前シテ＝里の女
後シテ＝采女の霊
ワキ＝旅の僧
ワキツレ＝旅の僧
アイ＝里の男

◆**補記**
采女とは本来固有名詞ではなく、古代の天皇に仕えるため、地方の豪族の姉妹、子女のうち、容貌才能に優れた者を宮中に女官として奉仕させた職掌名のことを指している。この作品では、

構成により、采女の悲恋伝説に収斂《しゅうれん》した舞台を見せる。とはいえ、通常の演出でも、裏切られた恋の悲しみや執着心といった現代的なドラマの視点ではなく、采女の悲しみが和歌によってほぐされ、変成男子《へんじょうなんし》として成仏していく過程の中で、春日野の春の景色、春日の森や猿沢の池、曲水の宴、月に鳴くほととぎすといった情景への同化によって、詩的でゆったりしたおおらかさを持つイメージを、舞台上に花開かせているとも言え、幾重にも味わいの深い作品である。

そうした采女の一人を主人公として、固有名詞的に扱っている。

◆**用語解説**

序ノ舞　364頁参照

クセ　361頁参照

小書　特殊演出。流儀ごとに演出の基本形は決まっているが、装束の変更など小規模なものから、戯曲の構成や登場人物の変更などがなされる。番組の曲名の脇に小さく書かれることからの名称。

変成男子　女性はそのままでは成仏できないので、いったん龍女に変成してから成仏するという法華経の考え方。

【鵜羽】

うのは ── 復曲能

恵心《えしん》僧都は鵜戸の岩屋で、仮殿の屋根が片方だけ葺き残されているのを不審に思い、海人姿の若い女に尋ねる。女は豊玉姫が懐妊した際、仮殿の屋根を鵜の羽で葺いたが尊《みこと》の誕生に間に合わず、尊を鵜《うの》羽《は》葺不合尊《ふきあわせずのみこと》と名付けたと語ると、自分は豊玉姫だと言って消える。やがて豊玉姫が龍女の姿で現れ、干珠満珠の奇瑞《きずい》を見せ、恵心僧都に宝珠を捧げると海に消える。

　本曲は室町時代から上演されていたが、江戸前期に上演が絶えた。1991年3月に伊藤正義の監修、大槻文蔵の主演で復曲上演され、以後観世流で度々上演されている。前場《まえば》では舞台脇正面に鵜羽で屋根を半分葺き残した仮殿の作リ物を置く。後場《のちば》は干珠満珠を一畳台に置き、後シテは龍女の舞として黄鐘早舞《おうしょうはやまい》を、宝珠の奇瑞を見せる場面でイロエ掛リ急之舞を舞う。世阿弥時代には女神専用の舞として天女ノ舞があったと言われている。

典拠＝『古事記』『日本書紀』
場所＝日向・鵜戸の岩屋
前シテ＝海人姿の若い女
後シテ＝龍女（豊玉姫）
前ツレ＝海人姿の若い女
ワキ＝恵心僧都
ワキツレ＝従僧たち
アイ＝末社の神

◆補記

1441年に音阿弥（観世元重）によって上演された際、将軍足利義教が赤松満祐に暗殺されたため、徳川将軍が不吉として忌み嫌い、廃曲となったとの説がある。

【鵜祭】

うのまつり——脇能 ■金春

天皇に仕える大臣が、能登国気多《けた》明神の霜月初午《はつうま》の出向き、若い女たちに神事のいわれを問う。若い女は、生贄《いけにえ》に供えた荒鵜が放すと飛び去る不思議を語り、さらに神功《じんぐう》皇后の事績や気多明神の神徳を詳しく語ると、自分は神であるとほのめかして消える。末社の神が明神のいわれを語り、舞を舞って大臣を労う。やがて八尋玉殿《はちじんぎょくでん》の神が現れ御殿の扉を開けると、中から気多明神が現れ舞楽を奏し舞を舞うと、鵜も現れて自らが生贄となり、八尋玉殿によって放たれると飛び去るという奇特を見せて消え去る。

前場《まえば》は海女《あま》による気多明神の縁起と神徳が聞かせどころ。後場《のちば》は間《あい》狂言末社《まっしゃ》の神《しん》の三段の舞に始まり、気多明神が舞楽を奏する態で荘厳に舞う楽《がく》、子方による鵜の舞働《まいばたらき》などの数々の舞と、八尋玉殿の神が鵜を放つ神事の場面を見せるなど華やかな展開となる。

典拠＝未詳
場所＝能登・気多神社
前シテ＝若い女
後シテ＝気多明神
前ツレ＝若い女
後ツレ＝八尋玉殿の神
子方＝鵜
ワキ＝勅使
ワキツレ＝勅使の従者たち
アイ＝末社の神

◆**補記**

能登国気多明神の縁起と神事を舞台化した地方色の濃い脇能で、作者不詳、〈初午〉ともいった。金春流にのみ伝承される。

【梅】

うめ――三番目物 ■ 観世

藤原の某《なにがし》が難波の浦で春の景色を眺めながら、大伴家持の「桜花今盛りなり難波の海、おしてる宮に聞しめすなへ」と口ずさみ、桜は未だ咲かず、梅が盛りだとつぶやく。そこに里の女が声をかけ、その歌にある桜花は本当は梅の花でないといけないと言って咎《とが》め、家持がこの地で歌を詠んだいわれを語り、梅の木陰に姿を消す。某が待つところに梅の精が姿を現し、神代の昔を偲び、梅花のめでたさを謡い舞うと、花咲き実を結ぶ世を寿《ことほ》いで消える。

梅を花の中で最も優れたものとする深い愛情と尊敬に基づく作品。シテは梅花の精だが、美しい中に強い心持ちと論理性を持っている。梅は神代の昔から日本にあり、木の花といえば梅であるとの主張から、大伴家持の歌に詠まれたのは桜ではなく梅であると主張する。上代的、万葉的な古代人の自然の明るさを表現している。

典拠＝未詳
場所＝難波・難波の浦
前シテ＝里の女
後シテ＝梅の精
ワキ＝京の藤原の某
ワキツレ＝従者たち
アイ＝里の男

◆**補記**

観世元章による江戸期の新作能だが、あまり上演されず、明治期になって観世清孝が復曲し、観世流の専有曲となっている。太鼓が入るか、梅の作り物を出すかなど、演出にも様々な変化がある。

【梅枝】

うめがえ——四番目物　■五流

身延山《みのぶさん》の僧が諸国行脚の途中、摂津国住吉でにわか雨にあい、近くの家に宿を頼む。室内には舞楽の太鼓と舞の衣装が飾ってあるので僧が問うと、女主は、昔、夫が宮中の管絃の役を争って討たれたと語り恋慕の思いに涙すると、回向を頼んで姿を消す。

僧が読経《どきょう》すると妻の亡霊が夫の形見の舞楽の衣装を着けた姿で現れ、妄執《もうしゅう》を払うように舞楽を舞うとやがて執心も晴れて、女の姿は明け方の光の中に消える。

太鼓の名手だった夫を討たれた妻が、形見の太鼓を打ちながら夫への恋慕の情を深めていく姿を、死せる女の亡霊が再現することによって、二重に女の悲しみを表した作品。全体にしっとりとした雰囲気の中で、夫に先立たれた妻の思いが、楽人の妻らしく優雅な舞楽を模した楽によって展開されていき、幽玄味の深い趣をかもし出している。

典拠＝未詳
場所＝摂津・住吉
前シテ＝里の女
後シテ＝楽人富士の妻の霊
ワキ＝僧
ワキツレ＝従僧
アイ＝里人

◆**補記**

作品名の〈梅枝〉は、「梅が枝にこそ鶯は巣をくへ、風吹かばいかにせん花に宿る鶯」という雅楽の名曲・越天楽からきたもの。舞楽に用いる装束である鳥兜を着け、先行芸能である雅楽の雰囲気を取り込んでいる。

◆用語解説
楽　251頁参照

〈梅枝〉は姉妹曲〈富士太鼓〉の後日譚のような内容となっており、形式も富士の妻の亡霊があの世から現れて昔を語るという、夢幻能のかたちをとっている。〈富士太鼓〉では子方も登場し、妻の心理の表れ方が、夫に対する恋慕の思いとともに強い復讐心を感じ、半ば物狂となって太鼓を打つ姿に圧倒されてしまう。これに対し〈梅枝〉では、長い時間の経過による復讐心の風化と、死というフィルターを通すことによる情念の純化によって、一貫して残された女の恋慕の情を見せる。やや狂乱の趣があるとはいえ、三番目物的な特殊な曲趣を持っている。

【鱗形】

うろこがた――四番目物　■金剛・喜多

旗じるしの紋を得るため、北条時政は従者を伴い江ノ島の弁才天に詣でて祈願する。そこに現れた女は時政を呼び止めて願いを叶えようと言うと、社殿の中に消える。末社の神が登場して弁才天の霊験について語る。やがて弁才天が社殿の中から姿を現し、時政に三鱗の紋の入った旗を与えると舞を舞い、神託を告げる。

現行曲の中では比較的新しく、江戸初期の作と考えられている。江ノ島の弁才天の社殿に模した宮の作り物を出して、前シテは社殿に消えるように作り物に中入りし、後シテは弁才天の姿となり、旗を持って登場する。後シテの舞は太鼓の入る中ノ舞が本来だが、金剛流では楽《がく》、喜多流では神楽《かぐら》を舞うこともある。

典拠＝『太平記』
場所＝相模・江ノ島
前シテ＝女
後シテ＝弁才天
ワキ＝北条時政
ワキツレ＝従者
アイ＝末社の神

◆**補記**
弁才天は龍神と結ばれ、荒ぶる神である龍神を鎮める役割を担っている。能でも〈竹生島《ちくぶしま》〉や〈江野島〉に登場する。鱗文様は蛇体を象徴し、弁才天と龍神の関連を思わせる。

【雲林院】

うんりんいん――三番目物 ■ 五流

芦屋の里に住む公光《きんみつ》は、不思議な霊夢を蒙《こうむ》り、都、雲林院にやってきて、今を盛りと咲く桜の枝を手折る。そこに老人が現れ、花を手折ることの良否を論争するが、ともに風流心からと和解する。老人の問いに公光が霊夢のことを話すと、それは業平《なりひら》が『伊勢物語』の秘事を授けようとするものに違いないと告げ、老人は消える。

やがて公光の夢の中に業平が現れ、二条后《にじょうのきさき》との恋路という『伊勢物語』の秘事について語り、昔を思い返して舞い、姿を消す。

『伊勢物語』の主人公は在原業平と特定されているわけではないが、中世における『伊勢物語』の享受の形態は、『伊勢物語』を虚構の文学としてみるのではなく、各段に登場する人物や時、場所などを史実として比定する秘事・口伝《くでん》を中心とした解釈が中心だった。この作品も『冷泉家流伊勢物語抄』や『和歌知顕抄』などの中世に流布した『伊勢物語』の古註に

典拠＝『伊勢物語』
場所＝京・紫野雲林院
前シテ＝老人
後シテ＝在原業平の霊
ワキ＝芦屋公光
ワキツレ＝従者

◆**補記**
〈雲林院〉には別の台本がある。『**申楽談儀**』で世阿弥が金春権守の芸風を語っている例に出てくる古作の能を世阿弥が大幅に改作したといわれる世阿弥自筆本の〈雲林院〉が1941年に発見され、これに基づき世阿弥本〈雲林院〉が1982年に法

ある秘事を舞台化している。
　前場《まえば》では『和漢朗詠集』から採った詞章でワキが登場するし、花を折ることの歌問答も文学的香気に満ちている。後場《のちば》では業平と二条后の駆け落ち話が美しい詞章のクセで語られ、そこから序ノ舞へとクライマックスを迎える。宮廷貴族の扮装の貴公子は通常早舞《はやまい》という典雅で爽やかな舞を舞うことが多い。しかし〈雲林院〉や〈小塩《おしお》〉では、本来は品位の高い女性や草木の精が舞う幽玄味の高い序ノ舞を舞う。これは業平を歌舞の菩薩と考え、王朝の雅びさを象徴させたものといえる。

政大学能楽研究所により復曲試演された。世阿弥本〈雲林院〉は前場はほぼ同様だが、後場が現行曲とは全く異なる。二条后の霊とその兄・藤原基経の霊が現れ、業平とともに駆け落ちして武蔵塚に籠っていた妹を取り戻すありさまを見せる。現行曲はそれをまた改作したものと考えられる。

◆用語解説

クセ　361頁参照
序ノ舞　364頁参照
早舞　218頁参照
『申楽談儀』　162頁参照

【江口】

えぐち――三番目物 ■ 五流

僧が江口の里で、昔、西行法師が宿を乞い遊女に断られたことを思い出し、和歌を口ずさむ。すると女が現れ、西行の身を案じ、遊女の宿に立ち寄らないよう諌《いさ》めたと遊女をかばい、江口の君の幽霊だと言って消える。

僧が弔っていると江口の君が現れ、身の境涯のはかなさやこの世の無常などを語りながら舞い、普賢菩薩《ふげんぼさつ》の姿となり西方浄土の空へと消えてゆく。

前場《まえば》で西行と遊女の贈答歌に基づくエピソードを見せるが、ここでの和歌のテーマである「仮の宿」が、後場《のちば》の主題につながる。この世の無常を託して舞うクセでは、遊女という社会の底辺で生きる女性が悟りえた無常観に作品のテーマが凝縮されている。人生への執着による迷いの心を語るシテの思いは序ノ舞でクライマックスに達し「なぜ人の心は波立ち苦しむのか。人生が夢幻のごとき『仮の宿』だと知り、執着から解放されればこの世は憂き世ではなくなる」としみじみと語る。煩悩から解き放たれた江

典拠＝『新古今和歌集』『山家集』『撰集抄』
場所＝摂津・江口
前シテ＝里の女
後シテ＝江口の君の霊
後ツレ＝遊女の霊
ワキ＝旅の僧
ワキツレ＝従僧
アイ＝里の男

◆補記

現在の大阪市東淀川区にある江口の里は、淀川と神崎川の河口に位置し、瀬戸内海から淀川を上って京都に通じる水上交通の要所として繁栄した。平安時代頃か

ら、江口をはじめとして神崎、室津など瀬戸内海航路沿いに富裕な港町が発達し、そこに遊女が集まった。その江口の里を舞台に観阿弥が作った作品を世阿弥が手直ししたと言われるのが〈江口〉である。

◆**用語解説**

西行法師　151頁参照

クセ　361頁参照

序ノ舞　364頁参照

『十訓抄』　376頁参照

口の君は普賢菩薩へと変身し、白象に乗って西の空へと飛翔する。

遊女が普賢菩薩となり昇天する話は『十訓抄《じっきんしょう》』や『古事談』にもあり、最も穢れ多いものの中にこそ最も美しいものが秘められているとの考えによる。「仮の宿」である人生が無常であるからこそ、そのひとときが美しいという美意識が、作品を貫く仏教的雰囲気を透過することで、崇高な気品と艶との融合による荘厳な美的世界を創造する。

前場の西行と遊女の和歌のやりとりには『新古今和歌集』や『山家集』に見える西行と遊女の贈答歌を引用しており、後場のクセでは貞慶の『六道講式』や『愚迷発心集』から詞章を引用している。

【江野島】

えのしま――脇能 ■観世

宣旨《せんじ》を受けた勅使が従者を従え、相模国の海上に出現した江野島を見にくる。そこに漁翁と若い漁夫が釣り竿を肩にやって来て、勅使の問いに答えてこの島が湧出した様子を詳しく語る。さらに五頭《ごず》龍王が弁才天と夫婦になって悪心を翻して龍の口の明神となったことなどを語り、波間に消える。鵜《う》の精が江野島出現について語り、舞を舞う。やがて神殿から十五童子を左右に従えた弁才天が現れ、宝珠を勅使に与えて舞うと、龍王も現れて威勢を示す。

前場《まえば》では漁翁（地謡）によって江野島湧出の様子から、龍王が弁才天と結ばれることで悪心を翻すことなどを語る。舞台には大宮の作り物が出され、後ツレの弁才天と子方があらかじめ入っている。後シテは赤頭に龍《りゅう》戴《たい》を頂く龍王の姿だが、白頭《しろがしら》による重厚な演出もある。

典拠＝『江島縁起』
場所＝相模・江ノ島
前シテ＝漁翁
後シテ＝五頭龍王
前ツレ＝漁夫
後ツレ＝弁才天
子方＝十五童子
ワキ＝勅使
ワキツレ＝従者
アイ＝鵜の精

◆**補記**

間狂言に替えがあり、神職が出て参詣人（道者）に寄付を求めるといった内容で「道者」という。本曲の他にも〈白髭〉にある。

【箙】

えびら――修羅物 ■ 五流

旅僧が須磨の生田《いくた》川にやって来て、梅を眺めている男にいわれを問う。男は源平の生田の森の戦いのとき、源氏の梶原源太景季《かげすえ》がこの梅の枝を箙に挿して笠印とし、著しい功名をたてたことから箙の梅と名付けたと語る。若い男は合戦のありさまをつぶさに物語ると、景季の幽霊だと明かして消える。花の木陰に伏した僧の前に、若武者姿の景季の霊が現れる。景季は梅花を箙に挿して戦った様子を見せると、回向《えこう》を頼んで消える。

前シテが直面《ひためん》（能面を用いずに素顔で演じること）で登場するのは、現行修羅能では本曲と〈敦盛〉だけ。景季の霊の仮の姿だが、早春の生田川の景色や梅の花とあいまって、風雅な印象を与える。後シテは平太の面をかけた若武者姿。箙は矢を入れて背中に背負う武具だが能では箙を用いず、梅花の枝だけを背に挿して象徴する。

典拠＝『平家物語』『源平盛衰記』
場所＝須磨・生田川
前シテ＝里の男
後シテ＝梶原源太景季の霊
ワキ＝旅僧
ワキツレ＝従僧
アイ＝所の者

◆**補記**

平家の公達を主人公に、戦に負けて滅んでゆく姿を見せることの多い修羅能の中で、〈箙〉〈八島〉〈田村〉は戦での勝利を描いていることから、「勝修羅三番」と言われる。

【烏帽子折】

えぼしおり——四番目物 ■ 五流

牛若が三条の吉次《きちじ》一行と奥州へ下る途中、近江の鏡宿で元服のため烏帽子屋を訪れる。烏帽子屋の主人と妻は源氏ゆかりの者で、牛若を源氏の少年と知って快く引き受け、祝福する。牛若一行が美濃の赤坂に宿泊すると、熊坂長範《ちょうはん》を首領とする大勢の盗賊が乱入してくるが、牛若はただ一人で盗賊を切り倒し（斬組《きりくみ》）、最後には首領の熊坂も切り伏せる。

『義経記』などで有名な「牛若東下り」を舞台化した作品。シテは前後で別人格だが、実質的には子方の牛若が主人公として大活躍する。前場《まえば》ではシテの烏帽子屋の主人が語る左折の烏帽子のめでたい物語が聴かせどころ。後場《のちば》の斬組では、斬られ手も能としてはダイナミックな離れ業を見せる。ストーリー展開がわかりやすく、大勢の登場人物がそれぞれの役割をもって活躍する、ショー的要素の強い作品。

典拠＝『義経記』『平治物語』
場所＝近江・鏡宿
前シテ＝烏帽子屋の主人
後シテ＝熊坂長範
前ツレ＝烏帽子屋の妻
後ツレ＝盗賊
子方＝牛若
ワキ＝三条吉次
ワキツレ＝三条吉六
アイ＝宿屋の亭主

◆用語解説

斬組　直面の武士たちが斬り合う様式的な所作。

【絵馬】

えま――脇能　■観世・宝生・金剛・喜多

伊勢神宮を訪れた勅使の前に、白絵馬と黒絵馬を持った老夫婦が来て、黒絵馬が雨を、白絵馬が日照りを表し、これによって占うことから、和歌を引用して掛け争う。しかし、天下万民が喜ぶようにと、今年は白黒二つの絵馬を掛け並べ、自分たちが伊勢の二柱の神だと告げて消え失せる。やがて天照大神《あまてらすおおみかみ》が、天鈿女命《あめのうずめのみこと》と手力雄命《たぢからおのみこと》とを引きつれて姿を現し舞を舞うと、天の岩戸の昔を再現する。

雄大なスケールとショー的な華やかさを持った作品。前場《まえば》は伊勢斎宮の絵馬神事の伝説を折り込み、絵馬を掛けにきた老夫婦が実は神の化身であったというところで、白馬黒馬二つの絵馬を掛け並べることが神の意志によるものであり、それによって五穀豊穣・万民快楽の泰平の世になることを寿《ことほ》いでいる。一方後場《のちば》では天照大神の岩戸隠れの神話を再現する。前後にそれぞれの伝説に基づくストーリーを配しているが、前場の落ち着いた

典拠＝『古事記』『日本書紀』
場所＝伊勢・斎宮

前シテ＝尉
後シテ＝天照大神
前ツレ＝姥
後ツレ＝天鈿女命
後ツレ＝手力雄命
ワキ＝勅使
ワキツレ＝従者
アイ＝蓬萊の島の鬼

◆用語解説

中ノ舞　207頁参照

神楽　女体の神や神がかった巫女が舞う、優美でリズミカルな感じの舞。笛・小鼓・大鼓・太鼓で演奏する。通

常は前半が「神楽」特有の部分で、後半は急テンポの舞（この部分を「神舞」あるいは「急ノ舞」と呼ぶこともある）となるが、全体を「神楽」特有の部分で演じる場合や、前半の神楽部分だけで終わる場合もある。

神舞　220頁参照

雰囲気の中に醸し出されるめでたさに対し、後場では舞踊的な要素の強い舞台を展開する中に、天照大神の岩戸からの出現による天下泰平を寿ぐ。シテやツレによる盛りだくさんの舞と劇中劇によって、華やかなすがすがしさを感じさせてくれる。宮の正面が左右に開く扉のついた作り物が効果的に用いられるのも注目すべきところである。

〈絵馬〉の後シテ・後ツレの役柄と舞事《まいごと》は、流儀や演出によって大幅に変わる。後シテの天照大神が男姿の場合と女姿の場合があり、シテやツレの舞も**中ノ舞**、**神楽《かぐら》**・**神舞《かみまい》**など、さまざまなバリエーションを楽しむことができる。

【老松】

おいまつ――脇能　■五流

都に住む梅津の某《なにがし》は、北野神社の夢の告げを蒙《こうむ》り、筑紫国安楽寺へ参詣する。そこにやって来た老人と男に菅原道真ゆかりの松と梅について尋ねると、二人は紅梅殿と老松が神木で天満宮の末社として祀られていること、中国の故事などを語り、消え失せる。門前の者の勧めで、梅津の某の一行が松蔭で旅寝をしていると、老松の神霊が登場し、真ノ序ノ舞を舞って御代を寿ぐ。

『源平盛衰記』巻三十二「北野天神飛梅事」などを題材として、長寿の象徴としての松と、春にさきがけて咲く梅とによって泰平の世を寿ぐ祝言性の強い作品。後場で老体の神による荘重で厳粛な舞が神さびた清澄な気分を感じさせる。小書《こがき》（特種演出）「紅梅殿」では、前ツレが若い女となる場合もあり、後ツレに天女姿の梅の精が登場し、シテに代わって舞を舞い、老体のシテとの対比を見せる。

典拠＝『源平盛衰記』
場所＝筑紫・安楽寺
前シテ＝老人
後シテ＝老松の神霊
前ツレ＝男
後ツレ＝梅の精
ワキ＝梅津の某
アイ＝門前の者

◆補記
脇能としているが、安楽寺の縁起が前面に出ているわけでもなく、もっぱら松と梅のめでたい故事を語るばかり。ワキも勅使や神官ではなく、梅津の某という俗人であることも異例。

【鸚鵡小町】

おうむこまち――三番目物 ■観世・宝生・金剛・喜多

その昔、宮廷でも才女として有名だった小野小町が今は年老いて零落し、関寺あたりに住んでいると聞いた帝は、「雲の上はありし昔に変わらねど、見し玉簾の内ややゆかしき」という哀れみの歌を新大納言行家に託す。行家は小町に会って帝の歌を聞かせると、小町は「内ややゆかしき」を「内ぞゆかしき」と一字変えて鸚鵡返しをすると、法楽の舞を舞って見せる。

美貌と才能あふれる小野小町を、能では老残の姿で描き、しかもそれは能の再奥の秘曲とされている。前場《まえば》では、帝の和歌を詠むワキの謡も重要なポイント。小町の鸚鵡返しは昔の栄華が偲ばれる才気のほとばしりだが、今の姿とのギャップが余計に哀れさを誘う。後半で舞われる法楽の舞は業平の玉津島でのもの。和歌の才能を持ち美男美女の誉れ高い業平と小町が、世の無常を感じて悟りへ向かう共通性を感じさせる。舞は流儀により異なるが、共に静かな位を持ったもの。

典拠＝『十訓抄』『阿仏鈔』
場所＝京・関寺
シテ＝小野小町
ワキ＝新大納言行家

◆**補記**
クレオパトラや楊貴妃と並ぶ絶世の美女として名高い小野小町は9世紀半ばの人だといわれ、若くしては類いまれな美貌と才知で宮廷を圧し、老いては零落して乞食となって野垂れ死にをしたという数奇な運命が語られる。ただその実態はわからず、史実と伝説とが入り混じってイメージができたようだ。

【大江山】

おおえやま——五番目物 ■ 五流

酒呑童子《しゅてんどうじ》を退治せよとの勅命を受けた源頼光《みなもとのらいこう》は、山伏に変装して大江山に向かい、道に迷った態で酒呑童子の館に入る。童子は頼光一行を酒宴をひらいて歓待し、顔が赤いのは酒のせいだから鬼などと疑わないようにと言い、上機嫌で眠ってしまう。

夜更けを待って、頼光たちは身支度を整えて童子の寝室に乱入する。童子は騙されたことを怒るが、頼光に首を討たれる。

酒呑童子には、新興勢力である朝廷に対する先住民族的な色彩が強く出ている。自己紹介の中で、一夜にして30丈の楠となったというのは、先住民として土地の神の加護を受けていたと思わされる。自分を殺しに来た頼光一行を信用し酒宴を開き、自らも酔臥する。前シテの童子の舞のすなおで優美な風情が、疑いを知らぬ温かさを感じさせる。

後場《のちば》で頼光に殺されるときにも、信頼を裏切られたことに対し「情なし

典拠＝『御伽草子』『今昔物語集』
場所＝丹波・大江山
前シテ＝酒呑童子
後シテ＝鬼神
ワキ＝源頼光
ワキツレ＝随行の郎等
アイ＝強力
アイ＝捕らえられていた女

◆**補記**

後場の舞台は、いわゆる立廻りのスペクタクルで、ワキ方が活躍する場面となっており、見た目にも楽しいものだ。また、間狂言が二人出て全体の構成の中で活躍

する。特に頼光方の強力と童子にさらわれて来た女の二人が示し合わせて逃亡する寸劇など、童話的舞台にいっそうの楽しさを添えている。

◆用語解説

源頼光　平安中期の武将、貴族。清和源氏満仲の長子。摂津源氏の祖。頼光は早くからその武勇で知られており、彼や彼の郎党と伝えられる渡辺綱、坂田公時以下のいわゆる頼光四天王の名は大江山の鬼退治や土蜘蛛退治など『今昔物語集』をはじめ多くの説話集や軍記の中に見いだすことができる。

とよ客僧たち。偽りあらじと言いつるに。鬼神に横道なきものを」という抗議の悲痛さに胸がえぐられる。実は人間の方が鬼より怖しい。体制側の自分勝手な都合で悪者にされて騙し討ちにあう童子への、一抹の哀悼を感ぜざるをえない。「鬼」と名付けられた人々が生活のすぐ隣に住み、人間世界とは違う秩序をもって生きていたこと。そして、ある意味で反体制的な彼らが誅殺されることに対し、当時の作者、伝承者たちが巧みに英雄化していった裏には、「鬼」たちに対する深い心情が感じられる。

【大社】

おおやしろ——脇能

■観世・金剛・喜多

十月の神有月《かみありづき》に朝臣が出雲大社に参詣にやってくる。老人と若い宮人は朝臣に大社の縁起を語ると、全国の神が10月1日にこの地に集い、毎年この夜はここで神遊《かみあそび》があると言うと、自分は神だと身分を明かし社の中に消える。夜になると美しい女神が出現し、舞楽を舞う。続いて大社の御神体である大己貴命《おおなむちのみこと》が出現して神楽《かぐら》を舞ううちに沖合から龍神が出現し、小龍を社前に供え、勇ましく舞を舞う。

前場《まえば》はクセで多くの神の名が挙げられるのが特徴。後場《のちば》は老体の神による重厚な神事能とは異なり、女神の優美な天女ノ舞、大神の楽《がく》、龍神の勇ましい舞働《まいばたらき》と諸役の技くらべ的な舞台となっており、作り物の豪華さ、登場人物の多さなどにより、ショー的な華やかさやスペクタクル的趣向が舞台成果として効果的なものとなっている。

典拠＝『古事記』『日本書紀』
場所＝出雲
前シテ＝老人
後シテ＝大己貴命
前ツレ＝宮人
後ツレ＝女神・龍神
ワキ＝朝臣
ワキツレ＝従臣たち
アイ＝末社の神

◆補記

陰暦十月に全国の神々が出雲大社に集まることから、出雲では「神無月《かんなづき》」ではなく「神有（在）月」と称する。

【翁】

おきな　■五流

シテ＝翁
ツレ＝千歳（下掛リでは面箱持ちが兼ねる）
アイ＝三番三（和泉流は三番叟）面箱持ち

◆補記

通常の能では、シテは幕内で面を着け、ひとつの役柄になってから登場するが、〈翁〉では、役者はあくまでも「人」として登場し、舞台上で面を着けることによって「神」に変身する姿を見せる。

能の囃子は笛、小鼓《こつづみ》、大鼓《おおつづみ》、曲により太鼓によって構成されるが、〈翁〉では小鼓が三

　面箱《めんばこ》持ちを先頭に立て、翁、千歳《せんざい》、三番三《さんばんそう》、囃子方、後見、地謡の諸役が橋掛リから登場。翁の役者は舞台右奥に着座し祝歌を謡う。千歳の役は、上掛《かみがか》リ（観世、宝生）はシテ方が、下掛《しもがか》リ（金春、金剛、喜多）では面箱持ちと兼ねて狂言方が演じる。千歳の舞は若者の颯爽とした舞で、翁の露払いとしての性格を持つ。その間に、翁の役者は翁の面（白色尉《はくしきじょう》）を舞台上で前を向いたまま着ける。千歳の舞が終わると翁は立ち上がり、祝言の謡と祝《ことほ》ぎの舞を舞うと、もとの位置に着座して翁の面をはずし、退場する。

　翁が千歳の舞と翁の舞の二場面からなるのと同様、三番三も「揉《もみ》ノ段」と「鈴ノ段」の二つの場面からなっている。「揉ノ段」は面を着けず、リズミックで躍動感あふれた舞。次に三番三の面（黒色尉《こくしきじょう》）を着け「鈴ノ段」で鈴を持って祝いの舞を舞う。舞が終わるともとの位置へ戻り面を取り、

人登場し、翁の舞が終わり翁の役者が退場するまでは、ほとんどを笛と小鼓三人だけで囃す。三番三になってこれに大鼓が加わる。小鼓は頭取（リーダー）と他の二人が異なったパターンを打ち、独特かつ複雑なリズムを刻んでいく。地謡も〈翁〉に限って、いつもの舞台右側の地謡座ではなく、舞台後方の囃子方の後ろに座る。

退場する。

〈翁〉は〈式三番〉ともよばれ、能・狂言のルーツともいえる、古風で独自の様式を持った、祝言性に満ちた儀式的な芸能である。新年に〈翁〉が上演されると、今年も平和で豊かであるようにと祈らずにはいられない。

〈翁〉を演じるにあたり、各役は上演前の一定期間、炊事や暖房の火を家族とは別にする「別火《べつか》」を行う。当日は鏡の間に祭壇を据えて翁面を納めた面箱を祀り、神酒《みき》や洗米を供え、鏡の間の四方と舞台に向かって切り火を打って清める。出演者一同は、登場の前に鏡の間に列座し、神酒をいただくなどの清めの祭儀を行う。こうした儀式は現在では簡略化されることもあるが、それでも〈翁〉が神聖視されていることに変わりはない。

【奥の細道】

おくのほそみち――新作能

芭蕉は旅の途中、越中市振《いちぶり》で宿をとると、宿主に名を明かし俳諧の道について語る。宿には越後の遊女が三人泊まっていて、二人の遊女は伊勢までの遠い道のりを嘆いて手紙を書き、下人に託して故郷に返す心細さを語り合う。宿主はもう一人の遊女夕顔を芭蕉に引き合わせ、遊女は伊勢までの同行を芭蕉に頼むが断られる。遊女は別れの舞を舞い、芭蕉は「一つ家に遊女も寝たり萩と月」の句を詠んで、別れを告げて立ち去る。

芭蕉の『奥の細道』の「市振」を素材とした高浜虚子による新作能で、作曲は櫻間《さくらま》金太郎（弓川《きゅうせん》）。1943年11月にシテ櫻間金太郎により初演され、その後も金春流でたびたび上演されている。芭蕉と遊女という一見無縁に思えるが、漂泊という点での繋がりを描く。前半で芭蕉の俳諧論をたっぷりと聞かせ、後半では遊女の中ノ舞を見せる。

典拠＝『おくのほそ道』
場所＝越中・市振の宿
シテ＝芭蕉
ツレ＝遊女夕顔
ワキ＝旅籠屋の主
アイ＝連れの遊女たち

◆補記

高浜虚子は能の本質を理解した俳人。能楽復興に尽くした兄の池内信嘉の影響もあり能に親しむ。本作品をはじめ〈鉄門〉〈実朝〉など芸術性の高い新作能の数々を残した。

【小塩】

おしお――三番目物■五流

大原野、小塩山一帯の桜の名所に花見に来た人々の前に、桜の花の枝を持った老人が現れ、「自分の姿は埋木のようだが心まで朽ち果てているわけではない」と語り、二条后《にじょうのきさき》(藤原高子《たかいこ》、清和天皇の皇后)の洛西・大原野神社参詣に供奉した在原業平《ありわらのなりひら》が詠んだ歌の意を説いて姿を消す。やがて花見車が現れ、中から業平が歌を歌いかけ、月夜の花見を始める。業平は昔の恋を未だに忘れられないのだと言いながら優美に序ノ舞を舞うと、いつしか消え失せる。

前場《まえば》で老人姿のシテは、花見に来た男との会話の中に和歌を折り込みつつ、満開の桜を眺め歩く。一箇所に佇んで東西南北の風景を見渡す「名所教え」という場面が能には多用されるが、ここではその方法をとらずに、気ままに歩きながら花を見、昔の恋を語るという風雅な演出を見せる。またシテの登場の「月やあらぬ春や昔の春ならぬ、わが身ひとつはもとの身

典拠=『伊勢物語』
場所=山城・大原野(小塩山)
前シテ=老人
後シテ=在原業平の霊
ワキ=花見の者
ワキツレ=同行の者
アイ=里人

◆補記

作者は金春禅竹で、1465年に将軍足利義政が若宮祭見物を兼ねて南都へ下向した際、宿所となった一乗院で行われた大和猿楽四座の立合能で、禅竹自身によって演じられている。

にして」に始まり、**クセ**の「唐衣着つつなれにし妻しあれば　はるばるきぬる旅をしぞ思ふ」など、後場《のちば》の詞章には『伊勢物語』の歌や言葉をちりばめ、王朝美あふれる恋物語を連綿と綴り、すばらしい聞かせどころになっている。そうした幽玄の頂点にあるのが序ノ舞だ。序ノ舞は品位の高い女性などによって舞われることが多い。貴公子は通常**早舞**《はやまい》という典雅で颯爽とした舞を舞うが、〈小塩〉では、業平を歌舞の菩薩として小塩明神と重ねあわせて扱い、あえて序ノ舞を舞わせて王朝の雅びさを象徴させ、春爛漫の花の景色に溶け込ませている。

〈小塩〉の本説は、『伊勢物語』第七十六段の二条后が大原野神社に参詣したときの話。舞台となった大原野は、〈大原御幸〉で有名な洛北の大原の里ではなく京都の西山の麓一帯のことで、後ろの小高い山を大原山、別名小塩山と言う。この地にある大原野神社は小塩明神と呼ばれ、藤原氏が長岡京遷都の際に、氏神である奈良春日明神を勧請したものだという。

◆用語解説

序ノ舞　364頁参照

クセ　361頁参照

早舞　218頁参照

【落葉（京）】

おちば――三番目物　■金剛

旅僧が小野の里で『源氏物語』の浮舟の回向《えこう》をしていると、里の女が現れて落葉の宮の旧跡に案内し、あたりの名所を教えると、自分は落葉宮の化身だと言って消える。夜も更け、落葉宮の亡霊が現れて、夫の柏木が落葉宮の妹にあたる女三の宮を深く愛していたこと、柏木の死後夕霧が落葉宮のもとに通ったことなど語りながら舞い、僧の回向を受けて消え去る。

『源氏物語』の「若菜」「柏木」「夕霧」などの巻から素材を得た作品。柏木へ嫁いだ女二の宮。しかし柏木は女三の宮を愛し、女二の宮を「落葉のような人」と蔑《さげす》んだ。一方光源氏の子で柏木の従兄弟《いとこ》の夕霧は、柏木の死後女二の宮への思慕を募らせる。こうした複雑な人間関係を持つとはいえ、『源氏物語』の中では比較的地味な存在ともいえる落葉宮を主人公に、寂しさの中に妄執を絡めた不思議な雰囲気を持つ作品。

典拠＝『源氏物語』
場所＝洛北・小野の里
前シテ＝里の女
後シテ＝落葉宮の霊
ワキ＝旅僧
アイ＝所の男

◆補記

〈京落葉〉〈落葉宮〉〈小野落葉〉ともいう。1961年に二世金剛巌が復曲上演し金剛流現行曲となった。喜多流参考曲の〈落葉〉（通称〈陀羅尼《だらに》落葉〉）とは別曲。

【落葉（陀羅尼）】

おちば（だらに）――三番目物 ■ 喜多参考曲

北国からやって来た旅僧が洛北・小野の里に着くと、若い女に呼び止められ、宿に案内される。僧の問いに答え、女は落葉の宮と夕霧の愛について物語り消え去る。里の男から落葉の宮について聞いた僧は、夜更けに読《ど》経《きょう》をしていると、夕霧の正妻、雲井雁《くもいのかり》の霊が現れる。陀羅尼の声を聞いた昔を偲んで舞を舞った雲井雁の亡霊は、野分の風に紛れて消え去る。

『源氏物語』の「若菜」「柏木」「夕霧」などの巻を素材にしている。柏木へ嫁いだ女二の宮。しかし柏木は二の宮の妹で光源氏に嫁いだ女三の宮を愛し、女二の宮を「落葉のような人」と蔑《さげす》んだ。一方、光源氏の子で柏木の従兄弟《いとこ》の夕霧は、雲井雁という正妻がいたにもかかわらず、柏木の死後女二の宮への思慕を募らせ、雲井雁と女二の宮の元へ月の半分ずつ通うようになる。こうした因果応報ともいえる複雑な人間関係を、雲井雁の視点から描いた作品。

典拠＝『源氏物語』
場所＝洛北・小野の里
前シテ＝若い女
後シテ＝雲井雁の霊
ワキ＝旅僧
ワキツレ＝従僧たち
アイ＝里の男

◆補記

同名の金剛流〈落葉〈京落葉〉〉とは別曲。宝生流では明治時代前期に廃曲。喜多流では参考曲。陀羅尼とは仏教で用いられる比較的長い呪文。後場で陀羅尼を読む箇所があることから〈陀羅尼落葉〉と呼んだ。

【姨捨】

おばすて——三番目物　■五流〈金春・喜多〈伯母捨〉〉

姨捨山に仲秋の名月を見に来た都の男の前に里女が現れ、「わが心慰めかねつ更級や、姨捨山に照る月を見て」という和歌の旧跡を教え、実は自分のことだと言って消える。

里人から姨捨の悲惨な伝説をきいた男が一夜を過ごしていると、老女が幻のように現れる。老女は月の美しさを讃え、月に因んだ仏教の話をすると、月の光の下で昔を偲んで静かに舞う。やがて夜も明け、都の男も帰った後に、昔の姨捨同様、老女は一人残される。

能の〈姨捨〉には、老人遺棄の悲惨さはない。月の光の精のような透明度の高い老女が**序ノ舞**を舞うことで、浄化された清らかな世界を見せてくれる。山に捨てられたことを悲しむでも恨むでもなく、人の世を脱し、月の光に同化していく老女の姿には、無常のこの世の全てを突き抜けた果ての、解脱した者の持つ神々しささえ感じられる。

典拠＝『大和物語』
『今昔物語集』
場所＝信濃・姨捨山
前シテ＝里女
後シテ＝老女の霊
ワキ＝都の男
ワキツレ＝同行者
アイ＝里人

◆用語解説

序ノ舞　364頁参照

間狂言　24頁参照

残リ留　能の終了時の結尾を「留メ」というが、普通はシテが、ときにはワキが留拍子を踏むなどの動作と、地謡と囃子とが同時に終わ

お

る。「残リ留」では囃子の演奏のみがしばらく残り、余韻を引く効果を出す。

シテは悲惨な姨捨伝説について一切触れない。これは間狂言《あい》によって語られる。美しい月光の舞の裏側にある、凄惨なほどの人間悲劇。なまなましい現実的な物語を、能の品位を貶めることなく観客の脳裏に焼き付けることで、狂言の語リの芸の神髄が示される。

終幕で一人残されたシテの姿が昔と同様に「姨捨山」になったという謡は、囃子の残リ留とともに深い余韻を観客の心に残す。能に拍手は必ずしも必要ではないが、特に〈姨捨〉のような作品では、静かに席を立って余韻を楽しみながら自分の心と対話し、感動を反芻することをお勧めしたい。

民間伝承の棄老《きろう》伝説については、深沢七郎の『楢山節考』が、山村の食料不足を背景に口減らしのために老人が遺棄される風習を描き、読者に少なからぬ衝撃を与えた。長寿高齢化社会を迎えた現代の日本でも、介護保険制度の導入や年金制度の改革など、課題は多い。

それは昔、小さな山村で起こっていた現象が、全体の問題に拡大していることにほかならない。能のテーマの現代への投影。そこに私たちは何を見るのか。

【大原御幸】

おはらごこう――三番目物 ■五流〈喜多〈小原御幸〉〉

建礼門院は洛北・大原の里にある寂光院に隠棲している。そこに義父の後白河法皇が訪れる。女院は生きながら六道《ろくどう》をめぐった恐ろしい体験、平家一門の最期、幼い安徳天皇の入水《じゅすい》のありさまなどを語る。やがて法皇は帰り、女院も心寂しく見送る。

仏教的無常観に貫かれた一大叙事詩『平家物語』の最終巻「灌頂巻《かんじょうのまき》」に取材した作品。

建礼門院と後白河法皇との久々の邂逅《かいこう》は、女院が辛い思い出を語る端緒となる。「あなたは地獄を見てしまったそうだが」という法皇の強烈な問い掛けに、建礼門院はたぐいまれな悲劇の体験を仏教的な六道を見たことに例えて語る。

建礼門院は、優美さの象徴のような姿の裏に、見るべからざる忌まわしいものを見てしまったことによって恐ろしい影を隠し持っている。それを

典拠＝『平家物語』
場所＝洛北・大原寂光院

シテ＝建礼門院
ツレ＝大納言局
ツレ＝阿波内侍
ツレ＝後白河法皇
ワキ＝萬里小路中納言
ワキツレ＝廷臣
ワキツレ＝輿舁
アイ＝従者

◆用語解説

六道 仏教で衆生がその業によっておもむく所を、地獄、餓鬼、畜生、修羅、人間、天上の六種類に分けることを言う。

序ノ舞　364頁参照
中ノ舞　207頁参照

えぐりだすような内容の問いを発することができるのは、他人ではなく義父の後白河法皇だけだ。しかも後白河法皇は、平家を栄えさせ、そして平家を滅ぼした影のフィクサーとも言える人物であり、女院の悲劇の原因でもある。法体こそしているものの、俗権の上に夢を見ていた法皇の問いに、俗を脱しきった女院が、平家の滅亡という悲劇の体験を語る。ことに安徳天皇の最期を語る部分は痛切で哀れである。

若い女性を主人公とする作品では、通常**序ノ舞**や**中ノ舞**等の舞が舞われるが、〈大原御幸〉には舞事《まいごと》がない。建礼門院、後白河法皇のほか、大納言局、阿波内侍、萬里小路《までのこうじ》中納言など多くの人物が登場するにもかかわらず、舞台上の動きは極めて少ないことも特徴だ。この作品は室町時代には上演記録が見当たらず、正式な演能曲となったのは諸流ともに江戸中期以降で、江戸初期までは能としてより、謡を聞かせるための曲として愛好されていたと考えられる。

【女郎花】

おみなめし――四番目物 ■ 五流

九州松浦潟の僧が、石清水《いわしみず》八幡宮に参詣しようと男山の麓にやってきて女郎花を手折ろうとすると、老人が現れて僧をたしなめる。古歌の縁で打ち解けた老人は僧を男塚、女塚に案内し、自分は小野頼風の霊だとほのめかして消える。僧が読経していると、頼風と妻の亡霊が現れ、妻の入水《じゅすい》や頼風の自殺を語り、邪淫《じゃいん》の罪科によって地獄で責められているありさまを見せると消え去る。

『古今和歌集』仮名序の中世の注釈書にある説話を基に作られた恋の妄執を主題とした作品。男女の亡霊が登場するが、妄執というよりは悲恋物語といった趣が強く出ている。秋の七草として数々の古歌に詠まれている女郎花のイメージが、曲全体に清純可憐でロマンチックな雰囲気を与えているためか、前場の花物語的なやりとりはもとより、後場の恋の妄執や地獄の責めも陰惨な雰囲気にはならず、風雅な気分を感じさせる。

典拠＝『古今和歌集』
場所＝山城・男山の麓
前シテ＝老人
後シテ＝小野頼風
後ツレ＝小野頼風の妻
ワキ＝松浦潟の僧
アイ＝男山麓の者

◆**補記**

愛した男に裏切られたと思い込んだ女が、放生川に身を投げ死んだ。女の墓から美しい女郎花の花が咲き出でたというテーマだけでも、ひとつの美しい能ができそうだ。

【大蛇】

おろち――五番目物 ■宝生・金剛・喜多

素戔嗚尊《すさのおのみこと》が出雲国に来ると、粗末な家の中で老人と妻が、櫛稲田姫《くしいなだひめ》を八《や》岐大蛇《またのおろち》に取られてしまうと嘆いている。尊はそれを聞いて櫛稲田姫と夫婦の契りを結び、大蛇を退治することにした。尊は八艘の酒船に酒を盛り、これを簸《ひ》の川上に浮かべて姫の姿を写すと、現れた大蛇は姫の姿を本物と思い、呑もうとして酒に酔い伏すので、尊は大蛇との死闘の末に斬り伏せ、大蛇の尾にあった剣を取り出して、これを天叢雲《あめのむらくも》の剣と名付けた。

『古事記』や『日本書紀』の神話を素材にした観世小次郎信光の作による五番目物。シテ、ワキはじめ各役の見せ場が多い、スペクタクル能になっている。前場《まえば》では大蛇退治の武勇伝と神婚説話だけではなく、三十一文字の和歌発生の端緒をも盛り込まれている。後場《のちば》では一畳台と船の作り物が出され、大蛇と尊との死闘が繰り広げられる。シテは前場で老人を、後場で大蛇を演じる。

典拠＝『古事記』『日本書紀』
場所＝出雲

前シテ＝老人・脚摩乳
後シテ＝大蛇
ツレ＝老人の妻・手摩乳
子方＝櫛稲田姫
後子方＝櫛稲田姫
ワキ＝素戔嗚尊
ワキツレ＝素戔嗚尊の従者
後ワキツレ＝輿舁
アイ＝木葉の精

◆補記

素戔嗚尊の大蛇退治の話は、出雲系の神話の中でも最も古いものに属する。

【杜若】

かきつばた —— 三番目物 ■ 五流

三河国八橋《やつはし》にやってきた僧が、咲き乱れる杜若に見ほれていると、里女が現れ、ここは杜若の名所として名高い八橋であると言うと『伊勢物語』にある「かきつばた」の五文字を織り込んだ在原業平《なりひら》の杜若の歌「からころも、きつつなれにし、つましあれば、はるばるきぬる、たびをしぞおもふ」を教え、自分の庵へ招き入れる。やがて業平と高子后《たかいこのきさき》の装束に身を包んだ杜若の精の姿を現し、業平は歌舞の菩薩の生まれかわりなので、業平の歌の恵みによって非情の草木に至るまで、みな成仏できるのだと語ると、『伊勢物語』に語られた恋物語の数々を優美に舞う。

中世の『伊勢物語』の注釈書の一つである『冷泉家流伊勢物語抄』には、杜若を二条后の形見だとする説がある。「かきつばた」の和歌を統一イメージとして捉え、前半では在原業平の東下りの際のこの和歌の来歴を物語り、後半では杜若の精が優雅な舞を見せて和歌の徳を賛美するという幽玄

典拠＝『伊勢物語』
場所＝三河・八橋
シテ＝杜若の花の精
ワキ＝旅の僧

◆**補記**

八橋は、川が蜘蛛手のように八方に分かれているため、橋を八本も架けているからだと言われる。愛知県にある無量寿寺境内は「八橋旧跡」として知られるが、現在も数千本の杜若が、能のイメージどおり全て紫一色に統一されている。

味あふれる作品。主人公は人間ではなく杜若の精だが、草木の精を主人公とした作品といっても他の作品とは少々異なっており、この作品では後半の物着《ものぎ》によって初冠《ういかんむり》と唐衣《からころも》を身に着けたシテの姿が、業平と二条后高子の妃をイメージさせる男装の女性の姿になり、単に杜若の精に留まっていない。しかもそこに業平が歌舞の菩薩の化身であるというイメージが加わり、シテ一人に三重、四重に積み重なった性格を見ることができる。これが夢幻的な美しさを生み出す。杜若の精の清楚であでやかな美しさと、業平と高子妃の恋の思い、そして菩薩の神々しい姿。鮮烈な濃紫の花のイメージが、深くさわやかな余韻を残す。

◆**用語解説**

物着　登場人物が能の上演の途中で舞台上で扮装を変えたり烏帽子などを身につけたりすること。通常は後見座で後ろを向いて行う。〈松風〉のように舞台上で正面を向いて物着をすることもある。〈羽衣〉の小書「床几の物着」のように、舞台中央で床几に座ったまま物着となり、特殊な囃子で伴奏するというように、物着そのものを様式化して見せる演出もある。

【景清】

かげきよ —— 四番目物 ■ 五流

悪七兵衛《あくしちびょうえ》景清は、平家の武将の中でも武勇の誉れ高く、源氏に破れた後は、源氏の栄える世の中を見ることを潔しとせず、自らの両眼をえぐって盲目の乞食《こつじき》となって日向国で暮らしている。そこへ娘の人丸が訪ねて来る。景清は自分の娘と知って驚き、今の境涯を恥じて他人のふりをするが、里人のとりなしで娘と対面する。景清は、乞われて娘のために屋島の合戦での三保谷四郎との錣《しころ》引きの武勇談を語って聞かせるが、やがて時も過ぎ涙ながらに別れを告げる。

かつては源氏の荒武者たちを震えあがらせた豪傑悪七兵衛景清が、敗残の武将として自ら盲《めし》い、年老いて乞食に身を落とした姿は「騏麟も老いぬれば駑馬に劣る」というみじめなものだが、時代に逆らいながらも自己の運命を突き詰めようとする強い意志を感じる。肉体は衰えたものの、枯れ果てぬ気骨が横溢している。しかしそこには将来への明るい光があるわけ

典拠＝『平家物語』
場所＝日向・宮崎

シテ＝景清
ツレ＝人丸
ツレ＝従者
ワキ＝里人

◆**補記**

景清は流儀によって面装束が異なり、演出も変化する。専用面景清にも髭のあるカンの強い表情のものから、髭のない憔悴した印象の面までさまざまな面がある。装束も、大口をはいて床几にかかった、かつての威風を残した景清像から、大口をは

かずに着流しのままだったり、床几にかけずに下居《したい》したりなどのやり方があり、強さから老残の哀れさまで、幅広い演出方法がある。

ではなく、絶望的な状況があるだけだ。これほど痛ましい景清の悲劇性を、能では親子対面から別離という感傷的なオブラートに包んで表現するが、その底に見える暗黒、人間の運命と人生の凄まじいほどの悲劇性は、ギリシャ悲劇を連想させる。

作リ物の中から聞こえる謡は「松門《しょうもん》の謡」と呼ばれ、景清の内面を表している。柱にすがって寄せる波の音を聞き、日向国の海の景色を見えぬ目で見ようとするありさまは、自らの生涯の変転を俯瞰するかのようだ。軍語りは唯一の見せ場で、リズミックで力感があり、勇壮な中にもユーモアを含んでいる。

【花月】

かげつ──四番目物 ■ 五流

行方不明のわが子を尋ね、父は出家して清水寺に来る。そこに花月という遊芸者が現れて、門前の者の求めに応じて当時流行の恋の小歌《こうた》を謡う。鶯が来て花を散らすので、花月は弓矢で狙うが、仏の殺生戒《せっしょうかい》を破るまいと、思い留まる。そして今度は清水寺の縁起を曲舞《くせまい》にして舞う。群衆に交じって花月の遊芸に興じていた僧は、花月こそ行方不明のわが子だと気付き、親子の対面を喜ぶ。花月も父との対面を喜び、羯鼓《かっこ》を打ちながら、自分が天狗にさらわれてから全国の山々を巡りあるいたありさまを謡い舞い、親子揃って旅立つ。

天狗にさらわれた子供と、行方不明の子を探す父親の劇的再会。しかしこの作品では親子再会劇は単に筋の運びでしかなく、当時流行ったと思われるさまざまの芸能を見せてくれることが中心だ。母親が子供を探して狂い舞う作品にも共通するものがあるが、〈花月〉では尋ねられる子供の方

典拠＝不明
場所＝京・清水寺境内
シテ＝花月
ワキ＝旅の僧
アイ＝清水寺門前の者

◆補記

シテのつける「喝食《かつじき》」という面は、前髪が銀杏型、あるいはおかっぱ型に描かれた面で、頬にえくぼがある、可愛らしい美少年の表情をしている。喝食とは、もともと禅寺で修行する半俗半僧の少年のことで、食事を知らせたり献立を告げたりするために大声で叫ぶという

意味の職名だった。そこから食事の給仕などが主な仕事となったが、大衆に説法したり、歌舞にも長じていたようだ。

◆**用語解説**

小歌　13頁参照

羯鼓　169頁参照

弓ノ段（段物）　147頁参照

が主人公として芸づくしを見せる点で深刻さも薄れ、より純粋に芸能鑑賞的な雰囲気を作っている。

恋の小歌は当時の流行歌で、常の謡と異なり、凝った節廻しの洒落た歌。鶯を射ようと弓矢を用いる**弓ノ段**、音楽的にも舞踊的にも中心をなす曲舞、羯鼓を打ちながら舞う羯鼓の舞、そしてキリの山巡りと、最初から最後まで手際よく見せ場を盛り込んで、しかも煩雑さを感じさせない構成のうまさがある。また、流麗な詞章は優れた短編小説のようでさえある、無邪気に明るく、機知に富み、しかも軽妙洒脱な美少年花月が花盛りの清水寺境内で舞う姿は、小品ながら、文句なしに楽しめる作品となっている。

【柏崎】

かしわざき――四番目物　■五流

越後国柏崎の領主柏崎某《なにがし》は、訴訟のため滞在していた鎌倉で病死し、息子の花若も出家する。柏崎某の家来小太郎から知らせを聞いた花若の母は驚き、花若の無事を祈る。花若は善光寺の住僧をたよって出家し、今日も如来堂へ参詣している。花若の母は物狂いとなって善光寺へやって来る。仏に向かった母は死別した夫の成仏を祈り、恋慕の心から舞い、一心に念仏を唱える。僧は花若を母に引きあわせ、二人は再会を喜ぶ。

前場《まえば》では、夫の急死と子供の出家という二重の悲痛な出来事により、身分の高い女性が心が乱れてゆくまでの劇的展開を示す。後場《のちば》では女物狂として謡い舞うことが見せ場だが、死別した夫に対する恋慕の心持ちが強く、子に対する思慕の情と複雑に交叉している。中心をなすクセは、阿弥陀如来に夫を極楽浄土へ導くように祈ることが中心で、極楽浄土での再会への期待に重点が置かれている。

典拠＝未詳
場所＝越後・柏崎
前シテ＝花若の母
後シテ＝狂女（花若の母）
子方＝花若
ワキ＝小太郎
ワキツレ＝善光寺住僧
アイ　寺近くの男

◆**補記**
作者は榎並左衛門五郎といわれるが、世阿弥がかなり手を加えている。世阿弥自筆本のかたちを生かした古演出による上演も試みられている。

【春日龍神】

かすがりゅうじん――五番目物　■五流

明恵《みょうえ》上人は唐（中国）天竺《てんじく》（インド）に仏跡を訪ねるため、暇請《いとまご》いに春日明神に参詣すると、宮守の老人が現れ、釈迦入滅の今は春日山こそ仏が説法された霊鷲山《りょうじゅせん》に等しく、渡唐は不必要だと説き諭《さと》し、春日明神の使者と名乗って消える。やがて八大龍王が眷族《けんぞく》を従えて春日野に現れると、他の仏たちも会座に参会して御法を聴聞する様を見せ、龍神は猿沢の池の波を蹴たて大蛇の姿となって消え失せる。

前場《まえば》で宮守が明恵上人の入唐渡天の意志を翻させてゆく所は、遠くに求めていたものが意外と自分の身近にあることを気付かせる内容で、前シテは脇能の尉に匹敵する気品を持つ。後場《のちば》では、奈良の春日山を釈迦が法華経を説いた霊鷲山とみなして、時空を越えて釈迦の全生涯が現れる様を想像させ、それを龍神が象徴的に演じる。小書《こがき》により、後場で龍女が登場して舞うこともある。

典拠＝『古今著聞集』
場所＝大和・春日野
前シテ＝宮守の老人
後シテ＝八大龍王
ワキ＝明恵上人
ワキツレ＝従僧
アイ＝社人

◆**補記**
世阿弥は『風姿花伝』の中で、神の演劇は鬼の演劇の延長であり、超人的で猛々しい様子は脇能にも鬼と同様の演出を許容すると述べている。

【葛城】

かづらき――四番目物　■　五流

典拠＝『日本霊異記』
『今昔物語集』
場所＝大和・葛城
前シテ＝里女
後シテ＝葛城の女神の霊
ワキ＝山伏
ワキツレ＝同行の山伏
アイ＝山下の男

山伏は葛城山で大雪にあう。そこに里女が現れ、山伏を庵に案内して火を焚いてもてなす。山伏が勤行を始めようとすると、里女は三熱の苦しみを救うため加持祈祷をしてほしいと頼む。そして自分は葛城の神であり、役行者《えんのぎょうじゃ》に命ぜられた岩橋を架けられぬ咎《とが》めに今も苦しんでいると言って消える。

やがて葛城の神が姿を現し、神楽歌を奏し大和舞（序ノ舞）を舞う。自らの顔かたちの醜さを恥じた葛城の神は、明け方になる前に消える。

役行者が葛城の神に、葛城山から大峰へ岩橋を架けるように命じるが、葛城の神は自らの容貌を恥じて夜だけしか仕事をしなかったため岩橋は完成せず、怒った役行者により呪縛《じゅばく》される。この岩橋伝説を基にしながら、清麗な情趣を神秘的に表現した作品だ。

この作品の中心をしめるのは、何といっても後場《のちば》、葛城の女神によって

◆**用語解説**

役行者　7世紀後半の山岳修行者で、本名を役小角《えんのおづぬ》という。大和国に生まれ、葛城山に入って修行し、やがて陰陽道神仙術と密教を日本固有の山岳宗教に取り入れて独自の修験道を確立し、

大峰山など多くの山を開いた。修験道の開祖として崇拝される山伏の祖と考えられる人物で、江戸末期には「神変大菩薩」の諡号を勅賜されている。しかし保守的な神道側から「葛城伝説」のように使役と呪縛を行う妖術使いのごとく誣告されたため、伊豆大島に流された。さまざまな伝説、それも奇異な話が多いことから空想上の人物とも思われがちだが、『続日本紀』文武天皇3年5月24日条に伊豆島に流罪になった記事があり、実在は確か。

◆用語解説

序ノ舞　364頁参照

小書　49頁参照

神楽　63頁参照

舞われる大和舞だ。神とはいっても、人間に近い性格を持った古代の女神の静かで清らかな舞は、神としての気品の高さと、人間以上に女らしい色気を感じさせる。優麗高雅な神人和合の天地を展開する。

舞台では美しい女神が舞っているが、葛城の神、一言主《ひとことぬし》は男の神だったようだ。この演出の解釈として、葛城の神が巫女《みこ》に憑依《ひょうい》し、葛城の神の心情をかたちにするのだという考え方がある。巫女によって現れる神の姿は、**小書**《こがき》で舞が序ノ舞から**神楽**《かぐら》に変わると、より鮮明になる。神楽は巫女が神に捧げる舞と考えられるからだ。

【合浦】

かっぽ――五番目物・略脇能　■観世

中国の合浦の浦に住む里人が、漁師が釣り上げた珍しい魚を買い取り海に放してやる。ある夜、里人の家を童子が訪ね、自分は鮫人《こうじん》という魚の精で、命を助けてもらったお礼をさしあげたいので浦の傍らまで来るようにと言うと、白魚に姿を変えて消え失せる。鱗《うろくず》の精が現れて、龍宮の宝珠が里人に授けられると語る。やがて鮫人が報恩のために海の底から姿を現し、里人に宝珠を捧げる。

殺生の戒めを守って生き物の命を救った者が報いられるという教訓的なテーマを扱った作品。前後二場構成だが、里人と漁師の問答と珍魚の解放が物語の序になっている。前場《まえば》のシテは童子姿だが、生身の人間とは異なった雰囲気を醸す。後シテは鮫人を「奈落の底の白魚」として表現するため、髪は赤頭ではなく白頭となる。祝言性を持った、めでたさあふれる作品で、略脇能としても扱われる。

典拠＝『蒙求』『述異記』
場所＝中国・合浦
前シテ＝童子
後シテ＝鮫人
ワキ＝里人
アイ＝漁師・鱗の精

◆補記

合浦は古来から真珠の産地として知られていたらしい。一方鮫人については『述異記』に南海の水中に住み、機を織り、その涙は珠となると記されている。

【鉄輪】

かなわ――四・五番目物　■五流

夫に見捨てられた女が、今夜も貴船《きふね》神社に祈願すると、社人が女に、鉄輪に蝋燭をつけて怒る気持ちを持てば鬼になれるとの神託を伝える。

一方こちらは下京に住む夫。最近夢見が悪いので、陰陽師の安倍晴明に祈祷を頼む。晴明が夫と新妻の身代わりの人形を作って祈ると、鬼となった先妻が現れ、恨みを述べて新妻を打ち、男の命を取ろうとするが、神々に追われ、呪いの言葉を残して消え去る。

前場《まえば》は短いが、この作品の持つ凄まじい雰囲気を作りあげる上で重要だ。深夜、苦しい心を抱いて一人貴船に向かう女の心象風景が見えるような道行。神託《しんたく》を聞いて、笠を捨てて正面を見すえ、幕に入るまでのわずかな型に、鬼気せまるもののすごさを感じさせる。

後場《のちば》で鬼となって現れた女が後妻打ちに続いて男の枕元に立つと、神々が出現して女を追いたてる。なぜ神々は後妻が打たれる前に現れないのだ

典拠＝『平家物語』
場所＝山城・貴船神社
　京・安倍晴明宅
前シテ＝女（先妻）
後シテ＝女（先妻）の生霊
後ワキ＝安倍晴明（陰陽師）
後ワキツレ＝夫
アイ＝貴船神社の社人

◆補記

〈鉄輪〉は一種の世話物である。庶民の女性が捨てられた男を恨み、後妻に対する激しい嫉妬から、鬼となってやって来るのだ。主人公に固有名詞がないということは、現代の女性の心理にも共通

する、昔も今も変わらない情念なのかもしれない。こうした主題を、古くから日本にある**丑の刻参り**の呪詛とからませて、独特の雰囲気に描いている。

◆**用語解説**

丑の刻参り　恨む相手をのろい殺すため丑の刻（午前2時ごろ）に社寺に参詣し、神木などに藁人形に五寸釘を打ちつけて祈願し、願いがかなうと相手が死ぬという信仰。頭に五徳を逆さにかぶり、その足に蝋燭を立て、白装束を着て、人知れず行う。特に貴船の神は有名だった。江戸時代に多く行われた。

ろうか。恨んでも恨みきれない自分の心。神々の出現とは、自分の心の鬼になりきれぬ男への思慕の現れなのだろう。男の肌のぬくもりが体の隅に残っているような、不完全燃焼しかできない恨みだ。絶えず自らの心の奥を内省せねばならない女の哀れさが、思いを遂げ得ずに消えてゆくやるせなさとなって心に残る。詩的うるおいや雅びさに欠けても劇的な迫力を持ち、リアリティーに富んだ作品となっている。成仏できずに永遠にさまよう魂の哀れさが、現代人にもアピールする力を持っているのだろう。

【兼平】

かねひら —— 二番目物 ■ 五流

木曾から出てきた僧が、木曾義仲の跡を弔《とむら》うため近江国粟津原《あわづのはら》に向かう途中、矢橋の浦で老船頭の操る柴舟に乗る。船頭は湖畔の名所を教え、やがて粟津原に到着すると、船頭は姿を消す。矢橋の渡守から義仲と今井兼平の最期の様子を聞いた僧が弔っていると、兼平の亡霊が現れ義仲と自分の最期の場面を語り、回向《えこう》を求める。

最期まで義仲と行動を共にして義仲の最期を全うさせようと努力し、自らも壮絶な自害を遂げる姿を描くが、貴族的な平家の公達とは違い荒々しい関東武士の、しかも充分に働き心おきなく死んだ兼平の満足感さえ感じる姿を描く。後場《のちば》では**クセ**で義仲の最期を語り、続いて自らの自害の場面を語る。流儀によっては「目を驚かす有様」と体言止で終わる特異な修羅能として、魅力を持った作品。

典拠＝『平家物語』
場所＝近江・粟津原
前シテ＝老船頭
後シテ＝今井兼平の亡霊
ワキ＝旅僧
ワキツレ＝従僧
アイ＝矢橋の渡守

◆**補記**

義仲が兼遠の家で養われたことから兼平は乳兄弟にあたり、義仲挙兵のとき一番に盃を頂戴し、最期まで義仲と行動を共にした。

◆**用語解説**

クセ 361頁参照

【鐘巻】かねまき——復曲能

紀州道成寺の鐘が失われて久しいが、今日はようやく鐘が再興され、供養の日となった。住職は能力に女人禁制を言い渡す。白拍子《しらびょうし》がやって来て女人禁制を嘆くので、能力は舞を見せることを条件に参拝を許す。白拍子は道成寺創建の説話を語り、乱拍子を舞ううちに、落下した鐘の中に姿を消す。住職が昔の話を語り、鐘に向かって祈ると、鐘の中から鬼女が現れて僧に挑みかかるが、祈り伏せられ、執心を消す。

「道成寺」の原作となった作品。1992年6月、法政大学能楽研究所四十周年記念試演能で浅見真州のシテで復曲上演され、再演をくりかえしている。現行〈道成寺〉はこの〈鐘巻〉から、白拍子が女人禁制と聞いて嘆く場面、道成寺創建説話を物語る曲舞《くせまい》などを省略し、高い技術性に裏打ちされたスリリングな展開に仕立て上げている。

典拠＝未詳
場所＝紀伊・道成寺
前シテ＝白拍子
後シテ＝毒蛇
ワキ＝道成寺の住職
ワキツレ＝道成寺の僧たち
アイ＝能力

◆補記

五流の能では長らく上演されなかったが、山形県の黒川能下座《しもざ》では現行演目として継続して上演されてきた。

◆用語解説

白拍子　300頁参照

か

【加茂】

かも――脇能　■五流（観世〈賀茂〉）

典拠＝『風土記』
場所＝京・賀茂神社
前シテ＝里の女
後シテ＝別雷神
前ツレ＝里の女
後ツレ＝御祖の神
ワキ＝室の明神の神職
ワキツレ＝従者
アイ＝賀茂の末社の神

◆補記

舞台正面に、白羽の矢を一本立てた矢立台の作り物が置かれる。この作品だけに使われる特殊な作り物だが、セットを用いない能舞台の上で、ここ一点に象徴的に集中

神職に問われた女は、川上から一本の白羽《しらは》の矢が流れ来て女の水桶《みずおけ》に止まり、女は懐胎《かいたい》して男の子を出産した。この子が3歳の折、人々に父を問われ矢を指すと、矢は別雷神《わけいかずちのかみ》となり天に上り母子も神となったと、賀茂三神の縁起を語り姿を消す。やがて天女が聖代を祝って**天女ノ舞**を舞い、別雷神が神威を示す**舞働**《まいばたらき》を舞うと虚空に飛び去る。

賀茂明神の縁起が前場の主題。流れて来た白羽の矢が処女の水桶にとまり懐胎して子を産むという物語は、信仰によって象徴化されてはいるものの、健康的なエロティシズムを感じさせる。登場するのは水桶を手にした優美な女性。初夏の夕暮れどきに、水の縁語を用いて、加茂川、貴船川、大井（堰）川、清滝川などの京の川づくしを謡い語る**ロンギ**の部分は、清流のせせらぎが聞こえてきそうに思える。御手洗川の流れに手足をひたしたような、すずしげな季節感とすがすがしい印象にみちあふれた場面を見

するイメージが非常に効果的。なお、この作品は古名を〈矢立鴨〉といったという。

◆用語解説

舞働　237頁参照

天女ノ舞　天女が舞う軽やかな舞。

ロンギ　シテとワキの問答場面。シテとワキとが掛け合いで言葉を交わすのが本来だが、多くはワキの部分を地謡が代弁する形でシテと地謡の掛け合いになる。仏教の声明の儀式の論議からついた名称といわれる。

せてくれる。

後場《のちば》では一転して神が本体を現して威力を示す場面となる。優美華麗な天女ノ舞と別雷神の豪快な舞働が見どころ。別雷神は雷を神格化したものといわれ、手に持った幣は稲妻を表し、力強く踏む拍子も雷の具象化といえる。こうして、前場の動きを抑制した清流のような情景と、後場の優美さと豪快さのコントラストを持ったダイナミックな展開が、変化に富んだ魅力となっている。

【加茂物狂】

かものぐるい ―― 四番目物 ■ 宝生・金剛・喜多〈賀茂物狂〉

三年ぶりに東国から戻った都の者は、失踪した妻と賀茂の祭で出会うが、妻が狂女となっているので人目をはばかって名乗らない。狂女は神前に手向けの舞を舞い、夫を尋ね歩いたさまなどを語り舞ううちにやがてお互いに気付くが、名乗ることなくそれぞれが家路に向かい、再会を喜びあう。

クセで『徒然草』の文章を引用しているものの、特に典拠らしきものはない。テーマは夫婦の別れと再会だが、再会した夫婦が名乗りあわないなどドラマ性は希薄で、シテが面白く狂って見せる舞が中心。シテの出のカケリにはじまり、葵祭で賑わう下鴨神社を舞台に選び、絢爛たる祭を背景に神前で舞われるイロエ、夫を求めて旅するところを語り舞うクセ、そして中ノ舞と、変化に富み、謡や囃子とともに舞を堪能できる。狂女の舞姿には、夫に対する感情を越え、昇華された美しさえ感じられる。

典拠＝未詳
場所＝山城・賀茂社

前シテ＝女
後シテ＝狂女
ワキ＝都の男
前ワキツレ＝賀茂社の神職
後ワキツレ＝都の男の従者

◆**補記**

一風変わった恋の狂乱。狂女が妻だと気付いても人目を気にして最後まで名乗ろうともしない薄情な夫。妻も夫と再会を望むよりも夫への思いを忘れてしまいたいと願っている。どこか複雑に屈折した印象を与える作品。

【通小町】

かよいこまち——四番目物　■五流

八瀬の里で一夏の仏道修行をしている僧のもとへ、毎日木の実を届ける女は、市原野に住む姥《うば》と語って消える。

僧が市原野に出向いて弔《とむら》うと、小野小町の亡霊が現れて受戒《じゅかい》を求めるが、深草少将の霊がそれを遮《さえぎ》り、煩悩《ぼんのう》の犬となって打たれても離れないと、恐ろしい姿で小町の袂をとって引き止める。僧が懺悔《ざんげ》を勧めると、少将は生前、小町に恋をして百夜通ったが、あと一夜という夜に無念の死を遂げた話を再現して見せ、小町も少将もともに成仏する。

死してなお醒めやらぬ深草少将の執念の凄まじさと、そこから必死で逃れようとする小町の姿との間に果てしない人間の煩悩を見せる。楚々として佇み成仏を願う小町に比べると、少将の凄絶な執念ばかりが強調されるが、その裏にはひたむきな愛情を弄《もてあそ》ばれた男の、美貌の才女の驕慢《きょうまん》さに対する深い恨みが渦巻く。僧の隣に傍観者として座る小町の非情さが、少将

典拠＝不明
場所＝京・八瀬　市原野
シテ＝深草少将の霊
前ツレ＝里の女
後ツレ＝小野小町の霊
ワキ＝滞在の僧

◆**補記**
クレオパトラや楊貴妃と並び称される絶世の美女として名高い小野小町は、九世紀半ばの人と言われ、若くして類いまれな美貌と才知で宮廷を圧し、老いては零落して乞食となって野垂れ死にをしたという数奇な運命が語られるもののその実態はわ

からず、史実と伝説とが入り交じってイメージを作り上げているようだ。百人一首にある「花の色はうつりにけりないたずらに　わが身よにふるながめせしまに」という和歌をはじめ、数々の歌を残している。能では〈草紙洗〉でこそ若く才気たっぷりの小町が活躍するものの、能で特に重く扱われる老女物〈卒都婆小町〉〈鸚鵡小町〉〈関寺小町〉では百歳近い老残の乞食姿ながら驕慢な自尊心と才気を持った存在として描かれている。

の苦患をいや増しにする。痩せ衰えた面に黒頭を着けたシテが、拒否されつつ執拗に通い続けた百夜通いの日々の妄執を回想する場面が圧巻。ドラマに対する理解と感動を同時に与える。少将の恋が真摯であるほど、小町の気まぐれな嘘に翻弄される姿がいっそう滑稽かつ惨めに見える。少将の妄執が深いほど被害者を装った小町の驕慢さとの対比が鮮烈だ。舞台上でのたうちまわるごとく舞う少将の背後に、女性の本性に隠された嗜虐性と冷酷なまでの残忍さ、女の罪深さが、美しい装いを透過して私たちの心深く焼き付けられていく。

【苅萱】

かるかや——復曲能

行方不明の苅萱左衛門が高野山で出家したと聞いた苅萱の妻は、子の松若を連れて高野山の麓に着く。高野山は女人禁制だと言われた妻は、松若一人を登らせる。宿で待つ妻は風邪を拗《こじ》らせて死に、宿の亭主は松若に知らせようとする。高野山に登った松若は薪を背負った僧に出会うが、実はこの僧が苅萱で、松若がわが子と知るが偽って松若と別れる。母の死を知って悲しむ松若に、宿の亭主は供養のために聖《ひじり》を呼ぶ。この聖こそ苅萱であった。父子は再会し、母の残した文を読んで世の無常を詠嘆すると、ともに母の菩提《ぼだい》を弔《とむら》う。

女人禁制の高野山を舞台に、親子の別れ、父を尋ねる子、子に名乗れぬ父、母との死別、父子の再会といった多くの要素を、問答を主体にしたドラマに仕上げている。１９８６年11月に伊藤正義の作本、大槻文蔵のシテで復曲されたが、このときは宿の亭主と下人を一体化して狂言方が演じた。

典拠＝刈萱道心伝承
場所＝紀伊・高野山
前シテ＝沙門姿の苅萱
後シテ＝苅萱
ツレ＝苅萱の妻
子方＝苅萱の子・松若
ワキ＝宿の亭主
アイ＝宿の亭主の下人

◆**補記**

作者は不明だが、観阿弥と同世代の田楽の喜阿弥が作曲したと思われ、子方の活躍とともに涙を誘う作品になっている。

【邯鄲】

かんたん――四番目物　■五流

人生に悩む青年盧生《ろせい》は、邯鄲の里で、不思議な「邯鄲の枕」を用いて一眠りする。

楚《そ》国の王位に就いた盧生に廷臣が不老長寿の霊酒を捧げる。盧生は童舞を見ながら、自らも喜びの舞を舞う。いつしか50年の栄華も終わり、宮殿も臣下もみな消え去る。

ハッと目覚めると元の寝室。盧生は、栄華に満ちた日々も、所詮、一眠りの間の夢と同様にむなしいことなのだと悟るのだった。

人生の悟りへ至る経過を、一篇の詩のように描いた、ドラマの展開、能の表現技法ともに、良くできた傑作。構成上は大きく三段に分かれ、悩み―栄華―悟りの心の変化を表現することが、この能のポイントとも言える。演出上も能の表現の特性を駆使している。勅使や宿の女主人の動きによって現実と夢の接点がオーバーラップされ、夢の内容が心理的体験として現

典拠＝『沈中記』
場所＝中国・邯鄲

シテ＝盧生
子方＝舞童
ワキ＝勅使
ワキツレ＝大臣
ワキツレ＝輿舁
アイ＝宿の女主人

◆補記

「邯鄲の枕」とベッドというハイテク機器を駆使しバーチャルリアリティによって人生の縮図を見せて心を癒す女主人は、まるでカウンセラーのような印象を受ける。心の病むことの多い現代人にこ

そ、「邯鄲の枕」が必要なのかもしれない。

◆用語解説

一畳台　基本的にはセットを用いない能の中で、使用頻度が高い道具。たたみ一畳敷ほどの大きさで、高さ約24センチの木造の台を台掛という布で覆ったもの。そのままでも玉座や寝台、山や橋などを表すほか、注連縄を張って祭壇を表したり、塚や石などの作り物を乗せたり、四隅に柱を立てて屋根をつけ、屋敷や宮殿を表すなど、さまざまな用い方がある。

楽　251頁参照

実性をおびてくる。栄華の絶頂でシテが舞う間に大臣たちが切戸口から消え去るのは、作品の流れにスピード感と緊迫感を感じさせる。

空間処理の上でも**一畳台**を有効に使い、宿の寝台から壮大な宮殿に、再び元の寝台へと変える。しかも狭い一畳台を広々とした宮殿に見立てて、シテが**楽**《がく》を舞う。四方の柱で区切られた限定的な空間が、無限の広さに見える不思議。

目覚めてからは、ほとんど型がないが、悟りへの心理変化がシテの謡と地謡によって表現される。

【咸陽宮】

かんにょうきゅう——四番目物

■観世・宝生・金剛・喜多

秦《しん》国の皇居である咸陽宮の内裏には、始皇帝をはじめ寵愛する花陽夫人《かようぶにん》や侍女、大臣や侍臣が居並んでいる。そこに、始皇帝の暗殺を企てる荊軻《けいか》と秦舞陽《しんぶよう》の二人が、始皇帝が欲しがっていた燕《えん》の国の地図と反逆者の首を土産に面会を求める。二人は隙をついて始皇帝に刃を向け、刺そうとする。始皇帝は最後に花陽夫人の琴を所望し、花陽夫人は秘曲の歌に託して帝に脱出を勧める。二人が琴の音に聴き惚れている間に脱出した帝は、逆に二人を討ち取る。

舞台に出された一畳台（大宮の作り物を乗せる流儀もある）が広大な宮殿を表す。荊軻と秦舞陽の二人は物語の展開の中で中心的な役割を果たすことから、ワキ方にとって大役。シテは左右から剣を突き付けられた姿から、隙を見て袖を振り切り脱出する場面が見どころ。花陽夫人の琴の演奏部分は地謡によって表現される。

典拠＝『史記』『平家物語』
場所＝咸陽宮
シテ＝秦始皇帝
ツレ＝花陽夫人
ツレ＝侍女
ワキ＝荊軻
ワキツレ＝秦舞陽
ワキツレ＝大臣
ワキツレ＝侍臣
アイ＝官人

◆**補記**

花陽夫人は『史記』には登場しない。能の直接の典拠となった『平家物語』巻五「咸陽宮」における創作上の人物と思われる。

【祇王】

ぎおう——三番目物 ■宝生・金剛・喜多〈二人祇王〉

平清盛は祇王御前を寵愛していた。仏御前という若い白拍子《しらびょうし》が面会を乞うが清盛は取り合わない。祇王は仏御前に同情し清盛に対面を勧め、自分は出仕を控えてしまう。清盛は瀬尾太郎に命じ、祇王と仏を呼び共に舞うように命じる。二人は曲舞《くせまい》を相舞《あいまい》に舞うが、仏一人で舞えと命じられて舞うと、仏は祇王に二人の友情に変わりはないと告げる。

『平家物語』巻一「祇王の事」を典拠とした作品。『源氏物語』における王朝美を背景とした女性たちとはひと味違って、『平家物語』に描かれる女性は、栄華から無常への時代の大きな波に飲み込まれていく哀れさを持っている。〈祇王〉ではクセを中心とした仏御前と祇王御前の相舞が魅力的なのは言うまでもないが、それが強調されるあまり劇的な求心性が弱くなってしまっているのも事実。相舞の中ノ舞を添える演出もある。姉妹曲に夢幻能の〈仏原《ほとけのはら》〉がある。

典拠＝『平家物語』
　　　『源平盛衰記』
場所＝京・平清盛邸
前シテ＝仏御前
後シテ＝仏御前
前ツレ＝祇王御前
後ツレ＝祇王御前
ワキ＝瀬尾太郎
アイ＝従者

◆補記

祇王御前が、若干16歳という舞の名手・仏御前の出現により、清盛の心が自分から仏御前へと移ってゆくのを見なければならない哀れさが描かれている。

【木曾】

きそ――四番目物 ■ 観世

木曾義仲は池田次郎や郎党とともに砺波《となみ》山麓の埴生《はにゅう》に陣をかまえ、平家軍を倶利伽羅《くりから》谷へ落とし入れようと用意している。義仲は戦勝祈願のために八幡宮に願書《がんしょ》を奉ろうと思い立ち、覚明《かくめい》に願文を書かせる。覚明は書き上げた願書を読み上げると、一同は文武二道に達した者だと覚明を褒める。神殿に願書を納め、門出を祝っての酒宴で覚明が勇壮に舞うと、八幡宮から山鳩が飛び来って味方の旗の上を飛んだので、一同は神の加護を祈り、大勝利を得ることができた。

典拠は『平家物語』巻七を下敷きにしていると思われる一場物だが、願書を読んで八幡大菩薩に奉納するまでの前半と、酒宴の席で舞を舞う後半に大別することができる。前半の「願書《がんしょ》」読み上げは、堂々たる格調の高さと迫力ある抑揚と緩急が要求される。後半では爽やかに男舞を見せるところが眼目となっている。

典拠＝『平家物語』
場所＝越中・埴生
シテ＝覚明
ツレ＝木曾義仲
ツレ＝池田次郎
ツレ＝郎党

◆**補記**
木曾義仲を題材とした作品には〈巴〉〈兼平〉があるが、ともに義仲の最期が悲劇的に語られている。上り坂にあった義仲の幸運な時代を取り上げた作品は、この〈木曾〉だけだが、シテはあくまでも覚明である。

【砧】

きぬた——四番目物　■五流

典拠＝未詳
場所＝筑前・芦屋
前シテ＝芦屋の某の妻
後シテ＝芦屋の某の妻の霊
前ツレ＝侍女夕霧
ワキ＝芦屋の某
ワキツレ＝従者
アイ＝下人

◆**補記**

世阿弥は『**申楽談儀**』の中で「静かなりし夜、砧の能のふしをききしに、かやうの能のあぢはいは末の世に知る人あるまじければ、書き置くも物くさき由、物語せられしなり」と次男元能に語

訴訟のため上京した夫の帰りを待ちわびる妻の、孤閨《こけい》を守るつらさ。おりから聞こえてきた砧の音に誘われ、自ら砧を打って心を慰める。都の夫から今年も帰れないとの報せ。夫の心変わりを恨み、妻は病のために死ぬ。帰国した夫は妻の死を知り、法事を営むと妻の亡霊が現れ、恋慕の妄《もう》執《しゅう》のために、地獄で苦しんでいることを切々と訴えるが、法華経の功徳によって成仏する。

世阿弥晩年の作と考えられており、幽玄無上で屈指の名作である。訴訟のための長期在京という例は、現代なら単身赴任と状況が似ているし、それが原因で家庭が崩壊することもあるだろう。妻の心には、あるいは自分が偽りによって裏切られているのではという不安がわく。「思ひ出は身に残り」というなまなましい身体記憶には中年の女性の濃艶な情感が込められ、哀れな趣をなしている。しみ入るような秋の悲哀と捨てられた女の悲

哀との混然とした融合は一つの美意識で統一され、内向する湿潤な情念を込めた謡は、哀れな孤閨の怨みとなる。夫を怨み、慕い、その愛に執心を持ったことひとつひとつが罪に値し、その地獄が後場で亡霊の姿となって現れる。連綿と怨みを述べる場面の最後に救いの意味を持たせる演出は、純粋に怨みの情念を観客の前に提示する。それは安易な解決による形式的終結ではなく、現代の人間にも通じる社会の歪みと人間の情念とに触れた普遍的ドラマと言える。

っている。幽玄無上の能で〈檜垣〉〈井筒〉よりも世阿弥晩年の作と考えられており、妙花風の頂点に達したものとも考えられる。詞章、節ともに屈指の名作であり、謡の聞かせ所も多く、現代では人気曲になっているが、室町時代には上演記録が極めて少なく、江戸時代には能としての上演が中断し、素謡用として謡われたものだったと言われている。

◆用語解説

『申楽談儀』　162頁参照

【清経】

きよつね —— 二番目物 ■ 五流

都で待つ清経の妻を家臣淡津三郎《あわづのさぶろう》が訪れ、一門の行く末に絶望し自害した清経の最期を語る。「生きるも死ぬも共に」との約束を果たさなかった清経を恨み、妻は遺髪をつき返し、悲しみの床につく。

涙にむせぶ妻の枕元に清経の霊が立つ。源氏に追われた一門が縋るような気持ちで宇佐八幡に詣でるが、神託は平家一門に冷たい。神仏にも見放されたかと力を落とし、絶望のあまり生きる望みを失ったことを語り、最期の様子を見せる。やがて修羅道《しゅらどう》の苦患が清経を襲うが、念仏の功徳で成仏する。

絶望がナイーヴな青年を死へと追い込んでゆく様子と、愛してもなお越えられぬ男と女の精神の違いを描いた作品。愛する妻に自分の心情を語ろうと夢枕に立つ男のロマン。しかし、最後まで二人で生きることを願った妻との間には、心理的に深い意識のすれ違いがある。死してなお、妻との

典拠＝『平家物語』
場所＝京・清経邸
シテ＝平清経の霊
ツレ＝清経の妻
ワキ＝淡津三郎

◆補記

清経は、平重盛の三男にあたり、武道一辺倒ではなく、笛をよくたしなみ、貴族化した優美さを持った人だった。そのためか、この作品の**小書**に「音取《ねとり》（恋之音取）」があり、清経の亡霊が笛の音にひかれて橋掛リを登場する。このとき笛方は通常の舞台後方の位置から一歩前

に出て橋掛リに向かって（通常とは90度横を向いて）座り、シテを笛の音で導き出す役割を果たす。

◆**用語解説**

クセ　361頁参照

小書　49頁参照

心の距離を感じなければならない清経のせつなさ。

一方、青年期の多感な精神が昨日までの栄華とうって変わった危機的状況に直面し、極限状態の中で絶望から死へと辿ってゆくプロセスを世阿弥はみごとに描いている。「絶望とは死に至る病である」ことは洋の東西を問わない。優雅ではあるが決して逞しいとはいえない青年が、行く末への絶望の中で精神的に追いつめられていく様子が、世の無常と戦乱の恐怖となって語られる。月澄む夜に海底へと沈んでいかねばならなかった清経の心理は、現代人にも共感できるものだ。情緒深い地謡を背景にして切々と舞われる**クセ**に集約された心情が圧巻である。

典拠＝未詳
場所＝京・伏見
前シテ＝参詣の老人
後シテ＝玉津太玉の神（天太玉神）
ワキ＝勅使
ワキツレ＝従者
アイ＝里人

◆**補記**
観世流では〈岩船〉などとともに、一日の催しの最後に上演する祝言能として扱い、前場を省略した半能形式にしている。

【金札】

きんさつ——脇能 ■五流

桓武《かんむ》天皇の御代《みよ》、大宮造営のため勅使《ちょくし》が従者とともに伏見にやって来ると、参詣にきた老人と出会う。老人は勅使と言葉を交わし大宮造営にちなんで木づくしの歌を謡うと、そこに天から金札が降ってくる。勅使が読み上げると、老人は伏見のいわれを語り、自分は伊勢大神宮の使者である玉《たま》津《つ》太玉神《ふとだまのかみ》だと明かして消える。里人から金札の一件を聞いた勅使が待つところに、玉津太玉神が現れて、弓矢で悪魔を射払って威勢を示し、治まる御代を寿ぐ。

国土が治まる寿《ことほ》ぎを見せる脇能だが、類型によらない独特の形式を持つ。前場《まえば》では造営に際して伐られる木々の名を織り込んだ謡《うたい》があり、その最後に金札が投げられる。金札は将棋の駒の形をした札。舞台に宮の作り物を出し、前シテはそこに中入りする。後シテは悪魔調伏のため、実際に舞台上で弓から矢を放つ場面が見どころ。

【草薙】

くさなぎ――四・五番目物 ■ 宝生

比叡山の恵心《えしん》僧都が熱田神宮で最勝王経を講じていると、花売りの男女が現れ、僧都が最勝王経を講じていることを喜び、男は草薙の神剣を守る神、女は蓬が島に齢をのぶる仙女と明かすと、七日の結願の夜に姿を見せようと語って消え失せる。神社の御殿が急に鳴り動き、日本武尊《やまとたけるのみこと》の霊と橘姫の霊が現れ、東征の際に枯野の草の炎にまかれたので、剣で草を薙ぎ払って勝利したことを語り、最勝王経の功徳を寿いで消える。

『古事記』『日本書紀』『平家物語』の「剣の巻」を典拠に、天叢雲剣《あめのむらくものつるぎ》（草薙の剣）を中心に置いた作品。前シテは、亡霊の化身としては珍しく直面《ひためん》で登場する。後場《のちば》の日本武尊の東征を語る場面が作品の中心だが、情緒的な舞を見せる作品とは異なり、神話に基づいた語リを表現するため、地謡の役割が重要なものとなっている。日本武尊の活躍する姿が、活き活きと表現されている。

典拠＝『古事記』『日本書紀』
『平家物語』
場所＝尾張・熱田神宮
前シテ＝花売りの男
後シテ＝日本武尊の霊
前ツレ＝花売りの女
後ツレ＝橘姫の霊
ワキ＝恵心僧都
アイ＝熱田明神の社人

◆**補記**

天叢雲剣に関する神話を題材とした作品としては、〈草薙〉とともに〈大蛇〉〈源太夫〉がある。

【国栖】

くず——四・五番目物　■五流

浄御原《きよみはら》（天武）天皇は大友皇子に追われ吉野の山中へ隠れる。川舟に乗った老人夫婦は天皇に国栖魚（鮎）を焼いて献上し、食べ残しを川に放つと、魚は生き返って泳いだので一同は吉兆だと喜ぶ。そこに追手が来る。老人は舟を裏返しに干し、天皇をその下に隠して追手を迎える。老人が気色ばんだので、追手は引き上げる。

やがて夜も更け天女が舞うと勝手や木守《こもり》の神々も現れ、さらには蔵王権現が出現し激しく虚空を飛び巡り、天皇の御代《みよ》を寿《ことほ》ぐ。

前場《まえば》の前半は、老人夫婦が川舟の上から紫雲を眺めて貴人の来訪を予測する会話にはじまり、俗語調を取り入れて言葉の扱いも難しく、独特な味わいを出している。天皇を根芹《ねぜり》と鮎でもてなし、食べ残した鮎で将来を占う場面は、神功《じんぐう》皇后が新羅《しらぎ》征伐のとき、玉島川で鮎を釣って戦勝を占ったという故事が語られている。

典拠＝未詳
場所＝大和・吉野山
前シテ＝里の老人
後シテ＝蔵王権現
子方＝浄御原天皇
前ツレ＝里の姥
後ツレ＝天女
ワキ＝朝臣
ワキツレ＝輿舁
オモアイ＝敵の雑兵
アドアイ＝同行の雑兵

◆補記

舞台の背景となったのは壬申の乱前夜の状況だ。天智天皇の没後、その弟であり皇太子であった大海人皇子（浄御原天皇）は身の危険を感じて吉野山へこもり、そこで雌伏をへて反撃に出て大友皇子を討ち、後の天武天皇になる。この、古代日本最大の内乱を土台として、鄙人の風習や国栖魚の占いなどを織り混ぜて一曲の能に仕上げている。歴史上は大友皇子は大海人皇子の甥にあたるが、作品中では伯父となっている。

後半は一転して、追手を迎えての老人の問答をスリリングに聞かせる。はじめはとぼけて受け流す老人の言葉が、だんだんと相手を圧倒してゆくところは痛快だ。一族が多いとの威嚇の言葉に、国栖人がこの地域で持っていた勢力が感じられる。後場《のちば》は、ツレ・天女の美しく気品に満ちた舞と、シテ・蔵王権現の力強い舞とを見せる。物語性と舞踊性とを併せ持った作品である。

舞台となっている国栖は吉野川の上流にあり、昔は交通の不便なところで孤立した穴居民族が住んでいたと言われる。応神天皇の時代から国栖人が宮中の節会《せちえ》に参内して歌笛を奏したといわれ、この国栖奏は先住民族であった国栖人の服従と祝意のしるしだったと考えられる。

【楠露】

くすのつゆ——四番目物 ■観世

足利尊氏を討つために新田義貞に加勢せよとの勅命を受けた楠木正成《くすのきまさしげ》は、兵庫への出発を前にわが子の正行を呼び出す。討ち死にを覚悟している父に同行を願う正行だが、正成は家来の恩地満一とともに故郷へ帰るように命じ、足利尊氏との戦の経緯などを語り、遺訓の巻物を与える。別れの酒宴となり恩地は舞を舞い、父子主従は涙の決別をする。

観世流にある、忠義と孝行をテーマにした明治の新作能。1887年に初演された。物語の展開上はツレの楠木正成が中心となっており、シテの恩地は**男舞**を舞う役として、シテ・ツレの二人が両シテ扱いのような存在となる。現在喜多流の参考曲となっている〈桜井〉を短縮改作したとも考えられる。曲名はもとは〈楠木〉といったが、クセにある芭蕉の句「撫子にかかる涙や楠の露」から〈楠露〉とした。

典拠＝『太平記』
場所＝不明

シテ＝恩地満一
ツレ＝楠木正成
子方＝楠木正行
トモ＝従者

◆**補記**
金剛流には類曲〈桜井駅〉がある。こちらも明治以降の新作で、シテを楠木正成、ツレを恩地満一にしているが、恩地が舞を舞うのは〈楠露〉と同様である。

◆**用語解説**
男舞　149頁参照

【九世戸】

くせのと――脇能 ■ 観世

帝に仕える朝臣が従者を伴い、6月の会式が行われるなか天竺《てんじく》（インド）の五台山から文殊菩薩を勧請《かんじょう》した天橋立の九世戸に参詣する。漁翁と漁夫が現れ、朝臣の問いに九世戸の灯火を松に捧げる神事の縁起などを語る。やがて漁翁は、文殊の眷属《けんぞく》のひとり採桑《さいそう》老人だと名乗って失せる。末社の神《しん》が九世戸の由来を語り舞を舞う。夜が更けると、天女が天灯を持って天下り、龍神も龍灯を持って海から現れ、ともに灯火を松に捧げると龍神は波を蹴立てて威勢を示し、天女は虚空へ、龍神は海中へと去る。

前シテは漁翁で九世戸の縁起などを語るが、後シテ龍神との関連性にあいまいさを残している。後場《のちば》では天女と龍神が火焔盤を持って登場し、舞台上の杉葉で作った灯明台に置いて、天地の二つの灯りが世の中を照らすありさまを見せる。龍神はダイナミックに舞働《まいばたらき》を舞って威勢を示す。

典拠＝未詳
場所＝丹後・天橋立
前シテ＝漁翁
後シテ＝龍神
前ツレ＝漁夫
後ツレ＝天女
ワキ＝朝臣
ワキツレ＝従者
アイ＝末社の神

◆補記

九世戸に勧請された文殊菩薩は、普賢菩薩とともに釈迦如来の脇侍として祀られることが多く、智慧を象徴し、獅子に乗っている姿で表現される。

#【熊坂】

くまさか――五番目物 ■ 五流

旅の僧が美濃国赤坂で僧体の男に回向《えこう》を頼まれる。男の庵室には武具が立て並べてあり、男は山賊夜盗に襲われた人々を助けるのだと語って姿を消す。

この土地で討たれた大盗賊熊坂長範《ちょうはん》のことを聞いた僧が弔《とむら》うと、熊坂の亡霊が姿を現す。熊坂は三条の金売り吉次の一行を襲ったときのことを語る。牛若の獅子奮迅の働きで部下を切り伏せられ、熊坂自身も秘術を尽くして戦ったものの牛若に斬られ命運尽きる。熊坂は僧に弔いを頼んで消える。

前場《まえば》では、荒涼とした秋の野を舞台に、旅の僧の前に僧体の不気味な男が現れる。シテとワキとが共に直面《ひためん》で同じような僧形の扮装なので混乱するが、前シテは黒水衣《みずごろも》を着るなどの工夫をして不気味な雰囲気を醸し、ワキの僧との違いを出す。ほとんど動きがなく、シテも正体を明かさない。

典拠＝『義経記』
場所＝美濃・赤坂
前シテ＝所の僧
後シテ＝熊坂長範の霊
ワキ＝旅の僧
アイ＝所の男

◆補記

熊坂は、石川五右衛門と並んで泥棒の大親分として有名だが、はたして実在の人物なのか、仮空の人間なのか、よくわからない。俗説だがサイコロは熊坂が創案したもので、博奕用語の「丁半」は長範から出たとも言われている。

◆**用語解説**

直面　18頁参照

間狂言　24頁参照

斬組　24頁参照

間狂言《あい》の語りで初めて熊坂の名が出る。

後場で現れた熊坂の亡霊は、長霊べし見という怪異な表情の面に長範頭巾という独特の頭巾をかぶり、長刀《なぎなた》を持って登場し、牛若との一騎討ちの場面を一人で表現する。詞章に合った所作で舞台上を縦横無尽に動きまわる熊坂の痛快な奮闘ぶりは、見ていて気持ちがいい。同じ役者が、一方ではじっと動かない演技の中にすばらしい表現力を見せ、もう一方では〈熊坂〉などの激しい動きによる表現を見せるのだから、能の肉体修練の幅の広さに感心させられる。長刀の扱いの気迫をはじめ、文意に添って戦い、傷を負って弱っていくさまが、みごとに表現されている。

若き日の義経が盗賊の首領熊坂長範を討ち取る武勇譚は他にもあり、類曲の〈烏帽子折《えぼしおり》〉が現在進行形で同じ題材を取り上げ、牛若と熊坂一味の**斬組**《きりくみ》を舞台狭しと見せる。一方〈熊坂〉は、後日譚としてこの事件を殺された盗賊熊坂長範の立場から描く夢幻能の構成をとっている。同じテーマを現在能と夢幻能で扱ったものには、他にも〈富士太鼓〉と〈梅枝《うめがえ》〉、〈現在鵺《ぬえ》〉と〈鵺〉などがある。

【鞍馬天狗】

くらまてんぐ――五番目物　■五流
典拠＝『義経記』
場所＝山城・鞍馬寺
前シテ＝山伏
後シテ＝天狗
子方＝牛若
子方（前）＝稚児
前ワキ＝東谷の僧
後ワキツレ＝同伴の僧
オモアイ＝西谷の能力
アドアイ＝小天狗

◆用語解説

間狂言　24頁参照
鞍馬山の僧が稚児《ちご》を大勢引き連れて花見をしていると、山伏が来て座り込む。皆が帰った後に残った稚児が山伏に声をかける。稚児が牛若だと知った山伏は、連れ立って桜を眺め、この山の大天狗だと明かして消える。翌日、牛若の前に大天狗が現れ、兵法を授け、牛若の守護を約束する。

源義経の幼年期、鞍馬山に預けられた不遇な時代に天狗に兵法を習ったという有名なエピソードを主題とした能。

前場《まえば》は大勢の稚児による花見の場から始まる。能役者の子供は歩けるようになると、まずこの稚児役で初舞台を踏むことが多いという。かわいらしく、ほほえましく、**間《あい》狂言**の舞もある楽しい花見の雰囲気だが、シテの登場によって雰囲気は一転し、山伏と牛若との寂しい者同士の出会いとなる。能では、天狗が姿を変えて現れるときは山伏の姿を借りることになっている。悲運の貴公子を庇護しいたわる山伏のやさしさが表れており、男色めいた艶すら感じられる。淡々とした中にも風格をあわせもった表現が見どころである。

後場《のちば》で登場する天狗は、終始堂々として雄大なスケールを持っている。言葉の上では、大天狗が日本各地の天狗を引き連れて現れることになっているが、舞台上にはシテ一人が登場する。象徴した表現にエネルギーを集約した姿を見せる。

天狗という存在は、仏教に反抗し、増上漫を象徴した怪人物として描かれることが多い。〈是界《ぜがい》〉〈大会《だいえ》〉〈車僧《くるまぞう》〉など、自分の力を過信して失敗する、仏法に逆らう悪役としての恐ろしさを感じる反面、どこかユーモラスなところも持っている。ところがこの〈鞍馬天狗〉だけは源氏再興に力を貸す、文字どおりの判官びいきの正義の味方として描かれており、他の天狗ものとは一線を画している。

【車僧】

くるまぞう――脇能 ■五流

牛も引かない破《やぶ》れ車に乗って法を説き徳を施す車僧という聖《ひじり》の前に、愛宕山に住む大天狗の太郎坊が山伏姿で現れる。太郎坊は車僧を魔道に引き込もうとしてさまざまな禅問答をしかけるが、車僧は涼しい顔でその全てに答えてしまう。軽くあしらわれた太郎坊は正体を明かして飛び去る。

やがて天狗の姿となって現れた太郎坊は、車僧に行力比べを挑む。しかし車僧の乗る車は、牛もいないのに自在に動く。恐れ入った太郎坊は、車僧に合掌して消え失せる。

前場《まえば》では、山伏姿の太郎坊と車僧の秀句芸めいた和歌のやりとりに始まる禅問答が中心となる。生死輪廻の迷界を車の輪に例えての問答は、詞章を読むだけだとかなり難解な部分が多く、必ずしも全てを理解するのは困難かと思うが、だんだんと緊張感を増していく会話のテンポから、太郎坊のあせりと苛立ちを感じ取ることができる。なお、能の前場で天狗が化身

典拠＝未詳
場所＝山城・嵯峨野
前シテ＝山伏
後シテ＝天狗
ワキ＝車僧
アイ＝溝越天狗

◆補記

本作品の題名〈車僧〉はワキの役名で、シテは天狗である。能には天狗が仏法を妨げようとする話がいくつかあるが、どの作品でも天狗の企みは徒労に終わり、さんざんな目にあって逃げ帰る。鼻高々に自慢することを「天狗になる」と言うが、〈是界〉

の中でも、高慢に奢り昂ったために魔道に落ち、仏法に逆らっている我が身を悲嘆する場面があり、戦わずして勝敗の決まった心理的葛藤が表現されている。〈車僧〉では太郎坊天狗と車僧の直接的対決に焦点を絞り、両者の個性を発揮した争いを見せるが、その根底には太郎坊が持つ悟りへのコンプレックスを感じる。仏教の輪廻転生は、よく車の輪に例えられるが、ワキの座す車の作り物が仏教の悟りを象徴しているかのようだ。

◆用語解説

間狂言　24頁参照

となって現れるときは、山伏の姿となることが原則だ。

間《あい》狂言の溝越《みぞごえ》天狗は、かなり丁寧に太郎坊と車僧との歌問答などの前場の状況を説明してくれるし、舞台の雰囲気を和らげる。

後場《のちば》の大天狗は、ズカリズカリと大きく動きまわる。一方の車僧は、椅子車に泰然と座したままシテに対する。車僧の存在感が活発に動く大天狗の存在感を上回っていくところは、能の表現力の優れた一面と言える。静止の存在感の大きさは、大天狗の縦横無尽な動きとのコントラストによってより鮮明になり、車僧の威圧的な風格が強調される。

【呉服】

くれは――脇能

■観世・宝生・金春・金剛

時の天皇に仕える臣下が呉服の里にやってくると、松原で二人の女が機を織り、糸を引いている。女たちは応神天皇の治世に御衣を織った呉織《くれはとり》・漢織《あやはとり》で、今の治世を寿ぐと消え去る。所の者から女の名の由来を聞いた臣下が待つところに、夜明け近くに呉織が立派な姿で現れ、めでたく織姫の舞（中ノ舞）を舞うと、立派な綾を織って捧げ、今の天皇の治世を寿ぐ。

『日本書紀』応神紀などを素材として、織姫渡来始祖説話を中心に脚色された作品。神ではなく人間の女性が機を織り、優美に舞を舞うという情趣深い異色の脇能。初演が室町御所笠掛馬場での新作競演（野外能）のためか、観客の目を引きつけるために大掛かりな作り物を用いた。現在でも流儀や演出によって舞台には機台（機織りの機械）の作り物が出されることがある。作り物は一畳ほどの大きさで、五色の糸布で飾られた美しいもの。

典拠＝『日本書紀』応神紀
場所＝呉服の里
前シテ＝呉織
後シテ＝呉織の神
前ツレ＝漢織
ワキ＝廷臣
ワキツレ＝臣下たち
アイ＝所の者

◆**補記**

世阿弥の『風姿花伝』の序には、聖徳太子が帰化人秦河勝に命じて66番の芸能を創らせたのが申楽のおおもとだと記されている。

【黒塚】

くろづか——四・五番目物 ■ 五流（観世〈安達原〉）

阿闍梨《あじゃり》祐慶の一行は安達原の一軒家に宿を求める。招き入れた女は、糸車をまわしながら、人間のはかなさ、年老いる定め、世を厭《いと》う心を語る。女は山へ薪を取りにでかけるが、留守中に寝室の内を見ないように言い残す。能力が寝室内を覗くと、積みあげられた死骸の山。鬼の住み家だったかと、一行はあわてて逃げ出す。そこに鬼女が現れ、約束を破ったことを恨み、食い殺そうと迫る。祐慶が五大尊明王《ごだいそんみょうおう》に祈ると、鬼女は消え失せる。

辺境の地に住む鬼女の伝説を素材にして作られた作品だが、ただの昔話で終わらず、鬼と呼ばれた人々が持っていた人間の宿業の悲しさまでを描き出し、現代人にも共通する深層意識や情念に訴えかける。ひっそりと座る女の持つ、昨日も今日も明日もむなしく過ぎゆくことの空虚な心情と人生への焦燥感。遠い過去の、おそらく変化に満ちていたであろう半生の思い出だけを頼りに、長い秋の夜を孤独に耐えつつ「あら定めなの生涯やな」

典拠＝未詳
場所＝陸奥・安達原
前シテ＝里の女
後シテ＝鬼女
ワキ＝山伏（祐慶）
ワキツレ＝同行の山伏
アイ＝随行の能力

◆**補記**

能は作り物という最小限のセットを象徴的に用いて場面を表現する。祐慶に宿を貸そうと作り物から女が出ると、それまで作り物が家で舞台が野外だった配置が、舞台が家の中となり、作り物が寝室になる。能の象徴的舞台空間ならではのみごとな舞台転換だ。

◆用語解説

五大尊明王　不動明王を中央に、東方に降三世《ごうざんぜ》明王、南方に軍荼利《ぐんだり》夜叉明王、西方に大威徳《だいいとく》明王、北方に金剛夜叉明王を配した五大明王を言う。もともと密教（仏教の一派）の信仰に根ざしたもので、忿怒《ふんぬ》の相（怒りの表情）をして魔を断ち切る降魔の剣などを持ち、悪魔を降伏する役割を持つ。能では山伏役のワキが、東から順に中央まで呼びかけて祈る。

という、吐息とも思える恨みの言葉を吐く。糸車に女の半生が紡がれてゆく、その凄絶なまでに美しい回想と扉一枚隔てられ、積み上げられた屍《しかばね》によって象徴される、流転の中の破滅的な陰惨さが存在している。絶望のうちにも人間的なものに繋いだ希望。しかし祐慶ほどの高僧をして約束を破り閨《ねや》を覗くという背信行為をきっかけに、絶望と羞恥の情によって鬼となる女。能は人間の心に住む鬼の姿を描く。それはいつか私たちの心の中に住む鬼が現れるかもしれないことを暗示している。

【現在七面】

げんざいしちめん――四番目物 ■観世・金剛

日蓮上人を訪れた里女は、法華経の説く女人成仏の説法を聴聞すると、御法の水を手に結んで実は自分は七面の池に住む歳を経た蛇身であるが、三熱の苦しみを免れたことを語って消える。日蓮が法華経を読誦《どくじゅ》していると、龍女が大蛇の姿で現れ高座を取り巻くが、日蓮が経文を唱えると、たちまち蛇身は天女の姿に変わり報謝のために**神楽**《かぐら》を奏し虚空に上がる。

〈現在七面〉は霊験説話的な要素が非常に強い作品。**変成男子**《へんじょうなんし》の考え方に基づいて龍女と法華経と日蓮を結びつけたことによって、この作品の構成が成立している。前場《まえば》で日蓮は女人成仏の話を**クセ**で語るが、『大和物語』や『伊勢物語』の歌なども引用して女性の罪業の深さを嘆いたのち、法華経の功徳を説いている。後場《のちば》のシテは大蛇の姿で現れるが、日蓮の読誦によってたちまちに天女に変身するという、舞台上での思い切った転換を見せる。

典拠＝『伊勢物語』『大和物語』
場所＝甲斐・身延山
前シテ＝里女
後シテ＝龍女
ワキ＝日蓮上人
ワキツレ＝従僧
アイ＝能力

◆**用語解説**
神楽　63頁参照
変成男子　49頁参照
クセ　361頁参照

【現在忠度】

げんざいただのり――四番目物　■金剛

源氏に追われ、西海に都落ちする平家の中で、薩摩守忠度は途中から引き返し、藤原俊成を訪ねる。家人の取り次ぎで俊成と対面した忠度は、勅撰の和歌集に自分の和歌を採り上げてほしいと懇願する。俊成は忠度の頼みを聞き入れ、勅撰和歌集に忠度の和歌を採録することを承知する。俊成は和歌の道について語り、忠度のために酒宴を催すと、俊成と忠度はともに舞う。やがて忠度は西国へ去り、俊成は見送る。

薩摩守忠度は平清盛の異母弟にあたり、文武両道に優れ、和歌を藤原俊成に師事した。忠度が死後、和歌への妄執を見せる能に〈忠度〉〈俊成忠度〉があるが、本作品から〈俊成忠度〉〈忠度〉と時系列で追うと、忠度の和歌への思いが鮮明に見える。この作品では実質的な主役といえる忠度がツレとなり、藤原俊成をシテとする。酒宴の場での男舞は二人の相舞《あいまい》となる。

典拠＝『平家物語』
『源平盛衰記』
場所＝京・俊成邸
シテ＝藤原俊成
ツレ＝薩摩守忠度
ツレ＝俊成の家人
ツレ＝従者

◆**補記**

藤原俊成は『千載和歌集』に忠度の和歌を一首のみ採り上げたが、撰者として朝敵となった忠度の名を出すことを憚り、「詠み人知らず」とした。

【現在鵺】

げんざいぬえ――五番目物　■金剛・（喜多参考曲）

化け物が内裏《だいり》の上に出没して近衛天皇を悩ますので、大臣は源頼政を召し出して、化け物を退治せよとの宣旨《せんじ》を申し渡す。頼政の家人は、頼政が大役を引き受け、内裏に向かったことを述べる。頼政は、家来の猪隼太《いのはやた》ただ一人を従えて夜更けに内裏へ向かうと、黒雲とともに内裏の上に鵺が現れる。頼政はこれを矢で射落とし、猪隼太とともに刀で刺し殺して見事に退治する。

前場《まえば》は序章的な場面で、中心は後場《のちば》の鵺退治。頼政は弓矢、猪隼太《たい》は松明《まつ》を持って登場する。脇正《わきしょう》に一畳台を出して内裏を象徴し、その上に乗った鵺に向かって頼政が矢を放つと、鵺は射られた態で台から転げ落ち、猪隼太と組み合い、激しく争って退治される有様を見せる。ワキの頼政が主役的存在であるのに対し、シテの鵺は後場で退治されるだけの存在であり、「光をますかと見えつるが」の一句しか謡がない。

典拠＝『平家物語』『源平盛衰記』
場所＝都・内裏
シテ＝鵺
前ワキ＝源頼政
後ワキ＝源頼政
前ワキツレ＝大臣
後ワキツレ＝猪隼太
アイ＝頼政の家人

◆**補記**
この作品が現在進行形で頼政の鵺退治を手柄話として見せるのに対し、討たれた鵺の立場から回想して頼政の鵺退治を語る作品として〈鵺〉がある。

【源氏供養】

げんじくよう――三番目物 ■ 五流

安居院《あんごいん》の法印が石山寺へ参詣しようとすると、里女が呼び止め、『源氏物語』を石山寺で書いたが、光源氏の供養をしなかったために成仏できないので、源氏と自分の供養を求める。里女が紫式部の霊と知った法印は供養を引き受けると、里女は消え失せる。石山寺で約束どおり弔《とむら》う法印の前に、紫式部の霊が現れ、『源氏物語』の巻名を織り込んだ願文に世の無常と弥陀の導きを願って舞を舞うと、光源氏の供養と併せて自らも成仏できると喜んで姿を消す。

石山寺と紫式部の関係、そして『源氏物語』の成立を説明しながら、紫式部を主人公とした作品。『源氏物語』の世界にある王朝美を能の幽玄美へと昇華させ、深みのある情趣をたたえた作品となっている。和泉式部は、多情多恨な人だったにもかかわらず、能〈東北〉では和歌の徳によって歌舞の菩薩になった。それにひきかえ紫式部は、表向きは光源氏の供養をし

典拠＝『源氏物語』表白
場所＝近江・石山寺
前シテ＝里女
後シテ＝紫式部の霊
ワキ＝安居院の法印
ワキツレ＝従僧

◆補記

紫式部は本名も生没年も不明。父は当時有数の学者であり詩人でもあった藤原為時。幼少の時に母を失い、長い未婚時代を経て、父の同僚であった藤原宣孝と結婚し、翌年女子を出産した。宣孝が死ぬと、一条天皇の中宮彰子のもとに出仕した。

日記を通じて見えるその人がらは、表面は慎ましく調和と中庸を旨とするところがあるものの、その奥には強烈な自我が垣間見られ、複雑な性格だったと思われる。

◆用語解説

序ノ舞　364頁参照

クセ　361頁参照

なかったからということになっているが、実は仏教でいう妄語戒（嘘をついてはいけないという戒め）を犯したために成仏できないらしい。紫式部の妄語とは『源氏物語』という偉大な作り話なのだから、現代的な感覚からは理解できない。とはいえ、それをきっかけにして、架空の人物光源氏の供養のために紫式部に舞を舞わせる。女性の能の多くが**序ノ舞**などの純舞踊部分を持つのに対し、この作品の通常の演出では**クセ**が頂点となり、『源氏物語』の巻名を巧みに詠み込み、非写実的な型の積み重ねによって、能独特の情趣を醸し出している。

【絃上】

けんじょう——五番目物　■五流（観世〈玄象《げんじょう》〉）

琵琶の名手藤原師長《もろなが》は、奥義を極めんと唐に渡ろうとする途中の須磨の浦で出会った老夫婦が、村雨《むらさめ》が板庇《ひさし》を打つ音を苫《とま》で音程を整える様子に驚く。老人は琵琶の秘儀を聴かせ、村上天皇の霊だと明かして消える。やがて村上天皇の霊が姿を現し、龍神に命じて獅子丸の琵琶を取り寄せると秘曲を奏で舞を舞う。

前場《まえば》に登場する老夫婦の、須磨や明石の浦の景色の美しさをたたえる謡は、舞台の情緒をたかめ、汐汲む姿に風情を感じさせる。そこで演じられる師長の琵琶の演奏。そして村雨が板庇を打つ音を、即座に苫を引き渡して琵琶の音と調和させる老夫婦のただものならぬ計らい。そうした設定が老夫婦の合奏する「越天楽」の曲を、いかにも感涙こぼれるほどの臨場感をもって舞台に引き立たせる。こうした情緒あふれる舞台は〈雨月《うげつ》〉の月を眺め雨音を聞くといった老夫婦の風雅な争いを主題にした作品とともに

典拠＝『平家物語』
　　　『源平盛衰記』
場所＝摂津・須磨の浦
前シテ＝老人
後シテ＝村上天皇の霊
ツレ＝藤原師長
前ツレ＝姥
後ツレ＝龍神
ワキ＝師長の従者
ワキツレ＝従者
アイ＝うろくずの眷属、または師長の下人

◆補記

村上天皇は、醍醐天皇を父に持ち、946年に同母兄朱雀天皇の譲位を受けて即

位する。その治世は後代になって「天暦の治」として称えられた。聡明な天皇で学芸にも造詣が深く、華やかな宮廷文化が栄えた。

◆用語解説

早舞　218頁参照

に、渋さのある、風情を持った作品として独特の味わいを持つ。

ここで老夫婦が演奏する「梅が枝にこそ」の謡は、雅楽「越天楽」に合わせる謡物をそのまま取り入れたもの。後場《のちば》では、村上天皇が威厳と品格を持った在りし日の姿で颯爽と登場する。シテに呼び出されてツレの龍神が獅子丸の琵琶を持って現れて師長に授ける。シテの爽快な**早舞**は、よどみなく爽やかに演じられる。

曲名は〈絃上（玄象《げんじょう》）〉だが、醍醐天皇の御世に中国から伝えられたのは玄象・青山・獅子丸の三面の琵琶。このうち、獅子丸が龍宮へ持ち去られたので、村上天皇の霊は龍神に命じて獅子丸の琵琶を取り寄せて師長に与えている。

【源太夫】

げんだゆう——脇能　■金春・（喜多参考曲）

勅使が熱田《あつた》明神へ赴くと老夫婦が現れ、神垣を繕い庭を掃除する。勅使の問いに老夫婦は、日本武尊《やまとたけるのみこと》を祀る熱田明神が素戔嗚尊《すさのおのみこと》を祀る出雲大社と一体であること。素戔嗚尊が稲田《いなだ》姫を守り大蛇を退治したときに大蛇の尾から出た叢雲《むらくも》の剣が後の草薙《くさなぎ》の剣となったことなどを語り、姿を消す。末社の神《しん》が素戔嗚尊の大蛇退治の話などを語ると、続いて橘姫と源太夫の神が出現し、舞楽を奏して勅使を慰め、夜明けとともに消え去る。

日本武尊の東征のおりに宿を貸した源太夫は東海道の守護神として熱田の末社となり、これを後シテとして登場させる。舞台上では、後シテの源太夫が「悪尉《あくじょう》」という老人の異相の面に狩衣《かりぎぬ》を着け、鳥兜《とりかぶと》という雅楽で用いる兜を被《かぶ》って登場し、天女姿のツレ橘姫と、舞楽を模した楽《がく》を相舞《あいまい》するところが見どころとなっている。

典拠＝未詳
場所＝尾張・熱田神宮
前シテ＝老人
後シテ＝源太夫の神
前ツレ＝姥
後ツレ＝橘姫
ワキ＝勅使
ワキツレ＝勅使の従者たち
アイ＝末社の神

◆補記
金春流のみに残る作品で、上演の機会が非常に少ない。素戔嗚尊の大蛇退治については〈大蛇《おろち》〉、日本武尊の東征については〈草薙《くさなぎ》〉の二作品がある。

【碁】 ご——三番目物 ■金剛

旅の僧が都を訪れ、三条京極の中川のほとりで空蟬《うつせみ》のことを想っていると、尼姿の若い女が現れて僧に宿を貸す。女は空蟬が軒端荻《のきばのおぎ》と碁を打ったことを語って消える。夜半、空蟬と軒端荻の霊が現れ、碁のもつ仏教的な意義などを語り、二人は対局するが、勝負は空蟬の負けに終わる。空蟬は光源氏が忍んできた昔を回想し、恨めしく思いつつ舞うが、やがて二人の霊は姿を消す。

1962年「碁を見る会」において二世金剛巌《いわお》により復曲され、金剛流現行曲として上演されてきた。『源氏物語』の帚木《ははきぎ》・空蟬・初音から取材して、空蟬と光源氏の関係を主題とするが、舞台正面に碁盤を出し、なまめかしい女性二人が向き合って対局する場面を見せるとともに、詞章には『源氏物語』の巻名が織り込まれたり碁についての様々な事柄が挿入されるなど、情念の集中より碁を打つ情景を中心にした描かれ方になっている。

典拠＝『源氏物語』
場所＝京・三条京極
前シテ＝尼姿の女
後シテ＝空蟬の霊
ツレ＝軒端荻の霊
ワキ＝旅の僧
アイ＝所の者

◆補記

観世流では、2001年に大槻能楽堂自主公演において、四世梅若実により復曲初演され、その後も再演をくりかえしている。

【恋重荷】

こいのおもに —— 四番目物 ■ 観世・金春

白河院に仕える菊作りの老人、山科荘司《やましなしょうじ》は、女御《にょうご》に一目惚れする。女御は、重荷を持って庭を廻ればもう一度姿を見せようと荘司を呼び出す。荘司は喜ぶが重荷は持ち上がらない。重い石を綾錦で包んだ〈恋重荷〉なのだ。女御の残酷さを恨み嘆き、荘司は死ぬ。

荘司の死を聞いた女御が悔やむと、鬼となった荘司の亡霊が現れ、女御に恨みを述べ、激しく責める。やがて亡霊の恨みも和らぎ、女御の守神になろうと誓って消え失せる。

美しい綾錦で包まれた重荷は、希望と絶望が交錯する、老人には重すぎる恋の象徴であり、もう一方では美しい容姿の裏に、男の心を弄《もてあそ》ばうとする残酷な女の虚偽のイメージでもある。恋した男の純な心が、高慢な女性の気まぐれに弄ばれるという、現代にも通じるテーマだが、山科荘司には、一方的な片思いばかりか、女御と下賤な男という身分差、老人と若い女性

典拠＝未詳
場所＝京・白河御所
前シテ＝老人（山科荘司）
後シテ＝老人（山科荘司の霊）
ツレ＝白河院の女御
ワキ＝廷臣
アイ＝従者

◆**用語解説**

古態演出　現在上演されている能の演出は、時代とともにさまざまに変化している。そこで現行演出とは異なった古い演出を研究・復活して上演する試みがなされている。〈恋重荷〉の他にも

〈葵上〉〈自然居士〉〈雲林院〉〈弱法師〉〈昭君〉〈谷行〉などがある。

の年齢差という三重のコンプレックスがある。それを見透かしたように、持てるはずのない重荷を持たせようとする女御の残酷さ。男は重荷の中身（女の本心）を知って嘆き、絶望し、怒り、女を恨んで死ぬ。前場では、男の心理変化を少ない動きの中に表現する。

後場《のちば》では、恨みの鬼となって現れた荘司の亡霊が女御を責める。しかし恋する女に弔《とむら》われる（好きな女に涙を浮かべた瞳で見つめられ、許しを請われる）ことで許さねばならない男心。恨みきることができない男の心の、屈折した心理の哀れさを描き出している。

通常の演出では、あっさりと女御を許し守り神になる。こうした唐突な結末では人間の情念をオブラートで包んでしまったように思え、物足りなさを感じるためか、最近では『妙佐本慶長仕舞付』を原型とした古態演出として、老人の亡霊が生前持ち上げられなかった重荷を軽々と持ち上げて女御を追い回し、女御に重荷を負わせて激しく責めるという、リアルな演出による上演も試みられている。

【項羽】

こうう――五番目物 ■ 五流

中国・烏江《うごう》の野辺の草刈が、老人の操る船に便船を乞う。老人は草刈を船に乗せ対岸に着くと、船賃として草刈の持つ花の中から一本の花を選び、その花・美人草の由来と昔の項羽と高祖の戦いのありさまを語ると、自分が項羽の幽霊であり弔《とむら》うように頼んで消え去る。草刈が追善の読経をしていると、項羽の霊が虞美人《ぐびじん》の霊とともに現れ、四面楚歌《しめんそか》の状況の中で虞氏が高殿から身を投げた様子、項羽の最期の戦いの場面などを見せて消える。

前場《まえば》で登場するワキは旅の僧ではなく草刈で、美人草を導き出すための設定。後場《のちば》では舞台に城壁を表す一畳台が置かれる。虞氏がここから前に降りるのは城壁から身を投げたことの象徴。項羽は最愛の虞氏を失った悲しみ、味方の兵に裏切られた怒り、劉邦に破れることの悔しさなどの気持ちを込めて舞働《まいばたらき》を舞う。「修羅能」に近い味わいを感じる。前場に舟の作り物を出す演出もある。

典拠＝『史記』『太平記』
場所＝中国・烏江
前シテ＝老人
後シテ＝項羽の霊
後ツレ＝虞美人の霊
ワキ＝草刈
ワキツレ＝同伴者
アイ＝渡守

◆補記

項羽は中国古代、秦末期の武将で、劉邦とともに秦を滅ぼして楚王となるが、後に劉邦と不和になり対立、劉邦は項羽に勝利して漢の高祖となる。

【皇帝】

こうてい――四・五番目物 ■観世・宝生・金剛・喜多

玄宗皇帝は病気の楊貴妃を見舞うと、老人が現れ、鍾馗の霊だと名乗り、楊貴妃の病を癒すため明王鏡を枕元に立てるように言って姿を消す。玄宗が楊貴妃を労っていると、あたりが暗くなり、鏡の中に病鬼が現れる。玄宗が剣を抜いて切りかかるが、病鬼は御殿の柱に隠れる。そこに鍾馗の霊が出現し、病鬼を切り倒す。

鍾馗の霊による病鬼退治の間に、玄宗皇帝と楊貴妃による愛情あふれるやりとりと地謡によるクセを挟み、事実上三場構成になっている。クセがシテではなくワキの心情を語るのは珍しい。作品の題名が鍾馗を主人公とした題名ではなく〈皇帝〉となっているのも、こうした玄宗皇帝と楊貴妃の深い愛情を表現しているからと思われる。後シテ鍾馗とツレの病鬼との派手な戦いぶりをはじめ、舞台を縦横無尽に使っての演出は、能の持つダイナミックな側面を堪能させてくれる。

典拠＝「長恨歌」
場所＝唐・王宮
前シテ＝老人
後シテ＝鍾馗
子方または前ツレ＝楊貴妃
後ツレ＝病鬼
ワキ＝玄宗皇帝
ワキツレ＝大臣
アイ＝官人

◆**補記**
中国の伝説に由来すると思われる鍾馗の姿は、悪鬼を退治する力強いヒーローだが、進士の試験に落ちて自殺したということで、その存在が身近に感じられる。

【高野物狂】

こうやものぐるい —— 四番目物 ■観世・宝生・金剛・喜多

高師四郎は主君平松殿の死後、遺子の春満を預かって育てている。ところが春満が、一子が出家すれば七代前の祖先まで成仏できるというので、修行の道に入るとの手紙を残して行方不明になる。高師四郎は遊芸者に身をやつし、春満の行方を尋ね狂乱した様子で高野山に至る。四郎の姿を見《み》咎《とが》めた僧との間に問答を交わすうちに狂乱の舞を舞ってしまい謝罪するが、僧に伴われていた春満と再会する。

能には物狂いをテーマにした作品が多いが、ほとんどが女性を主人公にしている。女性が恋人や子供を失って感情が昂《たかぶ》り物狂いとなるというのが、人間の心理として無理なく受け止められるからだ。それと比べると、男の物狂いは感性に乏しいような印象を受けてしまう。そのうえ、問答からクセにかけては、理性的としか思えない。どうやら高野山の曲舞《くせまい》を中心とした作品と考えた方がよさそうだ。そこに幼子との再会をからめるにあたり、

典拠＝未詳
場所＝常陸・観音寺
　紀伊・高野山
シテ＝高師四郎
子方＝平松春満
ワキ＝高野山の僧
ワキツレ＝従僧
アイ＝高師四郎の下人

◆補記

特に典拠らしきものはないが、クセの高野山に関する記事は『源平盛衰記』巻四十「高野山の事」「弘法大師入唐の事」にあるので、これらを中心に創作したものと思われる。観世流では

観世元章が明和の改正の際に結末を書き直し、その後廃曲になっていたが、明治に復曲したときに改正本の内容を用いた。そのため、他流の結末が、出会った四郎も春満とともに出家するのに対し、観世流では主従が故郷に帰り春満が家を継ぐという、武家倫理の現れのような結末となっている。

◆用語解説

クセ　361頁参照

女人禁制の高野山では母子再会というわけにもいかず、子の出家の原因を考えると父子ではなく主従再会の物語になったのだろう。

前場《まえば》では主人公が物狂いになる導入部として春満の置いていった手紙を読むところが中心になる。後場でのポイントは、高野山の清浄さを讃《たた》え仏徳を礼讃《らいさん》して舞を舞うところにある。シテとワキの僧との仏教哲理をふまえた緊迫感あふれる問答があり、クセから舞にかけては狂いというよりも神聖ささえ感じさせてくれる。

世阿弥作といわれる作品だが、クセの部分は息子の十郎元雅の作と考えられる。

【護法】

ごおう――四番目物　■番外曲

熊野の山伏が霊夢を蒙《こうむ》り、陸奥名取《なとり》の里に名取老女という巫女《みこ》を尋ねる。老女は年老いて足腰が弱り熊野に参詣できなくなったので、霊夢に従い梛《なぎ》の葉に虫食いの跡が和歌になっているものを届ける。老女はこの里に熊野を移した情景を示して神慮に感涙する。老女が幣を捧げて神楽《かぐら》を舞うと、護法善神が現れて老女の頭を撫で、神の力を示し祝福する。

別名〈名取ノ老女〉ともいう。１９９３年１月「梅若六郎の会」で堂本正樹の台本・演出により四世梅若実が復曲上演。前半の人間劇は老女、山伏とも狂言方が演じ、護法のみシテ方が演じるという試みで、その後上演を重ねた。一方２０１６年３月の国立能楽堂での復曲〈名取ノ老女〉は小田幸子と小林健二による監修・台本作成による新たな試み。老女の孫娘の登場、『熊野の本地』に基づくクリ・サシ・クセの作成、名取の地名を盛り込んだ名所教えの充実などが行われた。

典拠＝霊験譚、名取老女説話
場所＝陸奥・名取
シテ＝名取老女
前ツレ＝供の男
後ツレ＝護法善神
ワキ＝熊野の山伏

◆**補記**

現実の事件があった後、前シテがそのまま舞台に残り、別の役者による神霊の類が登場して、救済・祝福や予言などをする古い形式の能を「護法型」と呼んでいる。

【小鍛冶】

こかじ――五番目物 ■五流

小鍛冶宗近《むねちか》に剣を打たせよとの勅命を受けて、勅使が小鍛冶宗近に宣旨を下す。宗近は折悪しく自分に劣らぬ程の腕前を持った相槌《あいづち》を打つ者がいないため、辞退しようとするが断ることはできない。宗近が氏神の稲荷明神に祈願すると童子が現れ、日本武尊《やまとたけるのみこと》の草薙《くさなぎ》の剣の物語などを語り、剣を打つように勧めると、神通力で力添えすると語って消える。

宗近が鍛冶場で待つと稲荷明神が現れ、約束どおり相槌を打ち、剣を打ちあげる。

前場《まえば》はクセが長大で、ここでシテが語る草薙の剣の物語がポイント。謡の聞かせどころで、扇を剣に見立てての型所は、日本武尊の姿を彷彿とさせる。

後場《のちば》では、狐姿のシテが長柄の槌を手に登場し、きびきびとした動きを見せる。常は鬼などを表す赤頭を用いるが、特殊演出により白頭を用いる

典拠＝未詳
場所＝京・三条宗近邸
前シテ＝童子
後シテ＝霊狐（稲荷明神の使）
ワキ＝小鍛冶宗近
ワキツレ＝勅使（橘道成）
アイ＝末社の神または宗近の下人

◆補記

『義経記』には義経の守刀は三条小鍛冶が宿願により鞍馬へ奉納したものを、義経が鞍馬を出る際に下されたと記されている。また一条兼良の『尺素往来』には何

こともある。ワキは宗近という名工で、一曲を通じて活躍する。シテばかりでなく、ワキも中入りし、装束を変えるのも見どころだ。特に終盤で、シテとともに狭い**一畳台**の上で剣を打つ場面は、写実的な型で目を楽しませてくれる。「相槌を打つ」という言葉の語源はここにある。実際に力を入れて刀を打つのは相槌の方で、宗近は間をとる役割なので、実力のある相槌がいなければ刀は打てないのだ。息をあわせて打つところから、後に相手に同意する意味の言葉になったようだ。場面転換もみごとで、セットを用いない能の舞台が持つ空間の自由な造形が、いかんなく発揮されている。

人かの名工をあげた中に三条の小鍛冶宗近の名が見える。その他いくつもの文献に名前があげられているところから、三条の小鍛冶宗近は、当時著名な鍛冶師として認識されていたようだ。一方の稲荷は、鍛冶の神としても信仰されていた。とくに江戸では刀工や鍛冶屋など、鞴を用いる職人が稲荷をまつり、鞴に神酒や餅を供える鞴祭を行ったという。元来稲の神だった稲荷だが、食物の神、調理の神と転ずる過程で、火の神としての一面を持ったようだ。

◆用語解説

クセ　361頁参照

一畳台　105頁参照

【小督】

こごう――四番目物　■五流

帝の寵愛を受けた小督の局は、中宮（平清盛の息女徳子）の権勢を畏れ、宮中を去る。帝は源仲国に探索を命じる。仲国は小督の琴の音をたよりに探そうと嵯峨野へ向かう。

嵯峨野に隠れ住む小督も帝を想い、慰めに琴を弾く。仲国は駒を早めて嵯峨野に着き、あちこちをめぐり、やっと琴の音をたよりに小督の隠れ家を探しだす。いったんは面会を拒んだ小督も仲国の熱意に打たれ、帝の文を受け取る。名残の酒宴で仲国は舞い、やがて都へと帰ってゆく。

宮中第一の美女が、時の権力者による迫害を畏れて嵯峨野に隠棲し悲しさをまぎらわせようと中秋の名月に琴を弾じる姿は、それだけで絵になりそうな情趣豊かな悲恋物語である。ところがこの作品は、仲国をシテにすることで、別の情趣を醸し出している。帝の恋の文使いとして仲国が名月の嵯峨野に駒かける優雅さが、『平家物語』の名文を活かした詞章によっ

典拠＝『平家物語』
場所＝京・源仲国邸　嵯峨・小督隠れ家

シテ＝源仲国
ツレ＝小督局
トモ＝侍女
ワキ＝勅使
アイ＝隠れ家の主

◆補記

片折戸に柴垣をつけた簡素な作り物が、演出上重要な役割を持つとともに、嵯峨野の隠れ家らしい風情をそえている。小督の奏でる「想夫恋」は唐楽（雅楽）の曲名で、もとは「相府蓮」と

て効果的に謡われていく。この場面は**駒ノ段**と呼ばれ特に見せ場、聞かせどころとなっている。

仲国が小督に会うまではと、柴垣の下で露に打たれながら一夜を明かそうとするのは、帝の使いとしての責任感よりも、まるで自分の恋人に会いにきたような印象を与える。小督にしても、仲国の心情に心乱れて思わず仲国を招き入れてしまうような印象だ。まるで二人のラブシーンが展開されているようにさえ感じる。こうした印象もあって、仲国が舞う**男舞**には、力強さやさっそうとしたところよりも、優雅さと哀愁を感じる。

記したが、「想夫恋」の字をあて、恋慕の曲として演奏されていたようだ。

◆用語解説

駒ノ段（段物） 一曲の謡いどころ、舞いどころの名称の一つ。美しい旋律や文意に沿った舞の型などを持つ魅力的なユニット。クセなどの類型にあてはまらない構造や性格を持っている。〈葵上〉の枕ノ段、〈三井寺〉の鐘ノ段、〈海人〉の玉ノ段、〈熊野〉の文ノ段など20数曲に及び、それぞれの曲の謡のテーマを代表するような名称で呼ばれている。

男舞 149頁参照

【小袖曾我】

こそでそが――四番目物■五流

曾我十郎祐成と五郎時致の兄弟は、頼朝が富士の裾野で狩りを行う機会に親の敵の工藤祐経を討つことにする。今生の別れに母のもとを訪れた兄弟。しかし母は、出家せよとの命に背いた五郎の勘当を許さない。死を覚悟して狩場へ向かう二人を許さない母に恨みを残し、二人は立ち去る。母は呼びとめ、五郎の勘当を許す。門出の祝いにと盃を酌み交わし、兄弟は袂をひるがえして舞を舞う。

現在進行形の時間経過の中で、若い二人の兄弟が死を覚悟した敵討ちの出発にあたり、それとなく母に訣別するとともに、五郎の勘当の許しを乞うという、悲壮感あふれる物語だ。親子兄弟の愛情と人間の苦衷とを、深く濃く、しかも自然に描き出している。

聞きどころは**クセ**を中心とした名文の続く文章だ。情味あふれる描写が謡いどころ。死地に赴く兄弟の情理を尽くした母への言葉。外面は強さを

典拠=『曾我物語』
場所=相模・曾我の館
シテ=曾我十郎祐成
ツレ=曾我五郎時致
ツレ=曾我兄弟の母
トモ=団三郎
トモ=鬼王
アイ=春日局

◆**補記**

鎌倉初期の1193年5月、将軍頼朝の富士の裾野での狩りの際、曾我兄弟が苦節18年の末に父の敵の工藤祐経を討った。この事件は民間に流布し、『曾我物語』をはじめ芸能の世界でも多

装いながらも、内心は涙でいっぱいの母の心持ち。こうした心情があふれるほど表現されている。もちろん能の表現は露骨な感情描写を嫌うが、芝居めかない表現の中から、自然と感情が浸み出してくるように感じる。動きが少ないからこそ心に訴えかけるものがあり、感動を与えてくれる。

一方、見どころは酒宴での**男舞**《おとこまい》。兄弟が揃って舞う**相舞**《あいまい》で、視覚的なおもしろさが味わえる。クセを聞いて兄弟の切なる情に涙し、男舞を見て兄弟の勇壮な姿に感動するという、小品ながら味わい深い作品。

数取り上げられた。江戸の歌舞伎では正月に曾我物を出すのが恒例とされ、十郎を和事で、五郎を荒事で演じる演出による作品が数多い。能にも「曾我物」と呼ばれる一群の作品があり、現在では〈調伏曾我〉〈禅師曾我〉〈夜討曾我〉そして〈小袖曾我〉が上演される。

◆用語解説

クセ　361頁参照

男舞　〈小袖曾我〉など直面の男性（武士）で、物語の設定上は現在生きている人物が颯爽と舞う舞。速度が速く、笛、小鼓、大鼓で奏する。

相舞　31頁参照

【胡蝶】

こちょう――三番目物 ■観世・宝生・金春・金剛

旅の僧が都の古宮で今を盛りの梅を眺めていると、一人の女が現れ、自分は胡蝶の精だと明かすと、早春の梅の花だけは縁が薄いと嘆き、法華経の功徳を受けて成仏したいと言って消える。僧の夢に胡蝶の精が現れ法華経の功力によって成仏し、『源氏物語』の歌のように、梅花と隔てのない間柄となったことを喜び、花に飛びかう胡蝶の舞を見せ、歌舞菩薩の面影を残して去る。

観世小次郎信光の作による、華やかだが命の短い胡蝶を主人公にした、美しくかわいらしい作品。『荘子《そうし》』の胡蝶の夢物語や『源氏物語』の胡蝶の巻からの引用が散見されるが、直接の出典は明確ではない。作品の中心は後場《のちば》でシテが梅花に舞い戯れる場面にあり、太鼓入り**中ノ舞**によって胡蝶の華やかさと、風に舞う軽やかさとを巧みに表現している。美しさと爽やかさを感じさせる、早春らしい雰囲気を醸しだしている。

典拠＝『荘子』『源氏物語』
場所＝都の古宮
前シテ＝女
後シテ＝胡蝶の精
ワキ＝旅の僧
ワキツレ＝従僧
アイ＝一条辺りに住む男

◆**補記**
雅楽にも左方の「迦陵頻《がりょうびん》」と右方の「胡蝶」という番舞がある。ともに四人の童子による童舞の代表作品。

◆**用語解説**
中ノ舞 207頁参照

【西行桜】

さいぎょうざくら――三番目物■五流

西行庵の桜の名木が花盛りとなったので、下京辺の住人が大勢花見に来る。西行法師は花見客を断りきれずに招き入れるが、内心では迷惑だと思い「花見んと群れつつ人の来るのみぞ、あたら桜の咎《とが》にはありける」と和歌を詠む。その夜、桜の木の精が老人の姿で現れ、西行の和歌について、非情無心の草木である花には人間世界の憂き世は無関係なので、桜に咎はないと述べる。そして西行に花の名所の数々を教えると、桜の精は名残を惜しみつつ舞い、別れを告げて静かに姿を消す。

前半の浮々とした喧騒から、後半は老人の姿の桜の精が出現して雰囲気が一変する。能の象徴的表現は、西行と一緒に花の下で寝ているはずの大勢の花見客たちを静かに退場させて舞台上から消すことで、それまでの華やいだざわめきとコントラストをなす閑寂幽玄な雰囲気を作り、西行と老桜の精の関係にポイントを絞りこむ。桜の精と言えば若くて美しい女性を

典拠＝『山家集』
場所＝山城・西山西行庵
シテ＝老桜の精
ワキ＝西行法師
ワキツレ＝花見の人
アイ＝西行庵の能力

◆**用語解説**

西行法師　俗名佐藤義清。鳥羽院の北面の武士だったが23歳の若さで出家。全国を回り多くの歌を残し、73歳の生涯を閉じた。

西行は他の追随を許さない個性を持つ。王朝の優雅艶麗な美から転じ、精神的なものを求めるようになった中

世の隠者文学の確立を告げる歌人として、文学史上、古代と中世を画する人物とされる。西行の歌には花と月を詠んだ歌が多く、旅と自然の詩人として、後世の文学に与えた影響は、歌聖と仰がれる柿本人麻呂以上のものがある。

家集の『山家集』をはじめ、『新古今和歌集』には94首もの歌が選ばれ、和歌史における位置は不動のものである。

◆用語解説

クセ　361頁参照

序ノ舞　364頁参照

イメージするのが普通だが、ここに登場するのは気品ある老人。老木の精ということもあるが、桜の持つはかないイメージとさびさびとしたムードを背景に、渋みと華やかさと上品さを併せ持った味わいを持つ。世阿弥の老体の青春論ともいうべき、表面上の老いと心の若さとのアンバランスが醸しだす雰囲気。散りゆく花に「少年の春」を重ねて惜しむ、老桜の精の若振る舞いといった風情が含まれている。**クセ**の詞章の華麗さ、太鼓が加わる**序ノ舞**の、しっとりとした風情の中に強さと華麗さを含んだ美しい舞のすばらしさ。余韻あふれる作品である。

【佐保山】

さおやま——脇能 ■金春

藤原俊家が春日の里にやってくると、佐保山の上に霞のようなものが見えるので、不思議に思い佐保山に登る。そこでは里女が衣を干している。衣は銀色に輝き、縫い目がない。俊家の問いに女は、これは人間が織った衣ではなく、自分は佐保姫だと名乗る。なお佐保姫は、春を司る神が佐保姫として現れたことや、春日明神の神徳について語り、月夜に神楽《かぐら》を見せると言い残して消える。やがて佐保姫が神々しい姿を現し、神楽を奏し美しく舞う。

前場《まえば》では、佐保山の霞と見紛《みまが》うごとき衣を中心に春ののどかさと美しさとを歌いあげ、神々の神徳を織り込んで、めでたさとすがすがしさを表現する。後場《のちば》では佐保姫が神楽を奏する態で舞を舞う。ここでは老人の神が荘重かつ厳粛に舞う真ノ序ノ舞か、若い男性の神が颯爽と舞う神舞《かみまい》が用いられる。天女姿のシテが男神の舞を舞うことも、この作品の魅力のひとつ。

典拠＝未詳
場所＝大和・佐保山
前シテ＝里女
後シテ＝佐保姫
前ツレ＝里女
ワキ＝藤原俊家
ワキツレ＝従者たち
アイ＝所の男

◆**補記**

佐保山は奈良市の北にあり、紅葉の名所でもある。佐保姫は龍田姫とともに和歌の世界では春秋の象徴。衣を霞と見紛うばかりに干すところから、昔は曲名を〈竿山〉と書いたともいう。

【逆矛】

さかほこ ―― 脇能 ■ 観世

臣下が龍田明神に参詣すると、老人と若者に出会う。臣下の依頼で宝山に案内した老人は、いわれを語る。昔、伊弉諾尊《いざなぎのみこと》、伊弉冉尊《いざなみのみこと》の二神が天の浮橋に立って御矛を逆さにして海中にさし下ろして国造りをしたことから、天逆矛《あめのさかほこ》と名付け、瀧祭の神が御矛を預りこの山に納めたので、この山を宝山というようになった。老人は瀧祭の神であると明かして消える。臣下の前に龍田姫が出現し舞うと、続いて瀧祭の神が登場し、国造りの様子を見せ、矛の威勢を示すと消え去る。

国造りの神話をもとに、国土を治めた天逆矛を預かり守護する瀧祭の神を主人公として作られた作品。舞台中央奥（大小前）に一畳台を出し、山の作り物を乗せる。前場は老人が語る『神皇正統記』を主とした逆矛の由来が中心。後場はツレの優美な天女ノ舞とシテの力溢れる舞働など、見どころが多い作品。

典拠＝『神皇正統記』
場所＝大和・龍田明神
前シテ＝老人
後シテ＝瀧祭の神
前ツレ＝若者
後ツレ＝龍田姫
ワキ＝臣下

◆**補記**

〈龍田〉とともに龍田明神を扱っているが、本地瀧祭の神が衆生利益のために徳光を和らげて、龍田明神として垂迹《すいじゃく》したとの考え方から、瀧祭の神と龍田明神は一体のものと考えられている。

【鷺】

さぎ――四番目物　■五流

帝が神泉苑《しんせんえん》に行幸すると、池の洲に白鷺がいるので捕らえるように命じる。蔵人が忍び寄って捕らえようとするが鷺は驚いて飛び立つ。蔵人が上空の鷺に「勅諚《ちょくじょう》である」と呼びかけると、鷺は戻ってきて神妙に羽を垂れて地に伏せる。蔵人は御前に持参すると、帝も喜んで蔵人に五位の官位を与え、鷺にも五位の位を授ける。鷺は喜んで舞い、やがて静かに飛び去る。

鷺の白は清純無垢の象徴とされている。しかも帝から五位という官位を授けられた鷺ということで、単なる純粋さばかりではなく、品位の高い清純さを象徴している。中心となる鷺の舞は鷺乱《さぎみだれ》といい、鷺の生態描写を採り入れた特殊な舞。気品と格調のある優雅な舞で、能の舞の中でも猩々《しょうじょう》乱とともに特殊な形式の舞で、足遣いに特徴がある。ワキの蔵人も、前半で鷺を捕らえるしぐさなどに、ワキとしては珍しく写実的な演技を見せる。

典拠＝未詳
場所＝京・神泉苑
シテ＝白鷺の精
ツレ＝帝
ワキ＝蔵人

◆**補記**

この能は穢れを知らない少年が演じるために作られたもので、現在でも少年か還暦或いは古稀を過ぎた老人が直面で演じることが原則となっている。直面であるのは、演者の人格そのままで清純さを表現するためと考えられる。

【桜川】

さくらがわ――四番目物 ■ 五流

人商人が日向国で桜子を買い取り、桜子の母に金と桜子の手紙を渡す。悲嘆にくれた母は悲しみのあまり狂気となって、桜子の行方を求めて旅立つ。桜子は常陸国磯辺寺の住職に弟子入りしている。桜子が住職に伴われて桜川へと花見に行くと、狂女が桜川に流れる花を掬って舞い狂う。狂女は桜子と再会し、連れだって故郷へと帰る。

美しい母物狂《ものぐるい》の代表的な作品。母物狂はその母性愛が人間の原初的情念であるがゆえに、狂女の悲嘆がストレートに観客に伝わってくる。そうした悲しいドラマを根底に置きながら単に悲劇的に終わらせず、「面白く狂う」という狂乱の芸能を重ねあわせたことで、能の物狂いは悲劇性と芸能の面白さを合わせ持つ。狂女が桜花を見ながらわが子を慕うカケリ、桜の花が散りかかるのを追って舞うイロエ・クセに引き続く網の段と、見どころ聞きどころが多い。

典拠＝未詳
場所＝常陸・磯辺寺
シテ＝桜子の母
後シテ＝狂女
子方＝桜子
ワキ＝住職
ワキツレ＝人商人

◆**補記**

いくつもの和歌を引用し、花にたとえて人間の運命の無常にも触れる。花盛りの浮きやかな風情の中にも、物哀れな心情を含み、素直な筋立てながら詩情豊かな作品に仕上げるあたり、世阿弥ならではであろう。

【佐渡】

さど――四番目物 ■金春

世阿弥の娘婿である金春氏信（禅竹）の娘は、祖父である世阿弥を訪ねて、円満井《えんまい》座の小太郎を供に、世阿弥の流された佐渡にやって来る。世阿弥は孫娘との再会を喜び、「離見《りけん》の見」の心を語り、昔を懐かしんで舞を舞う。やがて夜が明け、別れの時がくると、世阿弥は二人を見送り、佐渡に一人残される。

金春流七十九世宗家の金春信高の作・演出で、1990年に金春円満井会特別公演で信高のシテで初演。以後再演をくりかえし、金春流現行曲となった。足利義満に認められ隆盛を誇った世阿弥だったが、佐渡に流され不遇な晩年を送ったことを能に仕立てた作品。世阿弥の晩年の生活を金春禅竹が支えていたらしいが、孫娘の佐渡訪問は創作と思われる。舞台に藁屋の作り物を出して世阿弥のわび住まいとする。『花鏡』の「離見の見」の引用や、老体の序ノ舞などを見せる。

典拠＝未詳
場所＝佐渡
シテ＝世阿弥
ツレ＝金春氏信の娘
ツレ＝小太郎
アイ＝所の者

◆補記
金春信高は、他流で上演されているが金春流のレパートリーに入っていない作品を数多く復曲した。この〈佐渡〉は金春流独自の新作能で、現在では金春流の現行曲として組み入れられ、金春流のみで上演されている。

【実方】

さねかた——三番目物　■金春・（観世）

陸奥を旅していた西行法師は、由ありげな塚が藤原実方のものだと里人から聞いて弔《とむら》う。そこに老人が現れ、『新古今和歌集』が編纂されたことに関心を寄せ、西行と歌物語をすると、都の賀茂の臨時の祭で舞を舞うと言い残して西方に飛び去る。その夜西行の夢に実方の霊が現れ、昔を思い出し、若かりし日の姿を御手洗川の水に映して自己陶酔して舞う。しかし、やがて水に映る姿は現実の老衰の姿となり、落胆した実方の霊は時ならぬ雷鳴とともに消え去る。

1988年に金春円満井会で金春信高により復曲され、その後金春流現行曲に組み入れられた。観世流では1993年に能劇の座においてシテ観世榮夫《ひでお》により復曲試演され、その後も上演を繰り返している。平安貴族の持っていた男性のナルシシズムを藤原実方という個性あふれる人物に象徴化し、老いと若やぎの二重構造を水鏡《みずかがみ》に映す姿に投影して描いている。

典拠＝『西行物語』
場所＝陸奥・実方の塚
前シテ＝老人
後シテ＝藤原実方の霊
ワキ＝西行
アイ＝里の男

◆補記
藤原実方は賀茂の祭の舞手に選ばれていたが、遅刻したため冠に挿す花を与えられなかったので、竹の葉を挿して舞ったという。また、殿上での争いを天皇に咎められ、陸奥に左遷された。関連曲に能〈阿古屋松〉がある。

【実朝】

さねとも（高浜虚子）――新作能

鶴岡八幡宮の銀杏の木の前に立った僧が、公暁《くぎょう》法師による実朝殺害を思い出し「宮柱太しき立てて万代に、今ぞ栄えん鎌倉の里」という実朝の歌を詠んで弔《とむら》っていると庭掃きの童子が現れ歌の真意を語り、実朝の無常観に思いを馳せると、実朝の亡霊と明かして消える。僧の弔いの中に実朝の亡霊が大船に乗って現れ、公暁による暗殺のことなどを語り、激しい心情を表して舞い（早舞イロエ）、消え去る。

高浜虚子により1919年に発表されたが80年近い歳月を経て1996年、野村四郎の手によって初演された。政治家としては敗者であり、思想的にも挫折者たる実朝を、純粋詩人として救済しようという意図が感じられる作品。演出面でも、前場《まえば》の銀杏の作り物が後場《のちば》で二つに割れて大船になるといった趣向や、果たされぬ夢への怒りと、運命を受け入れる諦観の交錯した舞など、印象に残る場面が多く見られる。

典拠＝未詳
場所＝相模・鶴岡八幡宮
前シテ＝童子
後シテ＝実朝の亡霊
ワキ＝僧

◆補記

高浜虚子は、正岡子規に師事し俳句運動を展開し「ホトトギス」を主宰。虚子の手になる新作能は〈鉄門〉〈後に〈善光寺詣〉と改称〉〈実朝〉〈青丹吉〉〈時宗〉〈義経〉〈奥の細道〉の6篇がある。

◆用語解説

早舞　218頁参照

【実朝】

さねとも（土岐善麿）――新作能■（喜多）

旅の僧が鎌倉由比の浦で出会った老人から、昔、源実朝が渡宋の志を立てて大船を作らせたが船は砂頭に朽ち、渡宋は叶わなかったと聞く。なお老人は、実朝が鎌倉の鶴岡八幡宮で公暁《くぎょう》によって暗殺されたことを語ると、消え失せる。僧が待つと実朝の霊が現れ、「大海の磯もとどろによする浪、われてくだけてさけて散るかも」と歌いながら舞い（早舞）消え去る。

土岐善麿《ときぜんまろ》による戦後第一作目の新作能。『金槐和歌集《きんかいわかしゅう》』の秀歌「大海の磯もとどろによする浪、われてくだけてさけて散るかも」をモチーフとして、渡宋を夢見た青年将軍実朝の雄大な志と陰惨で悲しい運命を象徴的に描くとともに、洋々たる大自然の揺蕩の中に、青年実朝の豪快な抵抗の精神を展開した作品。後場《のちば》で早舞を挟む和歌のリフレインは、まさに「大海の舞」ともいうべき雄大さを持っている。1950年、染井能楽堂で喜多実によって初演された。

典拠＝『金槐和歌集』
場所＝相模・由比ガ浜
前シテ＝老人
後シテ＝実朝の霊
ワキ＝旅の僧

◆補記

土岐善麿は、歌人、国文学者。喜多流十五世宗家喜多実との共同作業による新作能は、1940年の〈夢殿〉に始まり、〈顕如〉〈親鸞〉〈鑑真和尚〉〈使徒パウロ〉〈復活〉〈実朝〉〈秀衡〉〈鶴〉など16作品を数える。

◆用語解説

早舞　218頁参照

【実盛】

さねもり——二番目物 ■五流

遊行《ゆぎょう》上人の説法の場に来た老人は、他の人を遠ざけ、斎藤別当実盛の討死について語ると、自分こそ実盛の幽霊だと言って消える。そして、老武者姿の実盛の霊が現れ、篠原《しのはら》の合戦について語る。錦の直垂《ひたたれ》を着た実盛らしき武者が討ち取られるが、髪が黒い。首を池の水で洗うと、白髪の実盛が現れる。話は遡り、実盛が出陣に際し錦の直垂を許されたこと、合戦で奮戦したが、手塚太郎に討たれたことなどを語り、上人に回向《えこう》を頼んで消え去る。

実盛は元来源氏方で、平治の乱以降の平家方への転身が、時の権力におもねるものではないことを証明するため、面識の多い木曾軍との戦で、目立った死に方をする必要があった。錦の直垂を着た、様子ありげな武者の最期が注目され、それが実盛であることが知れわたる。実盛は討死の後に語られるであろう、世人の評価を見ぬいていたのだろう。年齢とともに深

典拠＝『平家物語』
『満済准后日記』
場所＝加賀・篠原
前シテ＝老人
後シテ＝斎藤別当実盛の霊
ワキ＝遊行上人
ワキツレ＝従僧
アイ＝篠原の里人

◆**補記**

『満済准后日記』に遊行上人と実盛の霊との出会いの記事がある。遊行上人の一派は踊念仏によって戦死者を弔うことを役割としており、上人の霊験談との結びつきも自然なものだったのだ

ろう。

◆用語解説

『申楽談儀』　能の伝書の一つで、正しくは『世子六十以後申楽談儀』という。世阿弥晩年の芸談を次男の元能が記録したもの。内容は能の歴史的事項に関するものから当時の役者の芸風や逸話、能の作り方や演じ方、能面や能装束のこと、能役者の日常の心得や座（演劇集団）の規則に至るまで、幅広い内容が豊富な事例によって記されており、具体性に富んだ興味深い資料。

まる、自らの生きざまという絵の完成と、それに対する評価への執心。そんな苦悩が実盛を駆り立てていたのだ。晩年になって自分をふりかえった時、私たちも実盛同様、人生というカンバスにもう一筆加えたいと思うのかも知れない。

　前場《まえば》はすばらしい文句のつらねで、実盛が身分を知られまいとしながら、上人に名を明かす所の呼吸は抜群である。後場《のちば》の構成は、首洗いから一転して錦の直垂を着ての出陣となり、合戦の場がクライマックスに置かれるなど、世阿弥が『申楽談儀《さるがくだんぎ》』で自賛しているほどの魅力ある構成となっている。

【三笑】

さんしょう――四番目物　■観世・宝生・金剛

慧遠《えおん》禅師は廬山《ろざん》の麓に白蓮社《びゃくれんしゃ》という浄土教の結社を作り、30年来ここから動かず仏道修行に励んでいる。そこに友人の陶淵明《とうえんめい》と陸修静《りくしゅせい》が訪れる。喜んだ慧遠は二人とともに酒を酌み交わし、昔話をはじめる。盃はめぐり、夜明けまで酒盛りが続き、興に乗った三人は舞を舞う。慧遠は酒を過ごし、二人を送る足元はふらつく。二人に支えられて歩くうち、いつのまにか虎《こ》渓《けい》を出てしまい、禁を破ったことをからかわれて、一同はどっと笑う。

能には中国の故事を舞台化した作品がいろいろあるが、この〈三笑〉の素材となった虎渓三笑も有名な故事で、禅僧たちによって画題や詩題として好んで用いられてきた。日本でも、室町期の僧侶たちの間に流布《るふ》していたらしく、三人が笑う姿を水墨画に残した「虎渓三笑図」が多数現存する。

舞台となる廬山は白楽天の詩に名高い香炉峰《こうろほう》のある霊山。風景の描写なども含めて、当然のことながら三笑説話に関連したものはもちろん、全体

典拠＝『虎渓三笑図』
　　『廬山記』
場所＝中国・廬山東林寺
シテ＝彗遠禅師
ツレ＝陶淵明
ツレ＝陸修静
子方＝童子（観世流はなし）
アイ＝白蓮社門前の者

◆補記

慧遠の提唱で始まった白蓮社は、ひたすら阿弥陀如来の名を唱え、現実世界の欲望から背を向けて山林にこもり来世の平安を願うというもので、日本の中世に流行した隠者の考え方と同様

に漢詩漢籍が多用されている。登場する超俗の三老翁は、まるで仙人のようだが、幻想的な夢幻能ではなく、生身の人間を扱った現在能として表現している。観世流にはない子方の舞も、稚児趣味の色気を感じさせる。眼目は現行曲には他に類を見ない三人の**楽**《がく》の**相舞**《あいまい》。シテ、ツレ三者の対等な力量が要求される。終曲で禁足を破った慧遠をからかって、一同がどっと笑う。悲劇を扱う能の中で、笑いが題材とされた大団円は極めて珍しい。

だ。慧遠は十八賢と呼ばれた主要メンバーと数百人の信者とともに共同生活をしていたらしい。陶淵明は僅か80日あまりで公職を返上して故郷に帰り、その後は酒を愛し風雅の道に日々を送った自然詩人で、「帰去来の辞」など、日本人にも愛好される作品を残している。陸修静は不老長寿の神仙の法を学んで道士と称せられた。

◆用語解説

楽　251頁参照

相舞　31頁

【志賀】

しが――脇能　■観世・宝生・金剛・喜多

臣下が志賀山の桜を見に行くと、花の陰に休む木樵《きこり》の老人と若者に会う。不審に思った臣下は、老人に薪に桜の枝を折りそえたのは大伴黒主の歌のとおりだと言って和歌の徳を語ると、自分は昔、大伴黒主と言われ、今はこの山の神だとほのめかして消える。臣下の前に黒主の霊が姿を現し**神舞《かみまい》**を舞い、春の花景色を讃える。

紀貫之は『古今和歌集』の序で大伴黒主の歌風について「大伴黒主はそのさまいやし。いはば薪負へる山人の花の陰に休めるがごとし」と評しているが、これを題材に大伴黒主が祀られたという志賀明神と志賀山の桜とを織り込んだ作品。志賀山の花の名所としての多彩な美的イメージと、黒主の花の陰に休む山人のイメージとを重合させたものが、この作品の美意識を織りなしている。神舞を中心に置き、独特な趣を持った作品。

典拠＝『古今和歌集』
場所＝近江・志賀山
前シテ＝木樵の老人
後シテ＝黒主の霊
ツレ＝木樵の若者
ワキ＝臣下

◆**補記**

大伴黒主（歌人としては通常「大友黒主」と表記）は、在原業平、僧正遍昭、小野小町、文屋康秀、喜撰法師とともに六歌仙の一人として数えられている。

◆**用語解説**

神舞　220頁参照

【重衡】

しげひら――復曲能

旅の僧が奈良坂で老人に出会う。老人は奈良坂から見渡す仏閣を教え、木津川畔で斬られた重衡の回向《えこう》を頼むと、重衡の亡霊であると明かして笠《かさ》卒都婆《そとば》の陰に消える。里の男から、重衡が奈良の社寺を炎上させ仏敵として処刑されたことを聞いた僧が弔《とむら》っていると、重衡の亡霊が出現する。父清盛の命令に逆らえずに寺を焼き、僧を殺した罪を犯した事を懺悔《ざんげ》したが、なお妄執に苦しむ重衡は修羅道の苦しみを見せ、助けを求めて消える。

『平家物語』巻五・巻十一などに取材して作られた作品。この時代を生きた武人なら誰でもが堕ちたであろう時代風景としての修羅道に基づく世阿弥系の修羅能ではなく、父清盛の命令に逆らえきれずに南都炎上に直接手を下した重衡の、自責の苦悩に直結した心理の帰結として現れる内在的修羅能としての特異な魅力を持った作品。奈良坂から見渡す南都の仏閣が、重衡の罪の導入として象徴的。

典拠＝『平家物語』
場所＝大和・奈良坂
前シテ＝老人
後シテ＝重衡の亡霊
ワキ＝旅の僧
アイ＝里の男

◆補記
別名〈笠卒都婆〉。廃曲となっていたが、1983年、浅見真州のシテで復活上演。重衡の内なる苦しみが魅力的で、時代を越えて私たちが生きていることの苦悩に共振し、普遍的な主題をもつ修羅能として高い評価を得、たびたび再演されている。

【七騎落】

しちきおち――四番目物 ■ 五流

石橋山の合戦に敗れた源頼朝は、安房《あわ》・上総《かずさ》へ向かうため土肥実平《どひさねひら》に船の用意を命じるが、船中には主従あわせて八人。八を不吉な数として嫌う頼朝は、一人の下船を実平に命じる。実平は人選に困り、息子の遠平を残し船を沖へと進める。そこに敵だった和田小太郎義盛が、頼朝を慕って小舟で近づく。義盛の忠誠心を知った実平は義盛を迎え、義盛は船底に隠していた遠平を対面させる。一行は酒宴を開き、実平は喜びの舞を舞う。

武士の忠義を扱った作品で登場人物が多く、現在進行形で台詞を中心に展開する。ワキの出をはさんで大きく前後に分かれる。前半は問答を中心に緊迫した心理とかけひきを見せ、続いて我が子遠平に対する実平の辛い思いを切々と描く。後半では、まず実平と和田義盛との問答。義盛による遠平救出の語リはワキの聴かせどころ。続いて実平の歓喜の象徴として男舞が舞われる。

典拠＝『源平盛衰記』
場所＝相模湾
シテ＝土肥実平
子方＝実平の子・遠平
ツレ＝新開次郎・土屋三郎・田代信綱・土佐坊・岡田義実
ワキ＝和田小太郎義盛
アイ＝船頭

◆**補記**

現代にでも誰かに犠牲を求め煩悶したり、自己犠牲を強いられることはある。実平の苦悶する姿は決して他人事とはいえず、時代を越えて共感できる。

し

【自然居士】

じねんこじ――四番目物　■　五流

自然居士が雲居寺《うんごじ》造営のため説法を行っていると、少女が両親の追善供養を願い小袖を捧げる。そこへ人商人がやってきて少女を連れ去る。少女は身を売った代金で小袖を作ったのだ。居士は大津の浜まで人商人を追い、裾まで水につかりながら舟を引き止める。居士は小袖を返して少女を取り返そうとする。人商人は困惑し、居士にさまざまな芸をさせる。居士は少女を救うため、人商人の求めに汗を流して舞い、ついに少女を取り戻す。

主人公の自然居士という人物の性格が、きわめて個性的だ。純粋にして強烈な行動力の持ち主でありしかも沈着冷静、目的を貫き通す強い意志を持つ人物。七日間の説法の満願よりも今この場にある問題の解決、すなわち一人の薄幸な少女を人商人の手から救出することの方が大切だと語る自然居士は、観念よりも実践を、形式よりも実質を重んじる。特権意識にあぐらをかいた僧侶の姿ではなく、当時のスーパーヒーローの姿をいきいき

典拠＝未詳
場所＝京・雲居寺
　近江・琵琶湖
シテ＝自然居士
子方＝童女
ワキ＝人商人
ワキツレ＝同輩
アイ＝雲居寺門前の者

◆補記
自然居士は13世紀終わりから14世紀はじめにかけて実在した人物らしいが、作者観阿弥は少年僧として描いている。『申楽談儀』には、大男の観阿弥が12、13歳に見えたという名演に対する

足利義満の評がある。現行は演じられない説法の謡を緩急自在に謡ったという（現在では説法の場を復元した古態演出も行われている）。現行曲には世阿弥の手が入れられていると思われるが、観阿弥らしい非常にドラマチックな能だ。

◆用語解説

中ノ舞　207頁参照

クセ　361頁参照

羯鼓　〈自然居士〉〈花月〉などで若い男や少年などの遊芸人や遊狂者が、腰に羯鼓を付け、撥を持って羯鼓を打ちながら舞う舞。笛、小鼓、大鼓で演奏される。また、小鼓を小型にしたかたちの小道具。

と描く。

　説法の場での、観客を巻き込んだ空間支配力、橋掛リを用いた岸と湖上との距離感のすばらしさなど、開放された空間を持った能舞台ならではの空間処理が巧み。

　美文体の多い能の詞の中で、俗語を駆使して手に汗握る会話のスリリングなかけひき。**中ノ舞**、**クセ**、簓《ささら》の舞、**羯鼓**《かっこ》の舞と、音楽的にも舞踊的にも充実した芸づくしの数々。ドラマチックでスピード感あふれた作品だ。

【石橋】

しゃっきょう —— 五番目物 ■ 五流

寂昭《じゃくじょう》法師が清涼山《しょうりょうせん》へやってきて石橋を渡ろうとすると童子が現れてそれを止め、神仏の加護がなければ簡単に渡れるものではないと諌《いさ》める。ただし、橋の向こうは文殊菩薩の浄土であり、やがて奇瑞《きずい》が現れるので、しばらくここに待つように告げて、姿を消す。まもなく文殊菩薩の使者である**獅子**が石橋に現れ、咲き乱れた牡丹の花に戯れて勇壮な舞を見せ、なびかぬ草木もない泰平の御代のめでたさを舞い納めると、獅子の座に帰るのだった。

前場《まえば》は流儀により童子または老人が登場して石橋の由来を語る。しかし、最近では「半能《はんのう》」というかたちで後場《のちば》のみの上演が多く、前後通して上演されることは少ない。

後場の獅子の扮装は、通常は赤頭《あかがしら》を着け、獅子口という専用の面をかける。一人で登場するのが原則だが、現在では各流とも「連獅子」などの小《こ》

典拠＝未詳
場所＝中国・清涼山
前シテ＝童子（樵夫）
後シテ＝獅子
ワキ＝寂昭法師
アイ＝仙人

◆補記

獅子舞自体の伝統は古く、越後獅子などいくつかの系統の獅子が全国に伝えられている。そうした中でも、能の獅子舞は洗練されたうえ勇壮なものだ。獅子の芸能は古来より盛んで、世阿弥は『申楽談儀』の中で、河内の榎並に徳寿の神変獅子の

ことや、増阿弥が足利義満の前で舞ったことなどを書き残している。

◆用語解説

獅子　豪壮華麗な舞とその囃子。舞の型、囃子の演奏とも、能の舞の類型にあてはまらない特徴を持つ。獅子は〈石橋〉〈望月〉そして金剛流のみにある〈内外詣〉の三曲にしかなく、しかも〈望月〉と〈内外詣〉は劇中劇として獅子舞を真似て演じられるものなので、扮装も金の扇を合わせたものと覆面を用いる。

書《がき》により、二人から数人の獅子を登場させ、華やかに舞うことが多い。二人のときは片方が白頭《しろがしら》を着けた親獅子、もう片方が赤頭の子獅子といった親子、あるいは兄弟との設定になっており、白はどっしりと赤は敏捷《びんしょう》に舞うことで対照の妙を出している。獅子の登場では、有名な前奏曲である「乱序」が演奏されるが、深山幽谷に勢いよく現れ出でた獅子の様相を、囃子によってみごとに表現している。どんなセットよりも効果的な場面設定と言える。獅子の舞は勇壮にして豪華で、躍動美の極致とも言える。単に暴れまわるだけでなく、端正な姿態といったものを表現しているのが、能らしい。

【舎利】

しゃり――五番目物 ■五流

出雲からやってきた旅の僧が、都に上り東山の泉涌寺《せんにゅうじ》を訪れ、能力《のうりき》の案内で仏舎利を拝んで感涙に袖を濡らす。そこに寺近くに住む里人が来てともに仏舎利を拝み仏法のことを語るが、急に男は面色変わり鬼の姿となって、仏舎利を奪うと舎利殿の天井を蹴破って消え去る。この寺を守護する韋駄天《いだてん》が現れ、仏舎利を奪った足疾鬼《そくしつき》を逃がすまじと追い、舎利を奪い返す。足疾鬼は力尽きて消え失せる。

舞台正先に一畳台を出し、舎利に見立てた火焔玉《かえんだま》を乗せた舎利塔の作り物を置く。前シテははじめ旅僧とともに舎利を拝み仏法東漸《とうぜん》の話などをするが、仏舎利への執念から鬼に変身し、仏舎利を奪って中入りする場面が見どころ。後場《のちば》ではシテは足疾鬼となって登場し、ツレの韋駄天に追われて逃げ惑う姿を、舞台狭しと見せる。

典拠＝『太平記』
場所＝京・泉涌寺
前シテ＝里人
後シテ＝足疾鬼
ツレ＝韋駄天
ワキ＝旅僧
アイ＝能力

◆**補記**

仏舎利を乗せた舎利塔に見立てた台を、前シテが踏みつぶすという、能では珍しい破壊的で写実的な場面を見せるのが特徴。足疾鬼と韋駄天はともに足の速さを誇るとされ、二人の一騎打ちも見どころとなる。

【俊寛】

しゅんかん――四番目物 ■ 五流

鬼界《きかい》ヶ島の流人のうち、康頼、成経の二人が赦免《しゃめん》されることとなり、赦免使が鬼界ヶ島に向かう。鬼界ヶ島では、康頼、成経、俊寛の三人が都にいたころの栄華を偲んでいる。赦免船の到着による喜びもつかの間、赦免状に俊寛の名がない。狂気のごとく赦免状の裏まで探し、絶望のあまり嘆く哀れな俊寛。康頼、成経の二人は船に乗る。俊寛は船のとも綱にとりつくが、無残にもとも綱は切られ、俊寛は遠ざかっていく船を見つめる。

一人の人間の極限状態を扱った作品だが、そこに描かれる人間の絶望は、時間と空間を超えて多くの人間が遭遇する可能性があり、それゆえ観客の心に直接訴えるものが強い。文楽や歌舞伎の俊寛は登場人物も多く筋も複雑なのに対し、能は最小限の筋立ての中に、こうした人間の情念を余さず表現している。

流され人の境遇を嘆く三人の前に現れる赦免船。赦免状を康頼に手渡す

典拠＝『平家物語』
場所＝薩摩・鬼界ヶ島
シテ＝俊寛僧都
ツレ＝平判官康頼
ツレ＝丹波少将成経
ワキ＝赦免使
アイ＝船頭

◆補記

能では一つの能面を汎用することが多いが、中にはその主人公専用の能面を使用する場合がある。〈俊寛〉もそうした作品の一つ。能では、現に生きている男役は原則として面を着けないことが多いのだが、〈俊寛〉が例外的

し

に面を着けるのは、それほど主人公俊寛の個性が強いということになる。康頼、成経の二人が鬼界ケ島に熊野三社を勧請して信仰深い生活を送っているのに対し、俊寛は僧形をしていながらも強烈な自我意識を漂わせている。

俊寛の姿は、喜びに逸《はや》る心を抑えつつ、余裕を持とうとする心情が表れている。喜びから一転して悲劇に突き落とされる俊寛。無残な現実を知らされつつも、なお、一縷《いちる》の望みにすがろうと赦免状を裏返して眺め、茫然自失して凍りついたようになるところは、俊寛の心理描写の頂点となっている。夢ならば覚めよという絶叫が痛ましさをみごとに印象づける。船のとも綱が切られる一瞬は、俊寛の運命の糸が断ち切られたようでさえある。能舞台の構造を上手に用いて、舞台を島に、橋掛リを海に見立てた立体的な空間造形がすばらしい。

【俊成忠度】

しゅんぜいただのり――二番目物　■観世・宝生・金剛・喜多

薩摩守忠度を討った岡部六弥太忠澄は、忠度が身につけていた「行き暮れて木の下蔭を宿とせば、花や今宵の主ならまし」という和歌が記された短冊を俊成に届ける。忠度の冥福を祈る俊成の前に忠度の霊が現れ、『千載和歌集』に選ばれながら朝敵のため詠み人知らずとなったことを気にかけ俊成と和歌談義に時を過ごすが、にわかに忠度の様子が変わり修羅道の苦患を見せて消える。

『平家物語』を典拠とした修羅能。構成上は前シテがない単式夢幻能で、前半での和歌論議と、後半の修羅・凡天《ぼんてん》の対立が作品の特徴。クセで語られる素戔嗚尊《すさのおのみこと》の八雲の神詠に関することは『古今集仮名序』などによっている。後半ではカケリに続き、キリで阿修羅《あしゅら》と凡天・帝釈《たいしゃく》との相剋を見せ、修羅道の苦患の描写がほとんどなく、しかも和歌の功徳で救われるという特殊な展開となっている。

典拠＝『平家物語』
　『源平盛衰記』
　『古今集仮名序』
場所＝京・藤原俊成邸
シテ＝忠度の霊
ツレ＝俊成
ワキ＝岡部六弥太忠澄

◆補記
ワキの六弥太はシテの登場前に退場するが、流儀によっては舞台に残り、忠度に対して言葉をかけ、クセを導き出す役割を果たす。この方が古い型らしい。

【春栄】

しゅんねい――四番目物 ■ 五流

高橋権守は宇治橋の合戦で勝利して増尾春栄丸を生け捕り、身柄を預かっていた。鎌倉からは近々処刑せよと命じられていたが、高橋は春栄を不憫に思っていた。そこに春栄の兄、増尾種直が訪ねてきて対面を乞う。高橋は春栄との面会を許可する。高橋は兄弟愛に感動し、春栄を養子にしようと提案するが鎌倉から処刑を迫られ、いまにも斬ろうとするところに赦免使が到着する。高橋も兄弟も大いに喜び養子祝言を行い、高橋も種直も喜びの舞を舞うとうち連れて鎌倉に向かう。

場面転換が多く、台詞の量も多いうえ、舞台と橋掛リの両方で同時に台詞を言うなどの特徴がある。酒宴での喜びの舞も、シテの男舞のほかに、ワキがひとさし舞ったりするところも特徴的で、この舞は独立した脇仕舞にもなっている。子方も重要な役割を持って活躍しており、登場人物それぞれが拮抗した演技によって作品をかたち作っている。

典拠＝未詳
場所＝不明

シテ＝増尾種直
子方＝増尾春栄丸
ワキ＝高橋権守
ワキツレ＝赦免使

◆**補記**
世阿弥作とも考えられている作品で、義理と人情の葛藤を描く。情念が内に向かって集中する作品とは異なった世界を作り出す。クセの急ノ段は「海道下」「東国下」の一部。

【鍾馗】

しょうき —— 五番目物 ■ 五流

唐の終南山《しゅうなん》の麓から都へ向かう旅人を呼び止めた怪しい男は、鍾馗と名乗り、進士に及第せずに自殺したが、執着の心を翻して後の世のために良いことをするのだと言うと、短くはかない人生や諸行無常の悲しみを語り、姿を消す。旅人が読経していると、鍾馗の霊が宝剣を持って現れ、皇居の御殿の隅々まで鬼神を探し出しては切り払い追い払って、国土が安らかに治まることを祝福する。

金春禅竹作といわれる五番目物。鍾馗は進士の試験に落第したため、自ら宮殿の階段で頭を打ち砕いたというほどの、プライドが高く気性の激しい人だった。前シテは黒頭《くろがしら》をつけた、いかにも怪しい亡霊といった凄みのある雰囲気で、動きは少なくクセで諸行無常を語るところが中心。このクセは『五音曲条々』や『五音』によれば、哀傷音曲の例として挙げられている。後場《のちば》では鍾馗の霊が登場し、威勢を見せる。

典拠＝不明
場所＝唐・終南山の麓
前シテ＝怪しい男
後シテ＝鍾馗の霊
ワキ＝旅人

◆**補記**

立派な髭を持つ水戸光圀公が〈鍾馗〉の半能を直面で演じることとなり、装束を身につけてから鏡の間に奸臣藤井紋太夫を呼び、鍾馗の忠義の志を説き、ひとうちに紋太夫の首を落として、そのまま刀を持って舞台に出て「おう鬼神に横道なしというに」と謡ったという。

【昭君】

しょうくん――五番目物　■五流

白桃《はくどう》と王母の娘昭君は、胡国《こ》（匈奴《きょうど》）との和平のために選ばれて、胡王の韓邪将《かんやしょう》に贈られた。老夫婦は昭君の身を案じ、昭君が植え置いた柳の木の下を掃き清める。見れば柳が枯れかかっている。鏡には恋しく想う人の姿が写るという故事に倣《なら》い、柳の木を鏡に写して泣き伏す老夫婦。昭君の幽霊が現れ、鏡に姿を写し出す。胡王韓邪将の幽霊も鏡に現れるが、鏡に写った地獄の鬼のような姿を恥じて立ち帰り、昭君の美しい姿だけが残る。

この能では、柳と鏡とが象徴的なイメージを持つ。柳は昭君の形見であり、昭君が死んだときには柳も枯れるという。また鏡は恋しく想う人の姿が写るとされ、古来より神聖なものとされる。柳を鏡に写すことにより、昭君の姿が現れる。鏡は三種の神器の一つでもあり、単に姿見としての機能に止まらず、より神秘的な働きを持っていると考えられていた。舞台には鏡の作り物が出される。

典拠＝『後漢書』『今昔物語集』『和漢朗詠集』
場所＝中国・公浦里
前シテ＝昭君の老父
後シテ＝胡国韓邪将の霊
子方＝昭君の霊
ツレ＝昭君の老母
ワキ＝里の男

◆補記
古風な能で『五音』に「金春曲」とあることから、金春系の古い能をもとに、現行演出は改作されたものと考えられる。シテ一人に演出を集約するためか、いつからか性格の違う前後のシテを、一人の役者が勤めるようになった。〈昭君〉も前場の老父と後場の韓邪将を一人のシテが演じる演出が現在も踏襲されている。本来は前場のシテである老父がそのまま舞台に残り、後場のシテ韓邪将は別に登場したものらしく、終曲の舞はツレの昭君が舞うものだったようだ。こうした**古態演出**による上演も試みられており、まだ演出に検討の余地がある作品だ。

◆用語解説

古態演出　137頁参照

残された老夫婦の嘆きを中心に置いた前場《まえば》は、さびしく哀れな情景を描写する。後宮の女性のうち最も容色の劣る者を胡王に差し出そうと似顔絵判定（現代なら写真による書類審査）をしたところ、絵師に賄賂を贈らなかった昭君の絵姿が一番劣って見えたために選抜されたという逸話は、昔も今も変わらぬ人間社会の裏側を見せられるようで、老夫婦の嘆きをいっそう深いものにしている。

後場《のちば》で登場する韓邪将は、決して凶暴な野性的人物ではない。鏡に写った姿を恥じる心を持つ。力強い動きの中に哀れさを感じる。

【猩々】

しょうじょう──五番目物　■五流

中国の金山の麓、楊子《ようず》の里に住む高風《こうふう》という孝行息子は、夢の告げを受けて市場で酒を売り金持ちになったが、いつも必ずやってきて酒を飲んでいく客がいた。高風が客に名を尋ねると、男は水中に住む猩々だと答え、水辺で待てと言って消える。

高風は酒壺を用意し、潯陽《しんよう》の江のほとりにやってきて猩々の出現を待つ。やがて猩々が波間から浮かび上がり、酒を飲んで水上をたゆとうように波を蹴って舞い遊ぶ。そして高風の親孝行を褒め、いくら酒を汲んでも酒が尽きることがない不思議な酒壺を高風に与えて消え去った。

酒の効用を讃《たた》え、猩々の舞を見せ、酒壺の酒が尽きないことからめでたさを祝った作品。太鼓のリズムにあわせたシテと地謡との掛け合いの謡による抑揚にあわせた舞が、悠々とした屈託のなさを見せる。「乱《みだれ》」は〈猩々〉の小書《こがき》で、通常**中ノ舞**を舞うところを特殊な舞である乱を舞う。〈猩々〉

典拠＝未詳
場所＝中国・潯陽の江
シテ＝猩々
ワキ＝高風

◆補記

猩々は鵺《ぬえ》や獅子などと同様、伝説上の動物だ。しかし能の〈猩々〉に登場するのは異形の鬼畜といった性格のものではない。古い中国の伝承によると、人面豚身とか人面猿身とか一定していないが、色が赤いことと酒を好むことは一致している。その血で染めた赤い布を猩々緋と言い、病気を防ぎ長寿をもたらすと重宝されている。そんなことからも、能では猩々を波に戯れ、薬の酒に酔い痴れて足元もよろよろとよろめき歩く永遠の少年の妖精のごとき存在としてイメージしたようだ。

◆**用語解説**

小書　49頁参照

中ノ舞　207頁参照

し

の特殊演出というよりも、もともと先行芸能などを取り入れて作られたとも考えられる「乱」が本来の演出で、それが類型化される中で現在の〈猩々〉になったと考える方が自然な気がする。実際の演能では〈猩々乱〉として独立した曲扱いで上演されることの方が圧倒的に多い。乱は特有の囃子と舞が特徴で、まさに波に揺られるかのごときリズムを紡ぎだす囃子に乗り、シテは摺り足を原則とする能の動きとは異なり、乱レ足という足遣いにより波を蹴るように、波に流されるように、あるいは波に沈むように姿態描写的に舞い遊ぶ。舞踊的魅力が横溢した演出となっている。

【正尊】

しょうぞん――四番目物 ■五流

土佐坊正尊は義経を討つため鎌倉からやってくる。弁慶は正尊を堀川の邸に連行し上京理由を詰問するが、正尊は熊野参詣のためと言い、起請《きしょう》文《もん》を書いて読み上げる。義経は嘘と知りながら起請文を褒め、酒宴を催して静御前に舞わせ（中ノ舞）、正尊をもてなして帰す。討ち入りを察知して弁慶が待つところに正尊らが攻め寄せるが、寄せ手は討たれ、正尊は生け捕られる。

『平家物語』や『源平盛衰記』『義経記』などに見える正尊の訪問、起請文、夜討などを典拠として、劇的な構成を持った作品。前場《まえば》では会話を中心として弁慶と正尊の腹芸で見せる緊迫感と、起請文における正尊の文才を見せ、子方の舞が花を添える。特に起請文は〈安宅〉の勧進帳、〈木曾〉の願書とともに三読物といわれて重視されている。後場《のちば》は一転して激しい斬組《きりくみ》を見せ、ダイナミックな展開となる。

典拠＝『平家物語』『義経記』『源平盛衰記』
場所＝京・堀川の義経邸
シテ＝土佐坊正尊
ツレ＝義経
子方＝静御前
ワキ＝弁慶

◆**補記**
流儀により配役に異動がある。観世・宝生・喜多では正尊がシテで起請文を読み弁慶はワキだが、金春・金剛では弁慶をシテとし、ツレの正尊が書いた起請文を弁慶が受け取って読む。

【白髭】

しらひげ――脇能　■観世〈白鬚〉・金春

帝が霊夢を蒙《こうむ》り勅使を白髭明神に遣わし到着すると、老人と若者の二人の漁師が現れ明神の縁起を語ると自分は白髭明神だと明かして消える。夜更けに勅使の前に容貌魁偉《かいい》な白髭明神が現れ、勅使を慰めようと舞楽を奏する。すると雲居輝き天女が天灯を捧げて現れ、一方湖水鳴動して龍神が龍灯を捧げて現れると、それぞれ灯明を神前に供えて舞をくりひろげる。

大小前（舞台中央奥）の一畳台の上に社殿を模した小宮を置き、両端には杉葉でおおった灯明台を立て、後場で天女と龍神が天灯、龍灯を供える。前場は明神の縁起を語るクセが聞きどころ。後場は容貌魁偉なシテの白髭明神による楽をはじめ、天女と龍神とによる舞働の相舞など、スペクタクル的で雄大華麗な舞踊が見どころとなっている。鮒《ふな》の精が登場する替間《かえあい》「道者」（大蔵流）「勧進聖」（和泉流）がある。

典拠＝『太平記』
　　『曾我物語』
場所＝近江・白髭明神
前シテ＝老人
後シテ＝白髭明神
前ツレ＝若者
後ツレ＝天女、龍神
ワキ＝勅使

◆補記
白髭明神の縁起ともいうべき本作品のクセは、『太平記』や『曾我物語』にある比叡山の開闢の記事をふまえている。白髭明神の縁起というよりは比叡山の縁起といった方が適当といえる。

【代主】

しろぬし――脇能 ■観世

賀茂明神の神職が、本社だという大和の葛城《かづらき》の明神に参詣し、庭を清める老人から社のいわれを聞く。賀茂の神は初めに葛城の地に現れたのでここが本社であり後に都に現れたこと、葛城の高間の山が霊峰であること、都の賀茂明神も葛城の神も一体分身であることなどを語った老人は、祭神である事代主《ことしろぬし》の神体を現そうと言って消える。やがて夜とともに神職一行の前に事代主神が姿を現し、颯爽と舞を舞い、めでたい世を祝福する。

前場《まえば》では杉箒を持った老人が葛城の神と都の賀茂明神について詳しく語り、後場《のちば》では若い男性の神の姿で登場し、神舞《かみまい》を舞う。構成・演出上、脇能の典型的な形式を備えているとされる。曲名は〈白主〉とも表記する。また別名を〈葛城賀茂〉という。賀茂明神を扱った能〈賀茂〉を別名〈矢立賀茂〉、葛城の神を扱った能〈葛城〉を別名〈雪葛城〉というのは、本作品と区別するためか。

典拠＝未詳
場所＝大和・葛城明神
前シテ＝老人
後シテ＝事代主神
ツレ＝男
ワキ＝賀茂明神の神職
ワキツレ＝従者
アイ＝葛城の里人

◆**補記**

〈代主〉は観世流にのみ伝わる作品だが、観世宗家はこれを演じないことになっているという。

【須磨源氏】

すまげんじ——五番目物　■観世・宝生・金剛

日向国の神官藤原興範《おきのり》が須磨の浦で樵夫《しょうふ》の老人と出会う。老人は桜の花を眺め興範の問いに昔光源氏の住居にあった桜であると答え光源氏の生涯について語ると、光源氏であるとほのめかして消える。旅寝する興範の前に今は兜率天《とそつてん》に住んでいる光源氏の霊がありし世の気高い姿で現れ、月下に袖を翻して青海波《せいがいは》の舞楽をさわやかに舞うと（早舞《はやまい》）、いつしか消える。

『源氏物語』の須磨・明石の巻を中心に、『源氏物語』全般から取材した作品。前場《まえば》は光源氏の亡霊を老人の姿で登場させ、いにしえの流配の地での生活を思い起こす。若木の桜が貴公子のイメージを彩っている。クリ・サシに続く上歌《あげうた》は事実上クセと言ってよく、ここでは『源氏物語』五十四帖の主要な巻名を折り込みながら、光源氏の生涯を語っている。後場《のちば》では、今や兜率天に住んでいる光源氏が天降り美しく舞う。華やかだった昔を懐かしむ哀愁を感じさせる作品。

典拠＝『源氏物語』
場所＝須磨の浦
前シテ＝樵夫の老人
後シテ＝光源氏の霊
ワキ＝藤原興範

◆補記

光源氏の須磨流配は、〈松風〉での行平の須磨流配を思い起こさせる。当時の宮廷での権力争いや、そこから起こる貴公子の流配という悲劇的状況が、作者や観客の同情を得ていたのだろう。

◆用語解説

早舞　218頁参照

【墨染桜】

すみぞめざくら——三番目物 ■金剛

先帝仁明《にんみょう》天皇に仕えていた上野峯雄《かみつけのみねお》は、御陵のある深草山に詣でて桜の花を眺め「深草の野辺の桜し心あらば、この春ばかり墨染に咲け」という歌を詠じて帰ろうとすると里女が現れ、今の歌の「この春ばかり」を「この春よりは」と変えるよう求めて消える。峯雄が読経していると尼僧姿の墨染桜の精が現れ、先帝が桜を愛していたことを語り（クセ）、草木も成仏できることを喜んで舞を舞い（序ノ舞）、夜明けとともに消える。

前場《まえば》では峯雄が桜の下で歌を詠み、里女とのやりとりの中に先帝への哀情を見せる。後場《のちば》で現れる桜の精は、哀しい気持ちがはなびらを墨色に染めた姿を、墨染の衣を着た尼僧の姿で表す。通常の桜の持つ華やかさとは違った、淡彩の墨絵のような美しさ、上品な雰囲気を持っている。尼僧姿の主人公が序ノ舞を舞うのはこの作品だけ。深く渋くしっとりとした情緒をかもし出す作品。

典拠＝未詳
場所＝山城・深草山
前シテ＝里女
後シテ＝墨染桜の精
ワキ＝上野峯雄

◆**補記**

仁明天皇哀傷の作品で、現在は金剛流にのみ残っており、しかも金剛流でも一時廃絶していたのを復曲したもの。もとは前後場にロンギを持っていたのを省き、現行は縮約形になっている。

◆**用語解説**

クセ　361頁参照
序ノ舞　364頁参照

【隅田川】

すみだがわ――四番目物　■五流〈金春〈角田川〉〉

我が子を人買いにさらわれた母は狂女となり、隅田川で渡し船に乗るために狂乱の有様を見せて乗船を許可される。船頭は対岸の大念仏のいわれを語る。去年3月15日、少年が長旅に疲れ病に倒れてここで息絶えたので、遺言どおり道端の塚に死骸を埋め、命日に大念仏をあげることにした。狂女はそれこそわが子に相違ないと知って泣き伏す。塚に案内された狂女が念仏を唱えると、塚の中から少年の亡霊が現れるが、駆け寄る母の期待も虚しく亡霊は消え去る。

春うららかな隅田川で展開されるドラマは華やかささえ感じさせる狂女の登場から始まる。『伊勢物語』という王朝文芸を引用しての都鳥談義が優美であればあるほど、この母の悲劇がいっそう重くなっていく。その明から暗への転換が、渡守《わたしもり》の語リ。それまでの浮きたった雰囲気を一気に悲劇的核心へ転換させるポイントとなる。はじめは他人事のように思った話

典拠＝『伊勢物語』
場所＝武蔵・隅田川
シテ＝梅若丸の母
子方＝梅若丸
ワキ＝渡し守の男
ワキツレ＝旅の男

◆補記

一般的に物狂いの面白さは、「おもしろく狂ってみせる」ことにあるが、〈隅田川〉はこうした定石を越えて、悲惨で哀れ極まりない結末が待っている。物狂いの遊狂性には欠かせない**クセ**の舞を持たないことからも、歌舞性よりもドラマ性を重視し

ていることがわかり、それが現代人にとっても受け入れやすい。子供の幽霊を舞台に出すか、母の幻想として舞台に出さないかについて、世阿弥と作者元雅の間で論争があったと『**申楽談儀**』は伝えている。

◆**用語解説**

クセ　361頁参照

『**申楽談儀**』　162頁参照

が、わが子のことではないかと気付いた一瞬の母の心理。ほとんど確信しながらも一縷《いちる》の希望を抱きつつ、子供の素性を尋ねる母の、完璧に打ちのめされて動揺する激情が、狭い舟中での僅かな動きによって表現される。大念仏に加わって「南無阿弥陀仏」の声の中に、わが子の声を聞きつけた懐かしさと、その幻を追って掴みえないむなしさが、私たち観客の感情を縛りつけてしまう。狂い興じていたころが生の躍動感だったかと回想されるような母の心は、愛する者との別れを体験したすべての人々に共通する悲しみを凝縮しているかのようだ。

【住吉詣】

すみよしもうで——三番目物　■観世・金剛・喜多

光源氏は須磨滞在中に住吉神社にかけた願ほどきに、惟光《これみつ》らを従えて住吉に参詣する。神主は祝詞《のりと》を奏し、参詣後の酒宴となる。おりしも明石の上が住吉に参詣するが、源氏に遠慮して住吉の入江で祓《はら》いをしている。源氏は声をかけ、二人は邂逅《かいこう》を遂げる。酒宴が始まり明石の上は舞を舞い、源氏と歌の贈答をすると、心を残しながらも別れて帰ってゆく。

『源氏物語』「澪標《みおつくし》」の巻を原典にした作品。光源氏の乗る車の作り物を中心に、惟光、童、随身《ずいじん》二人、従者数人。明石の上の乗った舟の作り物は橋掛リに出され、明石の上と侍女二人。そして住吉の神主と社人で総勢十数名が登場する。舞台上に絵巻物を広げたような華麗さと美しさが展開する。酒宴で童・随身が中ノ舞を舞うが、省略する場合もある。シテの明石の上の舞う序ノ舞は、小書《こがき》によっては源氏との相舞《あいまい》になることもある。

典拠＝『源氏物語』
場所＝難波・住吉神社
シテ＝明石の上
ツレ＝光源氏
ツレ＝惟光
ツレ＝侍女
ツレ＝従者（立衆）
子方＝童
子方＝随身
ワキ＝神主
アイ＝社人

◆**補記**
金剛流では子方が乱拍子を踏む演出が伝えられている。

【西王母】

せいおうぼ――脇能 ■五流

中国周の国、穆王《ぼくおう》の御遊のにぎわいの中に若い女が現れ、三千年に一度だけ花咲き実を結ぶという仙桃《せんとう》の花を献上する。穆王の問に、女は西王母の分身であると明かし、天に上る。穆王が管絃を奏して待つと西王母が出現し、侍女に持たせた桃の実を献上する。西王母の舞と喜びの酒宴に花も人も酔いしれるうち、西王母は天上に消える。

舞台は中国、『唐物語』の西王母伝説を典拠とした作品。ワキの穆王は堂々として威儀正しく、聖代の世のすばらしさを謡で表現する。前シテは若い女とはいえ、どこか気品の高い姿。後場《のちば》では西王母が真の姿となって現れ、桃の実を帝王に献上する。ストーリー展開は単純だが、いささかの曇りもないめでたさと崇高な雰囲気を醸し出す。西王母の中ノ舞から花も人も酔うような悦楽感が舞台上にたゆとうばかり。めでたい主題を中心として、観客にまで至福感をもたらす作品。

典拠＝『唐物語』
場所＝周・宮廷
前シテ＝若い女
後シテ＝西王母
後ツレ＝侍女
ワキ＝穆王

◆**補記**

西王母は中国の神仙で、西方にいて女仙の統率者であったと言われる。西王母の園の桃は3千年に一度花咲き実を結ぶ。中国の神仙譚は不老不死や長寿強精などを中心としているが、西王母の桃もその霊験を表すもの。

【誓願寺】

せいがんじ——三番目物 ■五流

一遍上人は誓願寺で「六十万人決定往生」という御札を広める。そこに里女が現れ、六十万人以外の者は極楽往生できないのかと問う。上人から六十万人と限定されることはないと聞き不審が晴れた女は、誓願寺と書かれた額を六字の名号に書き換えるように頼み、自分は和泉式部の霊だと名乗って消える。上人が額に六字の名号を書きつけると、歌舞の菩薩になった和泉式部の霊が現れ、誓願寺の縁起や多数の菩薩の来現を告げて舞う。

美しい女性を主人公にした能の中でも、宗教的なムードと清浄な美しさと品位を持った「菩薩の能」ともいえる作品。〈東北《とうぼく》〉においても同様だが、和泉式部は和歌の徳によってはじめから成仏し、歌舞の菩薩となっている。

和泉式部の地獄における苦しみといった人間の情念のどろどろした部分に焦点をあてた作品とは異なり、誓願寺の縁起や一遍上人の奇特を媒介にした宗教的美意識に中心が置かれている。主人公個人の情念のダイナミズ

典拠＝『洛陽誓願寺縁起』
場所＝京・誓願寺
前シテ＝里女
後シテ＝和泉式部の霊
ワキ＝一遍上人
ワキツレ＝従僧
アイ＝所の者

◆**補記**

「六十万人」とは、「六字名号一遍法、十界依正一遍体、万行離念一遍證、人中上々妙好華」の四句の文の上の字をとったもの。

後シテの登場から太鼓が伴奏に加わるのも象徴的。太鼓は一般的に神や鬼、草木の

精など人間でないものが主人公のときに用いられる。太鼓が入るというと、華やいだ美しさを持つ「天女の能」を連想するが、ここでは後シテが和泉式部の霊というより歌舞の菩薩としての性格が強調されており、「菩薩の能」として精神的な崇高美と荘厳な感じを与えている。

◆用語解説

クセ　361頁参照
序ノ舞　364頁参照

ムを扱わずにすむということは、ある意味で能の表現の純度をより高めることになる。誓願寺の縁起、阿弥陀如来の仏徳を舞う**クセ**は、謡をよく聞いていると、ほとんど具体的な意味を持たない型が象徴的意味を持って見えてくる。意味を持たぬ涅槃《ねはん》の果ての美しさを見せてくれるのだ。それが**序ノ舞**で頂点に達する。続く終曲部は、本当に舞台から音楽が聞こえ異香薫じて花降るほどの宗教美で、完全に異次元の耽美的雰囲気に心酔してしまう。

【是界】

ぜがい――五番目物 ■五流（観世〈善界〉・金剛〈是我意〉）

中国の天狗の首領是界坊が日本の仏教を妨害しようと山伏姿で現れ、愛宕《あた》山《ご》の天狗・太郎坊と謀議する。まずは日本の天台山というべき比叡山の様子を窺おうと、仏法の威力に不安を抱きつつも比叡山に向かう。比叡山飯室《いいむろ》の僧正が車で宮中に向かうところに遭遇した是界坊は、天狗の正体を現して僧を威嚇《いかく》するが、僧正が不動明王に祈ると、明王や諸天ばかりか仏法を守る神々が現れて神風で是界坊を吹き払う。

前場《まえば》は謡中心で動きが少ない場面だが、ここにこの作品の主題が隠されている。表面的に見れば後場《のちば》が中心で、仏教礼讃、国威宣揚《こくいせんよう》思想の顕著な作品と思われるが、特にクセで語られる天狗の本性、戦わずして敗北が明らかでありながら、なお比叡山に戦いを挑もうとする天狗の心情に、無駄と知りつつ意地を通さねばならない人間の姿が投影されているように感じられる。

典拠＝『是界房絵巻』
場所＝京・愛宕山
　比叡山麓
シテ＝是界坊（天狗の首領）
ツレ＝太郎坊（愛宕の天狗）
ワキ＝比叡山の僧正
ワキツレ＝従僧
アイ＝能力

◆**補記**
この作品の作者は竹田法印定盛とされている。室町中期から後期には、能の好きな公家や武士などの素人が数々の作品を残しているが、定盛もその一人。もともとは足利義政の侍医をつとめた名医だが、謡や能も嗜みかなりな腕前だったらしいことが伝えられている。

天狗が登場する能のうち源義経の庇護者となる〈鞍馬天狗〉は別格として、〈車僧〉〈大会〉〈是界〉などでは、天狗は仏法を妨げる悪役として描かれている。

前場で天狗が山伏の姿で現れるが、山伏は山で修行を積んで神秘的な力を身につけていたということからの連想らしく、能では天狗の化身した姿として描かれる。

◆用語解説

クセ　361頁参照

舞台展開上は後場《のちば》が見どころ。天狗姿のシテが橋掛リをズイズイと登場してくる場面は、天空をフルスピードでやって来る姿をスローモーションで見せるかのようにゆったりとした動きの中に巨大なエネルギーを感じさせる。能の逆説的象徴表現のすばらしさだ。戦いの場面でも、神々は実際に舞台には登場せず、シテ一人が舞台を縦横に用いて、謡の詞章に合わせた緩急自在な動きを見せる。ダイナミックに動く天狗と、車の中に泰然と座す僧正との動と静のコントラストもみごとで、五番目物らしい華やかさが観客を魅了する。

【関寺小町】

せきでらこまち――三番目物　■五流

　七夕の日、関寺の住職が稚児《ちご》を伴って近くに住む老女の庵を訪れる。老女が歌道に詳しいと聞き、稚児たちの和歌の稽古に役立つと考えたのだ。老女の話が古歌の由来に及んだとき、話のはしばしから、この老女こそ百歳を超えた小野小町だとわかる。素性を知られた小町は恥じるが、栄華を誇った昔を思い返し歌の道だけが生きがいだと語る。夜になり、七夕祭に招かれた小町は、稚児の舞を見るうちに興がのって自らも舞うが、明け方となり庵に戻っていく。

　この作品は、百歳を越えた小町のある一日を描いている。それは悲しくも激しい一日だった。稚児の勉強のために求められた歌道への造詣は、若かりし日の思い出と現在の老いた自分の風雅さとが交錯する、歌人としての小町の二重性を表すもので、小町の中に若やいだ感覚を呼び起こすきっかけになる。歌道に話題が移れば、いつしか身も心も浮きやかになる。そ

典拠＝未詳
場所＝近江・関寺
シテ＝小野小町（老女）
子方＝関寺の稚児
ワキ＝関寺の住職
ワキツレ＝随伴の僧

◆**補記**
能の中でも特に重要なものとして扱われるのが「老女物」である。〈卒都婆《そとば》小町〉〈鸚鵡《おうむ》小町〉〈姨捨《おばすて》〉〈檜垣《ひがき》〉〈関寺小町〉の五曲が老女物として能の最高の秘曲とされるが、その中でも最も高い位置に置かれているのが〈関寺小町〉である。通常「三

んな小町が七夕祭に招かれ、酒を注がれ、かわいらしい稚児の舞を見るうちに、我を忘れて立ち上がり舞を舞う。まるで老木に花が咲いたかのような不思議なあでやかさが香り出る。舞の途中で杖を置き扇を持てば、華やかな若かりし日々が返ってきたかのようだ。しかし、身体の老いは自らを裏切り、わが身をいまさらに恥じなければならない。この作品のもうひとつのポイントが子方の存在である。単なる作品の彩りではなく、老女の若返りに必要不可欠な存在である。老女物という品格を保ちつつも、じつは変化と起伏に富んだ、興味の尽きない作品だ。

老女」といわれる〈姨捨〉〈檜垣〉〈関寺小町〉をみると、〈姨捨〉〈檜垣〉は夢幻能〈幽霊を主人公として、生前を振り返る能〉だが、〈関寺小町〉だけが現在進行形の作品である。つまり、百歳を越えた老女を演じるわけだから、なまなましくそのものずばりになる危険性を孕んでいる。現在能はもともと写実的演技が要求されるが、行き過ぎると俗に陥る。そうした意味での表現の難しさもあるのだろう。

【関原与市】

せきはらよいち――四番目物 ■ 喜多

牛若丸は従者を伴い、鞍馬山を出て東国へ向かう。途中、美濃国山中に着いた。そこへ新しい領地である中川の荘に着任するため、関原与市が70騎の手勢を引き連れて山中へさしかかる。関原与市の馬が牛若丸に泥をはねかけたことが原因で、怒った牛若丸と与市一行の争いになり、与市は切り伏せられ、牛若丸は馬を奪って立ち去る。

牛若丸の超人的な武芸を見せる作品。少年がシテの牛若丸を演じる能で、大勢の大人を相手にはなばなしい斬組《きりくみ》を見せることで、少年のシテが凛々しく活躍することに中心を置いている。牛若丸が鞍馬山を出て東国に向かう場面を扱った能に〈烏帽子折《えぼしおり》〉があるが、こちらは牛若丸を子方が演じる。いくつかの例外を除き、現在物には原則として太鼓が入らないが、この作品は珍しく太鼓が入る点が特徴である。

典拠＝未詳
場所＝美濃・山中
シテ＝牛若丸
ツレ＝従者
ワキ＝関原与市
ワキツレ＝与市の部下
アイ＝早打

◆**補記**
この作品のシテには、12～13歳くらいの年齢で〈望月〉や〈烏帽子折〉などを勤めて子方を卒業した頃の少年が必要であり、しかも喜多流のみで演じられるため、上演頻度が極めて少ない。

【殺生石】

せっしょうせき——五番目物 ■ 五流

玄翁《げんのう》和尚が那須野の原を通りかかると、里の女が現れて殺生石の由来を語る。昔、鳥羽院に仕えた玉藻前《たまものまえ》は、実は妖狐の精で、帝に近づき病気にした。陰陽博士の安倍泰成《やすなり》に正体を見破られてこの野に逃げたが、遂に討ち取られ、その怨霊が殺生石となった。女は殺生石の石魂であると言うと、石の中に消える。玄翁が仏事を営むと、石が二つに割れて、中から妖狐が現れ、殺生石になったありさまを語ってみせると、今後は悪事をしないと誓って姿を消す。

鬼の能に分類される作品だが、前場《まえば》は三番目物の女性の能のような風情がある。妖狐の化身だから、えもいわれぬ妖艶さと凄みがあるが、玄翁を惑わすのではなく、前非を悔いて成仏を願っている。とはいえ、玉藻前の姿となって鳥羽院を悩ましたことを語る**クセ**では、御殿の燈が消えた暗闇の中で玉藻前の身体から光が放たれて周囲を照らす場面など、どこか凄み

典拠＝未詳
場所＝下野・那須野
前シテ＝里の女
後シテ＝野干
ワキ＝玄翁和尚
アイ＝能力

◆**補記**
那須湯本温泉から温泉神社を越えると、湯川の上流に荒涼とした谷底の石の河原が広がる。その一番奥にある殺生石は、現在でも硫黄の匂いのする不気味な姿を見せている。そんな風景を象徴して、舞台正面奥、囃子方を隠すかのように、一畳台

の上に大きな石の作り物が据えられる。一見稚拙な舞台装置だが、セットらしきものをほとんど用いない能舞台では、こうしたワンポイントの作り物が強烈な存在感を持ち、終始舞台の印象を決める中心となる。

◆用語解説

クセ　361頁参照

小書　49頁参照

が漂う。後場《のちば》では、通常の演出では小飛出《ことびで》の面に赤頭《あかがしら》、法被《はっぴ》、半切《はんぎり》という野干《やかん》の扮装で、壮絶な狐狩りを再現する。はじめは玉藻前となって安倍泰成の祈祷に苦しみ那須野に逃げる様を見せ、続いて武士の立場で狩りの様子を見せ、「矢の下に射伏せられて」からは狐の立場に立って見せるなど、立場を変えて演じる仕方話《しかたばなし》の楽しさが堪能できる。この作品は小書《こがき》によって黒垂《くろたれ》に天冠《てんかん》、泥眼《でいがん》や龍女《りゅうじょ》などの面をつけ、緋大口や長袴などをはいて、魔性の女の魅力を際立たせる女体姿になるなど、扮装や演技が大きく変わることも楽しみの一つである。

【攝待】

せったい――四番目物　■観世・宝生・金剛・喜多

佐藤継信《つぐのぶ》・忠信《ただのぶ》兄弟の母老尼は継信の遺児鶴若とともに山伏接待の高札《こうさつ》を打つ。義経主従一二人は素性を隠して立ち寄るが、老尼に主従の名を順に言い当てられ、隠しきれずに名を明かす。義経は老尼の求めに、屋島の合戦で義経の身代わりになった継信の最期のありさまを弁慶に語らせる。義経も継信が故郷の老母と幼子を最期まで思っていたと語り、今の境遇を嘆く。出立する義経一行に供を願う鶴若だが、弁慶になだめられ老尼とともに一行を見送る。

老尼のわが子継信への思い、鶴若の父への思い、継信の忠義、義経の恩情と、それぞれの思いが織り込まれた劇的な作品。舞台上は出演者が多いが、動きが少ないので混乱はない。舞事を持たない構成で語リと謡が中心となった、人情味に溢れた舞台を見せる。義経一行の到着場面は流儀により差異がある。

典拠＝『義経記』『平家物語』『源平盛衰記』
場所＝奥州・佐藤の館
シテ＝佐藤継信の母・老尼
ツレ＝源義経
ツレ＝義経の郎等
ワキ＝武蔵坊弁慶
アイ＝佐藤の下人

◆**補記**

ワキの弁慶が活躍する。特に屋島の合戦で義経の身代わりとなった継信の最期を物語る場面は、ワキ方の重要な語りとなっている。

【蟬丸】

せみまる――四番目物■五流

延喜帝の第四皇子、蟬丸は生まれついての盲目のため帝の命令で逢坂山《おうさかやま》に捨てられ、一人淋しく琵琶を抱いて泣いている。博雅三位《はくがのさんみ》がやって来て蟬丸を慰め、藁屋を作って中に助け入れ、再訪を約束する。一方、蟬丸の姉宮逆髪《さかがみ》は、狂乱して彷徨《さまよ》ううち、逢坂山で蟬丸と再会する。二人は自分たちの不運を嘆き、互いに慰めあうばかり。いつしか時も過ぎて、姉弟は名残を惜しみつつも再び別れとなる。

蟬丸が盲目ゆえに出家させられ逢坂山に捨てられる場面では、父帝の意図を前世の罪業《ざいごう》を果たし来世を救わんための親の慈悲と感じ、運命を甘受しようとする蟬丸の仏教的諦観《ていかん》に徹する姿が感じられる。一人残されて琵琶を抱きしめて涙する蟬丸の姿は、浮世の幸せから完全に閉め出された孤独な盲目の境涯を、暗く情緒的に表している。蟬丸の静に対して、逆髪の動は、登場から逢坂山までの道行に、流麗な詞章と華やかな動きで表され

典拠＝『平家物語』『今昔物語集』
場所＝近江・逢坂山
シテ＝逆髪
ツレ＝蟬丸
ワキ＝清貫
ワキツレ＝輿舁
アイ＝博雅三位

◆補記
能は、よく「シテ一人主義」などと言われ、主人公一人にドラマが収斂していく形が多いが、本曲の場合、逆髪、蟬丸ともに主人公としての重さを持っており、上演される際も、力の拮抗した演

者を双方に配することが必要となっている。

一種類の面を多くの役に汎用する能の中で、蟬丸のかける面は「蟬丸」という専用面で、専用面を用いる数少ない役の一つ。盲目の能面の目が、一文字に切ってあるため、ひとみの部分だけ彫られている他の能面に比べ、役者の視野がかえって広いのは皮肉な偶然。

る。貴賤《きせん》、貧富、美醜《びしゅう》といった二面性の対立を織りこみながら、異形の狂人の諦観が一つの救いともなり、一種華やいだ狂気と解放感が、暗く澱んだ悲劇性を緩和している。蟬丸の音曲と逆髪の歌舞という芸能的要素が邂逅する場面は、賤しい身分の芸能者の、俗世間での悲惨な立場を代表しているようにも感じられる。めぐりあいの喜びもつかのまに、別れゆく先の何一つ希望の持てない暗く悲劇的な終末は、不幸な運命を背負った者の陰惨な運命を象徴している。

【禅師曾我】

ぜんじそが ―― 四番目物 ■観世・宝生・喜多

曾我兄弟は父の仇《かたき》である工藤祐経《すけつね》を討ったものの命を落とす。家来の団三郎と鬼王は、兄弟の母に形見を届ける。母は国上寺《くがみ》にいる末弟禅師に危険が迫ることを案じ、団三郎と鬼王に文を持たせて国上寺へ遣わす。国上の寺では禅師の養父伊東九郎祐宗が頼朝の命令を受けて大勢の軍兵を率いて押し寄せる。禅師は疋田小三郎を切り捨てて奮戦するが、護摩壇に駆け登って自害するところを生け捕られて鎌倉へ送られる。

『曾我物語』をはじめ芸能の世界でも数多く取り上げられ、歌舞伎でも有名な曾我兄弟の敵討ちの後日談的作品。芝居的展開を持った現在能で、詞章もセリフ部分が多い構造を持つ。世阿弥系の詩劇とは正反対に、筋立ての面白さと平易な台詞劇としての性格、大衆劇的な起伏に富む構成を持った作品。後世の武士社会における義理人情の硬直的道義性ではなく、生々しく開放的人情を感じさせる。

典拠＝未詳
場所＝相模・小田原、箱根国上寺
後シテ＝国上禅師
前ツレ＝母
前ツレ＝団三郎
前ツレ＝鬼王
ワキ＝伊東九郎祐宗
観世では後ツレ
後ツレ＝疋田小三郎
後ツレ＝立衆

◆**外伝**
流儀により演出及び役の相違が見られる。

【千手】

せんじゅ——三番目物 ■ 五流〈喜多〈千寿〉〉

平清盛の五男重衡《しげひら》は、一ノ谷の合戦で生け捕られて鎌倉へ護送され、頼朝の家来狩野介宗茂《むねもち》に預けられる。頼朝は重衡を慰めるため、侍女の千手を遣わす。千手は、頼朝の命令でここ数日重衡の世話をするうちに、逆境に置かれた重衡への同情がいつしかほのぼのとした恋愛感情に変わっている。出家を願う重衡だが、南都焼き討ちの報いもあってか許されない。宗茂は酒宴の支度をし千手も心をこめて舞を舞い、重衡と深い情を交わす。やがて重衡は処刑のため都に送られ、千手は永遠の別れに立ちつくす。

一夜明ければ永遠の別れが待っているという極限状態のなか、美しくもはかなく燃える男女の心を折り込んだドラマの持つやるせなさ。重衡への同情が、いつのまにか愛に変わってしまった千手の先のない恋への刹那的な思いのたけ。都での栄華から一転して捕らわれの身となり、明日のない命に無常を感じながらも、千手の慰めに一夜を楽しむ重衡。虜囚《りょしゅう》の重衡に

典拠＝『平家物語』『吾妻鏡』『源平盛衰記』
場所＝相模・鎌倉
シテ＝千手
ツレ＝平重衡
ワキ＝狩野介宗茂

◆補記
『平家物語』巻十「千手前」を典拠に、『吾妻鏡』や『源平盛衰記』に見える重衡と千手のことをふまえて作られた作品。
千手と重衡が扇を開いて左手に持って向かい合う場面は、琵琶と琴の連弾きを表しているが、見つめあう二人

の姿に、悲しくも美しい心のかよいあいを感じさせる。「琴を枕の短夜のうたたね」という『平家物語』にはない詞章をあえて加えることにより、能にしては珍しい直接的表現で二人の交流を描きながらも、それがいやらしくならず、美的な情緒に彩られている。

◆用語解説

序ノ舞　364頁参照

対して同情し、いたわる宗茂。三人の心理の劇的展開が、能の表現としては内へ内へと抑えられてゆき、謡によって三人の心を表現する。逆に言えば、三人がただ座っているだけの平板な舞台ではなく、謡による表現に注目したい。一方、重衡の心を和ませるための千手の**序ノ舞**が、この作品の視覚的な見せ場。舞の奥に、千手の重衡に対する情があふれている。しかもそれは未来のない重衡の、はかない命に対する千手の深い悲しみと、それゆえ燃え盛る愛を胸に抱きつつも、失意の重衡の心を引き立たせようとする千手のけなげさを内包したものだ。

【草紙洗】

そうしあらい――三番目物 ■五流（観世・喜多は別記）

宮中清涼殿《せいりょうでん》の御歌合わせのために創作している小野小町の家に忍び込んだ大伴黒主《おおとものくろぬし》は、小町の歌を盗み聞き、万葉の草紙（本）に書き入れておく。翌日、歌合わせに負けた黒主は、用意してあった万葉の草紙を取り出し、小町の歌を盗作だと決めつける。小町が草紙を洗うと、黒主が書き加えた歌は流れ落ち、汚名の晴れた小町は慶びの舞を舞う。

宮中の歌合わせの会における盗作事件がテーマ。現代ならさしずめ、証拠物件である万葉の草紙をめぐってのスリリングな法廷劇にでもなるところだろうか。

前場《まえば》では黒主の陰謀を見せる。表向き上品そうな宮廷貴族風の黒主が、自己保身のため小町の足を引っぱろうと画策するなど、現代でもお目にかかれそうな題材だ。盗み聞きの場面を観客に見せ、あらかじめ黒主の陰謀を訴えておくことで、後場《のちば》で小町が窮地に追い込まれたとき、観客の同情

典拠＝『古今和歌集』
場所＝京・小野小町宅
御所

シテ＝小野小町
子方＝天皇
ツレ＝紀貫之
立衆＝朝臣
立衆＝官女
ワキ＝大伴黒主
アイ＝黒主の従者

◆**補記**
観世流での曲名は〈草子洗小町〉、喜多流での曲名は〈草紙洗小町〉。

◆**用語解説**

中ノ舞　中間的なテンポの舞で、多くの役柄によって幅広く舞われる。笛・小鼓・大鼓で演奏される「大小中ノ舞」は、現実の美女やしっとりとした狂女などが、穏やかに舞う。太鼓が加わる「太鼓中ノ舞」は女神や女体の精などが浮きやかに舞う。ツレの天女が舞う「天女ノ舞」も広い意味では「中ノ舞」の一種。

が集まり、黒主の陰謀が暴かれて事件が解決したときに、安心感を観客に与える効果を狙っている。

後場はどのように黒主の陰謀が暴かれていくかが興味の的になる。草紙を水で洗うことで小町の汚名が晴らされ、それまでの緊迫した空気が解け、めでたさあふれる華やかな雰囲気の中で**中ノ舞**を見せる。豪華絢爛な王朝絵巻を紐解くようなあでやかさと、大勢の出演者による華やかな雰囲気の中に、観客も参加しているように感じられる。

この事件は、もちろん史実ではない。小町や黒主らの六歌仙と『古今和歌集』の選者である紀貫之という、同時代に存在しない人々を一堂に集めたフィクション性がありありとしている。しかし、清純可憐で才気あふれる美女小町と、邪悪卑劣な黒主という、白黒のはっきりした対立を設定し、劇的葛藤をはっきりとわかりやすいものにしている。

【卒都婆小町】

そとばこまち――四番目物　■五流

高野山の僧が鳥羽《とば》のあたりに来ると、老いさらばえた女乞食が、倒れている卒都婆に腰かけて休んでいる。僧が、卒都婆は仏体だと咎《とが》めると、老女は仏法の奥儀で弁舌さわやかに僧を言い負かし、歌まで詠み、自分は小野小町のなれの果てだと明かす。老女が、華やかだった昔を懐かしみ、老残の現在の身を恥じていると、突然、小町への恋がかなわずに死んだ深草少将の霊が取り憑《つ》き、狂乱状態となり百夜通《ももよがよ》いのありさまを見せるが、やがて我にかえり、仏に仕えて悟りの道に入ることを願う。

この作品は「老女もの」の一つで、能の世界では重く扱われているが、内容は劇的緊迫度が高くてわかりやすく、しかも深みのある佳作だ。才色兼備の小野小町が、零落し乞食となる設定からしてショッキングだが、花の命の短かさ、老の重さの凝縮として、これほどシンボリックな人物もいない。

典拠＝『玉造小町壮衰書』
場所＝山城・鳥羽
シテ＝小野小町（老女）
ワキ＝旅の僧
ワキツレ＝同行の僧

◆**補記**

深草少将の霊の憑依による狂乱については〈通小町〉に詳しい。少将は、昔小町を慕って九十九夜通いつめながら、思いをとげずに死んだ恨みがあった。小町に憑いた少将の怨霊は、生前の百夜通いのさまを繰り返す。小町はどの男の恋心にもこたえなかったため、今はその報いの苦しみを受けねばならないのだ。

◆**用語解説**

卒都婆　死者の供養塔や墓標として作られ、頭部に五輪形を刻み、梵字などを記した板木。卒塔婆とも書く。釈迦の遺骨を収めた仏塔であるストゥーパが漢訳されたもの。盆、彼岸、年忌などに墓へ供えられる経木塔婆がなじみが深いが、埋葬上の墓標としての角塔婆や、葬儀の日や忌中の間ごとにたてる板塔婆があり、いずれも供養塔である。

小町の登場、橋掛リの出は、途中の休息を含め、百年の人生の歩みの深さを、歩行という能らしい最少の象徴的表現方法によって描き出す。橋掛リが効果的に使用される。

僧に卒都婆に腰を下したことを咎められての問答は、老いて乞食になりはてながら、なお才気あふれる驕慢なしたたかさを持ち、絶えず老女の優位のうちに進んでゆくので、観ていてワクワクさせられる。

一方、百歳になる老残の小町に、なお襲いかかる狂乱は、少将の霊の憑《ひょう》依《い》という単純な狂乱だけでなく、深い業を持つ自分の人生への強い自己愛が複屈折《ふくくっせつ》したような情念の表出だといえよう。

【大会】

だいえ――五番目物 ■五流

比叡山の僧のもとを山伏姿の天狗が訪れ、命を助けられた礼に望みを叶えると言う。僧は釈迦が霊鷲山《りょうじゅせん》で説法したありさま（大会の様子）を拝みたいと頼む。山伏は引き受けるが、幻術なのだから信心を起こすなと念をおして消える。僧が目を開くと、そこは霊鷲山となり荘厳な大会のありさまが展開されている。僧は天狗との約束も忘れ、思わず手をあわせて拝んでしまう。すると帝釈天《たいしゃくてん》が現れて幻術はことごとく破れ、天狗は打ちのめされて谷の岩洞に消える。

『十訓抄《じっきんしょう》』に見える説話を基にした作品。仏道を妨げる悪鬼としての天狗ではなく、命を助けられたことへの感謝の心を忘れぬ天狗だが、幻術で僧を惑わしたことが罪となり、帝釈天に追われる。後シテは天狗の扮装の上に大会頭巾を被り掛絡を掛け経巻を持って釈迦になりすます。演出によっては釈迦の面を重ねて着用し、変身場面で大幅な変化を見せる。

典拠＝『十訓抄』
場所＝比叡山
前シテ＝山伏姿の天狗
後シテ＝天狗
ツレ＝帝釈天
ワキ＝比叡山の僧

◆補記
大会とは、釈迦如来がインドの霊鷲山で法華経を説法したときの様子で、釈迦如来が獅子の座につくと普賢《ふげん》・文殊菩薩が左右に座り、諸菩薩や八大龍王、尊者たちが大勢集まり、空からは大小紅白の蓮華が降り下るという光景を見せる。

【泰山府君】

たいさんぷくん――五番目物 ■金剛

桜町中納言は、桜の花の命を延ばしてくれるよう、ものの命を司る泰山府君を祀る。天女は夜更けに桜に忍び寄ってひと枝手折り、天上さして上る。花折る音を聞きとがめた花守が中納言に報告し、泰山府君に祈るようにと勧める。やがて泰山府君が出現し、花を盗むのは心ないと天女を呼び出す。天女はひと枝を持って美しく舞うと、泰山府君も威勢を示し花の寿命を21日に延ばすことを約束する。

前場《まえば》では中納言と天女がそれぞれの立場から桜の花を慕い、思いをこめながらも両者が直接接触しないという平行線の舞台の不思議な調和を見せる。後場《のちば》では天女の優雅な天女ノ舞と泰山府君の豪快な舞働《まいばたらき》とのコントラストを見せる。これは古くから日本に伝わる、自然の草木の魂を鎮めて繁栄を祈るたましずめの芸能化ともいえる。舞台正面に置かれた桜木の作り物が象徴的に扱われる。

典拠＝『源平盛衰記』
場所＝京・桜町中納言邸
前シテ＝天女
後シテ＝泰山府君
後ツレ＝天女
ワキ＝桜町中納言
アイ＝花守

◆**補記**
本来は前後の天女をシテとして同一の役者が通して演じ、泰山府君は別の役者が演ずるべきだと考えられ、こうした演出も試みられている。

【大典】

たいてん――脇能 ■観世

天皇に仕える勅使《ちょくし》が従者を伴い、新天皇即位の大典の奉告をするために京都の平安神宮を訪れる。勅使が天皇の威徳と大典の事の次第を神前に奉告して心を澄ましていると、異香薫じて妙なる音楽が聞こえ、天女が現れて舞を舞う。さらに御殿が振動して天津神が現れ、先帝と今上天皇の聖徳をたたえて舞を舞うと、御代のめでたさを寿ぐ。

大正天皇の即位の大典を記念して作られた新作能で、観世流で現行曲として組み入れられている。ドイツ文学者の藤代禎輔《ふじしろていすけ》の作詞、二十四世観世左近の作曲により、1915年11月に初演された。終始めでたさ溢れる詞章とともに、ツレ・天女の**天女ノ舞**とシテ・天津神の神舞《かみまい》を見せる。場面は天皇即位直後の秋で、先帝として明治天皇の名と事績をあげているので、現行曲ではあるが大正天皇即位以外には上演の機会を持ちにくい作品。

典拠＝未詳
場所＝京都・平安神宮
シテ＝天津神
ツレ＝天女
ワキ＝勅使
ワキツレ＝勅使の従者たち

◆**補記**

他流では二場ものの〈金札〉〈岩船〉などが観世流では一場ものの祝言能の形式で上演される。この〈大典〉は、はじめから一場ものの祝言能として作られている。

◆**用語解説**

天女ノ舞　99頁参照

【大般若】

だいはんにゃ――四・五番目物 ■ 復曲能

大般若経を求めて天竺《てんじく》（インド）に向かう三蔵法師は、広大な流沙河に行く手を阻まれる。そこへ老人が現れ、この河を渡ることがいかに困難か、三蔵が前世に七回もここで命を落としたことを語り、自分は深沙《しんじゃ》大王で、三蔵を助けようと言って消え去る。やがて菩薩が現れて舞を舞い、先駆けの小龍が威勢を示すと、笈《おい》を背負った深沙大王が現れ大般若経を三蔵に与え吉事を示す。河は二つに割れて道を作り、三蔵はやすやすと渡ると深沙大王と別れて帰国の途につく。

真理を求めるためには七度死んでも生まれ変わって旅に出る三蔵の情熱と、それに応えて深沙大王という大自然が褒美を与えるという大スペクタクルを舞台化した作品。後場《のちば》は菩薩が登場の囃子である下り端《さがりは》でそのまま舞う珍しい演出を見せる。シテの舞働《まいばたらき》は重厚感とキレのある型が調和したもの。登場人物や演出が再演ごとに多少変化する。

典拠＝未詳
場所＝中国・流沙河
前シテ＝老人
後シテ＝深沙大王
後ツレ＝菩薩・小龍
ワキ＝三蔵法師

◆**補記**

民俗的でドラマチックな作品の復曲。観世榮夫の監修、堂本正樹の能本作成、四世梅若実（当時紀彰）の演出、金春惣右衛門の作調（音楽監督）で、1983年5月に国立大劇場で上演。以後、能舞台をはじめさまざまな舞台で再演され、定着した。

【大仏供養】

だいぶつくよう――四番目物　■　五流〈金春〈奈良詣〉〉

平家没落の後、悪七兵衛《あくしちびょうえ》景清《かげきよ》は南都の大仏供養で頼朝を狙うため、若草山辺りに住む母に対面しようと忍んで南都へとやって来る。景清の母は喜んで迎え入れ、老いの身の果てを見届けてほしいと願うが、景清の決心は変わらず別れを告げ、母は涙とともに見送る。大仏供養の当日、景清は宮人の姿に変装して頼朝に近づこうとするが、頼朝の臣下に怪しまれ正体が露見したので、警護の侍を切り伏せると逃げ去る。

前場《まえば》に景清と母の対面を置いて母子の情愛を示しながら、これまでの経過を景清に語らせ、母子の哀しい訣別を見せることで景清の復讐の決意の深さを見せる。後場《のちば》では、変装して現れた景清が頼朝の臣下に怪しまれ、問答となるところが第一の見せ場。景清が、刀を抜いて警護の役人の中に飛び込んでの立廻りが第二の見せ場で、テンポのはずんだ謡をバックに、斬組《きりくみ》が演じられる。

典拠＝『吾妻鏡』
場所＝大和・東大寺
前シテ＝悪七兵衛景清
後シテ＝悪七兵衛景清
子方＝頼朝
前ツレ＝悪七兵衛景清の母
後ツレ＝警護の侍
ワキ＝頼朝の臣下

◆補記

頼朝が東大寺の大仏供養を行ったことは史実だが、景清が頼朝を狙撃したという確証はない。平家の残党が頼朝を狙っていたのは事実らしく、その状況と景清伝説が合わされたもののようだ。

【大瓶猩々】

たいへいしょうじょう——五番目物 ■観世

唐土《もろこし》金山の麓で酒を商う高風《こうふう》のもとに、どこからか童子がおおぜい来て、高風の酒を買ってくれる。今日も童子がやって来ていつものように酒を買うと、おいしそうに飲みはじめる。高風の問いに、童子は潯陽《しんよう》の江に住む猩々だと答えると、高風が親孝行なので、泉が涌き出るように尽きることのない酒壺を与えようといって消える。やがて夜になると、多くの猩々が現れ出て酒を飲み、舞を舞うと、泉の壺を高風に与え、御代《みよ》を祝う。

〈猩々〉が前場《まえば》を省略しているのに対し、本曲は前場で童子姿の前シテが、親孝行の美徳を褒め酒を通して祝福するという主題を示す。後場《のちば》では多人数の猩々が登場し、中ノ舞を相舞《あいまい》することが主眼になっている。大瓶の作り物を舞台正面に据え、手前に一畳台を置く。五人から七人の猩々が登場し壺に集まり杓で酒を酌むなどの所作《しょさ》があり、相舞《あいまい》を見せる。華やかでめでたい作品。

典拠＝未詳
場所＝中国・金山
前シテ＝童子
後シテ＝猩々
ツレ＝猩々
ワキ＝高風
アイ＝里人

◆補記

本曲と同様におおぜいの猩々が出る華やかな舞台としては、宝生流の〈七人猩々〉がある。〈猩々乱《みだれ》〉の小書で前場は持たないが、酒壺の作り物を出し、七人の猩々の相舞となる。

【第六天】

だいろくてん――五番目物　■観世

解脱《げだつ》上人が伊勢の内宮《ないくう》にやって来ると、二人の里女が現れ、御裳濯川《みもすそ》のいわれや、神宮のありがたさを語り、仏法の妨げになるものが現れるという神のお告げを夢でお知らせしようと言って消え去る。解脱上人の前に、仏法を破滅する第六天魔王が眷属《けんぞく》を引き連れて現れる。解脱上人が合掌して仏を念ずると、素戔嗚尊《すさのおのみこと》が現れて第六天魔王を打ち伏せたので、魔王は降伏して消え去る。

第六天魔王が天狗に似た姿で登場する五番目物の作品だが、前場《まえば》で里女を登場させて御裳濯川のいわれを語らせるなど、脇能的な印象も感じさせる。大神宮の霊夢のことなどの詳細は、間《あい》狂言の末社の神《しん》の語りに詳しく述べられており、間狂言の語りが作品の背景を理解するために大切な役割を負っている。後場では、『太平記』の説話から発展して、第六天魔王が登場し、素戔嗚尊がそれを退散させるという場面を創案している。

典拠＝『太平記』
場所＝伊勢・伊勢神宮
前シテ＝里女
後シテ＝第六天魔王
前ツレ＝里女
後ツレ＝素戔嗚尊
ワキ＝解脱上人
ワキツレ＝従僧たち
アイ＝末社の神

◆**補記**
延年風流には、仏法を守護する側の「内道」と仏法を妨げる側の「外道」とが相対して戦うパターンがあり、〈舎利〉や〈第六天〉などはこのスタイルである。

【当麻】

たえま――五番目物　■五流

當麻寺にやってきた僧の前に老尼と若い女が現れ、蓮の糸を染めた染殿の井や糸をかけて乾した桜の木を教え、当麻曼荼羅《まんだら》を作った中将姫《ちゅうじょうひめ》について語る。中将姫が阿弥陀如来の出現を願い念仏していると、老尼の姿の阿弥陀如来が来迎し、老尼たちはそのとき現れたのは自分たちだと言って消える。やがて中将姫の霊が歌舞の菩薩となって現れ、浄土経の功徳を説いて美しい舞を舞う。

複式夢幻能の形をとっているが、前場《まえば》と後場《のちば》のシテの人格が替わる。前場では旅僧の前に化尼《けに》（阿弥陀如来）化女《けじょ》（観世音菩薩）が老尼と若い女の姿で現れる。老尼が床几《しょうぎ》にかけて語るクセが聞きどころ。正体を明かしての中入りも、わずかな型のなかに微妙な変化を要求される。品格が高い老女物のような、いわば「静」の表現だ。これに対して後場のシテは歌舞の菩薩となった中将姫の霊で、宗教性が高度な音楽性によって表現されたかの

典拠＝『古今著聞集』『当麻曼荼羅縁起』
場所＝大和・當麻寺
前シテ＝老尼
後シテ＝中将姫の霊
前ツレ＝若い女
ワキ＝旅の僧
ワキツレ＝従僧
アイ＝当麻寺門前の者

◆補記
前場では中将姫が生身の阿弥陀如来を拝んだ件しか述べられず、阿弥陀如来の助力で蓮の糸で一夜にして織りあげた曼荼羅の話が出てこない。〈葵上〉などもそうだ

た

が、能では典拠となった物語を観客が知っていることを前提に、説明抜きではじまることがある。曼荼羅の話は間狂言の語りの中で説明している。

◆**用語解説**

早舞 〈融〉などの高貴な公家の亡霊や、〈当麻〉などの成仏した女性が楽しげにのびやかに舞う舞。笛・小鼓・大鼓・太鼓で演奏する。早舞とはいっても速度は中庸よりやや早い程度。通常は盤《ばん》渉調《しょうちょう》（音程の高い調子）だが、作品によっては黄鐘調《おうしきちょう》（音程が盤渉調より低い）の「黄鐘早舞」となり、物すさまじげな男の霊が軽やかに舞う。

ような**早舞**《はやまい》が頂点となる。いわば「動」の表現だ。能〈雲雀山《ひばりやま》〉の主人公にもなっている中将姫は、人里離れた山奥に隠れ住んで育った。父との再会もつかの間、當麻寺に籠って念仏三昧の生活を送る。いわば社会経験のない無垢な少女、処女性の象徴といってもいいのではないか。後シテとして登場する中将姫の姿は、泥中から咲き出した蓮の花の純白さを思わせ、俗臭を離れた恍惚感さえ感じさせる。その姿が、前シテの人生経験の豊かそうな老尼の姿と好対照である。

【高砂】

たかさご——脇能　■五流

阿蘇の神主・友成《ともなり》が、高砂の浦で松の木陰を掃き清める老夫婦に「相生《あいおい》の松」のいわれを問う。老夫婦は、『古今和歌集』の序に「高砂住の江の松も相生のやうに覚え」とあり、和歌は今も繁栄し、松の緑も四季を通じて「生」の象徴として称賛されていると語り、高砂住吉の松の精であると正体を明かして姿を消す。住吉に着いた友成一行の前に住吉明神が出現し、颯爽と舞って長寿と平和とを祈る。

世阿弥作の代表的脇能であるとともに、能の中でもポピュラーな作品の一つ。脇能のテーマは、神を主人公として社会の平和と人々の幸福とを祝福することにある。現代の私たちが信仰を失ってしまったとはいえ、〈高砂〉に語られる夫婦の和合と長寿のめでたさは、神の能である脇能を、特定の信仰や神社仏閣との結びつき、あるいは時の権力者との関係から解き放ち、私たちのものへと引き寄せてくれる。それは観念的な祝言ではなく、具体

典拠＝『古今和歌集』
場所＝播磨・高砂の浦
　津・住吉
前シテ＝木守の老人
後シテ＝住吉明神
前ツレ＝木守の姥
ワキ＝旅の神職
ワキツレ＝同行の神職
アイ＝浦の男

◆**補記**
世阿弥は『**五音曲条々**』の中で、祝言の音曲を松に、幽曲を桜に、恋慕を紅葉にたとえている。松を象徴とした〈高砂〉こそ脇能中の脇能、祝言中の祝言と言わ

れるのは、このためでもある。

◆用語解説

神舞　脇能の代表的な舞で若い男体の神が舞う、テンポが早い明るく颯爽とした力強い舞。笛・小鼓・大鼓・太鼓で演奏する。

『五音曲条々』　世阿弥の伝書のひとつで、謡の曲趣を五音（祝言・幽曲・恋慕・哀傷・闌曲の五音曲）に分類し、それぞれの曲趣を説明している。姉妹編に『五音』があり、こちらでは曲趣ごとの代表曲の例示が主眼となっている。

的で身近なめでたさの表れだからだ。

最近では少なくなったが、結婚式で「高砂やこの浦舟に帆をあげて」という謡が用いられるのも、〈高砂〉が夫婦の和合と長寿をテーマにしているからだ。前場で松の木陰を清める夫婦の姿は、老境の閑雅な趣に春の風雅な情趣が重なり、老いの艶と自然そのものとが同化した世界を作り出している。そのため後場《のちば》の神の颯爽とした**神舞**《かみまい》よりも前場の老夫婦のイメージが強く、脇能の上演が減る中で〈高砂〉の人気を現代まで保っている。

【鷹姫】

たかひめ――新作能

絶海の孤島で枯れ果てた泉を見守り続ける老人。若い王子空賦麟《くりふりん》が不死の水の湧く泉を求めて訪れる。老人も若かりし頃に泉を求めてやってきたので、空賦麟に呪いのかからぬうちに島を去れと語る。空賦麟は泉が湧くのを見たいと願い、泉を守る鷹姫に剣を抜いて立ち向かうが、力尽きて眠りに落ちる。泉に水が湧き、鷹姫はそれを汲んで消え、泉は再び枯れる。

山の幽鬼となった老人の霊が現れ、求めても得られぬ苦悩を見せる。

アイルランドの詩人イェイツ作の舞踊詩劇『鷹の井戸』を基に、1949年横道萬里雄が能〈鷹の泉〉を書き、喜多実が古典的な能様式で上演。これを改作し1967年に作曲・作舞を観世寿夫《ひさお》、演出を四世野村万之丞（現野村萬）により銕仙会《てっせんかい》の〈鷹姫〉として初演された。従来の能の類型に拘らず、配役も柔軟で初演以来様々なかたちで海外を含め多数上演されている。

典拠＝詩劇『鷹の井戸』
場所＝地の果ての孤島
老人
空賦麟
鷹姫

◆**補記**

能の諸要素を用いながらも、地謡を兼ねた半仮面の「岩」の輪唱も取り入れた凝縮と拡散による謡や、眠りなどの囃子による象徴的な表現等、数々の工夫が凝らされており、配役や演出も上演ごとに様々に変化している。

【竹雪】

たけのゆき――四番目物 ■宝生・喜多

直井左衛門は妻と離別し後妻を迎える。前妻と姉娘はともに家を出、息子の月若は我が家に残った。直井が留守の間、継母がいじめるので月若は家出を決意し、実母に暇乞いに行くが、継母からの使いで家に戻る。継母は月若の着物をはぎとって竹の雪を払うよう命じ、従った月若は凍え死ぬ。姉娘と実母は雪を掻きのけて月若を探し出したが、月若はすでに死んでいる。帰宅した直井も共に嘆いていると竹林の七賢の声がして、月若を蘇生させた。

実母が月若を思う心は深い情愛が表れているが、一方に継母による徹底した月若いじめがあってこそ、コントラストが鮮明になりドラマが盛り上がる。継母役を勤めるアイの語りの技法と表情の豊かさとを充分に活用している。舞台正面に立竹に雪綿を被せた作り物が出され、この作品における重く悲しいイメージの雪の存在感を象徴している。

典拠＝未詳
場所＝不明
前シテ＝実母
後シテ＝実母
ツレ＝姉娘
子方＝月若
ワキ＝直井左衛門
アイ＝後妻

◆**補記**

終結部で竹林の七賢が月若を蘇生させるのは、彼らは神仏ではないから無理がある。悲劇が歌舞伎の責め場的な嗜虐性に近い通俗性に流れるのを抑えるための手法と考えるべきか。

【多度津左衛門】

ただつのさえもん――復曲能

多度津左衛門は、一人娘の姫を残して遁世《とんせい》する。乳母《めのと》が姫を連れて善通寺に参り、高野聖《こうやひじり》から左衛門が高野山にいるが、高野山は遠く女人禁制だと聞くが、姫と乳母は高野山めざして旅立つ。左衛門は3年間、高野山の蓮華谷《れんげたに》に住んでいたが、夢のお告げで不動堂に行くと、男姿の乳母と姫が物狂いとなって現れる。左衛門は高野山は女人禁制だと咎《とが》めるが、物狂いたちは面白く舞い歌う。左衛門は寺中に入るのを阻止しようと、姫を杖で打つが、自分の娘であると知って驚き、親娘は3年ぶりの再会を喜ぶ。

1988年、伊藤正義の校訂、大槻文蔵の乳母、観世榮夫《ひでお》の左衛門ほかで復曲初演され、以後上演を重ねている。女人禁制の高野山という聖域でのタブーに対する親子の情をテーマにした乳母のクセと、3年を経てやっと巡り合えた父娘の劇的な再会が山場となっている。

典拠＝未詳
場所＝讃岐・善通寺
　　紀伊・高野山
前シテ＝乳母
後シテ＝乳母
子方＝姫（左衛門の娘）
ワキ＝多度津左衛門
オモアイ＝高野聖
アドアイ＝寺男

◆**補記**
シテ方やワキ方という専業制度が確立する前の作品のため定型的な配役に止まらず、初演では役柄に最適な役者を選択している。

【忠信】

ただのぶ ―― 四番目物 ■ 観世・宝生

兄の源頼朝と不和になり都を追われた源義経は、吉野山の衆徒《しゅうと》を頼って山中に身を潜める。伊勢義盛は義経に、衆徒たちが変心して義経を討ちにくると報告する。義経は脱出するにあたり、佐藤忠信に後方から衆徒が追ってこないように一人残って防ぎ矢をせよと命じて落ちのびる。夜になり、衆徒たちが押し寄せてくるので、忠信は高櫓《たかやぐら》の上から矢を放って衆徒たちを防ぎ、機を見て追手を斬り散らして逃げ去る。

前半は義経一行、後半は攻め寄せる衆徒と、大勢の人物が登場するが、ドラマの構成はシンプルで上演時間も短い。観世流と宝生流で上演され、宝生流では前シテが中入りする二場物だが、観世流では中入りせずに**物着**《ものぎ》によって姿を変える一場物の演出にすることもある。後半は宝生流では斬《きり》組《ぐみ》の囃子事《はやしごと》が入り、戦闘場面をたっぷりと見せる演出になっている。

典拠＝『義経記』
場所＝大和・吉野山
前シテ＝佐藤忠信
後シテ＝佐藤忠信
前ツレ＝源義経
前ツレ＝従者
後ツレ＝法師武者
後ツレ＝衆徒
ワキ＝伊勢義盛
アイ＝早打

◆**補記**

『義経記』巻五に取材した義経の吉野脱出を素材とした作品に〈吉野静〉がある。

◆**用語解説**

物着 84頁参照

【忠度】

ただのり——二番目物 ■五流

須磨の浦で薪を運ぶ老人に出会った僧は一夜の宿を求めるが、この花の陰ほどの宿は他にあるまいと言われ、忠度ゆかりの桜木のもとで弔《とむら》いを頼まれる。夜になると忠度の亡霊が昔の姿で現れ、自分の歌が『千載集《せんざいしゅう》』に採られながら朝敵であるために「詠み人知らず」とされたことを嘆き、出陣の際に歌を託したことや、一ノ谷の合戦で岡部六弥太と組み合い、ついに命を落としたことなど最期を物語って消える。

忠度の妄執《もうしゅう》の原因は、『千載集』に入れられながら、朝敵との理由で「詠み人知らず」とされたこと。抹殺された歌人としての名を惜しむ悔しさ、戦乱の世に狂わされた運命に対するやり場のない哀しみだ。前場《まえば》の老人の語る言葉の中に、須磨にまつわる話、「わくらはに」という行平の歌を始め、薪に花を折り添える黒主の風情、須磨の若木の桜など『源氏物語』の面影と、雅で悲しいイメージを盛り込んでいる。中心となるのは「行き暮れて

典拠＝『平家物語』
『源平盛衰記』
場所＝摂津・須磨の浦
前シテ＝浦の老人
後シテ＝薩摩守忠度の霊
ワキ＝旅の僧
ワキツレ＝従僧
アイ＝浦の男

◆**補記**

『風姿花伝』「第二物学条々」「修羅」の項で、「源平などの名のある人の事を、花鳥風月に作り寄せて、能よければ、なによりもまた面白し。是、ことにはなやかなる所ありたし」と述べられ

ているように、風雅な趣を中心としている。

◆用語解説

カケリ　234頁参照

『風姿花伝』　世阿弥が初めて書き記した能楽論書の中の代表的著作。全七編。内容は、能の花に関する考察を中心に習道、演出、演技、猿楽の歴史などについて言及している。

木の下蔭を宿とせば、花や今宵の主ならまし」という忠度の歌。前場《まえば》の問答の中でくりかえされるばかりか、終曲で**カケリ**をはさんで高らかに吟詠される。若木の桜が老翁と忠度の影像をだぶらせ、桜の木に忠度の亡霊が宿り姿を現すという、いわば霊魂の依《よ》り代《しろ》として活かされている。

後場《のちば》の戦の場面では、討たれる忠度から討った六弥太へと演じわけが行われる。写実的な劇的描写と情緒的内面とを同時に描くという、叙事と抒情の統合を行っている。

薩摩守忠度は平清盛の末弟で、文武両道に優れた勇将。〈忠度〉では、武将としてはすでに悟りの心境まで達していた忠度が、むしろ和歌についての妄執の深さゆえに、亡霊としてこの世へ現れねばならなかったことを中心としている。

【龍田】

たつた——四番目物■五流

旅の僧が龍田明神に参詣するために、折からの紅葉の盛りに龍田川を渡ろうとすると、龍田明神の巫女《みこ》が現れ、古歌を引用して心無く川を渡らないように止める。巫女は別の道から龍田明神に案内し神木の紅葉について語り、明神の神霊であると身分を明かして消える。僧が神前で通夜をしていると龍田姫の神霊が現れ、明神の縁起を語り、龍田の紅葉を賞玩《しょうがん》すると、幣《へい》を振り上げて神楽《かぐら》を奏し、夜明けとともに虚空に消える。

前場《まえば》は、『古今和歌集』読人知らずの和歌と、その本歌取りの藤原家隆の和歌の二つを骨子として脚色されており、龍田明神の神体が紅葉であるということから、古歌を引いて紅葉の美しさを讃えている。後場《のちば》では龍田姫がその神体を現す。明神の縁起を説くが、ここで天逆矛《あめのさかほこ》について語る部分は『神皇正統記』巻一によるもので〈逆矛《さかほこ》〉との関連を印象付ける。一方、多くの古歌を引用して龍田山の四季の美しさと紅葉のすばらしさを語

典拠＝『古今和歌集』
『神皇正統記』
場所＝大和・龍田
前シテ＝巫女
後シテ＝龍田姫の神
ワキ＝旅僧
ワキツレ＝従僧
アイ＝里人

◆**補記**

神を主人公として寺社の縁起などを語るのは脇能の一般的なパターンだが、〈龍田〉をはじめ〈三輪〉〈葛城〉などは四番目物に分類されている。ただし脇能的色彩が強いため略脇能として、

るクセが、見どころ聞きどころとなっている。明神の縁起を神そのものが語るというのはめずらしく、その姿と紅葉の優美さを表現している。引き続く神楽では、女神の美しさがいかんなく発揮される。巫女に神がのり移って舞うとの解釈も可能だが、ここでは神そのものが舞うと解釈するべきだと思う。舞台中央奥に置かれた一畳台のうえに小宮を乗せた作り物が有効に用いられ、前場のシテはここに中入りし、装束を変えて、後場に女神となって作り物の宮から登場する。

また主人公が美しい女性なので略三番目物として扱われることもある。〈三輪〉〈葛城〉は物語的な内容が多分に強く、神といっても人間と同様に悩み苦しむところは四番目物にふさわしいが、〈龍田〉は始めから巫女の姿で現れ後場では女神が本体を現すことや明神の由来などを中心に据えて余分な話をしないなど、〈三輪〉〈葛城〉の神に比べると昇華された清澄さを感じさせてくれる。

◆用語解説

神楽　63頁参照
クセ　361頁参照
一畳台　105頁参照

【谷行】

たにこう——四・五番目物　■観世・宝生・金春・金剛

帥《そち》の阿闍梨《あじゃり》が幼い弟子の松若の家を訪ねると、母の病気平癒のため松若は峰入りへの同行を希望し、その孝心に母も承諾する。阿闍梨たちが葛城《かづらき》山《さん》に到着したとき松若が倒れる。峰入りの修行中に病気になると、生きたまま谷に投げ込む「谷行」が大法。あわれ松若は谷行にされる。阿闍梨の嘆きに一同が数珠を揉んで祈ると、その願いに答えて役行者《えんのぎょうじゃ》が出現し、使者の伎楽《ぎがく》鬼神を呼び出し、松若を救い出して蘇生させる。

世話物的な要素と霊験譚《れいけんたん》としての要素とを併せ持った戯曲的な作品で、ワキが活躍する。松若の孝心と母との別れを描く第一部、谷行の悲惨な場面と阿闍梨の苦悩を心理劇としてワキの演技で見せる第二部、役行者が伎楽鬼神を使って松若を救出蘇生させる場面を華々しく展開する第三部と三つの場面から構成される。シテは第一部が松若の母、第三部が伎楽鬼神と人格が異なっている。

典拠＝未詳
場所＝大和・葛城山
前シテ＝母
後シテ＝伎楽鬼神
子方＝松若
ツレ＝役行者
ワキ＝帥の阿闍梨

◆補記

一畳台が峰を表し、台から降りることで谷底へ落ちる態を示す。観世流では役行者を出さずに後シテの出現となる。ドイツの劇作家ブレヒトはこの能を翻案して戯曲『イエスマン・ノーマン』を書いた。

【玉葛】

たまかづら――四番目物　■五流（観世〈玉鬘〉）

初瀬《はつせ》の長谷《はせ》観音に向かう僧が初瀬川にさしかかると、小舟で上ってくる女に出会う。女は自分も長谷寺に詣でる者だと答え、僧を二本の杉へと案内し、玉葛が筑紫《つくし》国から逃げてきてここに来たところ、母である夕顔の侍女の右近にめぐり逢ったことなどを語り、自分は玉葛の亡霊であるとほのめかすと姿を消す。僧が弔《とむら》っていると玉葛の亡霊が現れ、恋に悩み乱れた姿を見せ、昔のことを思い悩み、妄執《もうしゅう》にひかれて苦悶《くもん》するありさまを語るが、妄執を晴らし、成仏する。

前シテが謡う風景は、過去に恋焦がれる心、悲しみ、人生の方向を見失った不安、孤独感などの感情を折り込んだみごとなまでの心象風景になっている。シテ自身の淋しい心の投影でもあり、観客の心の奥に潜む悲しみの世界を引き出す役割を担う。

後シテの懺悔《ざんげ》は心打つものがあるが、玉葛がなぜ心乱れているのかよく

典拠＝『源氏物語』
場所＝大和・長谷寺
前シテ＝里の女
後シテ＝玉葛の霊
ワキ＝旅の僧
アイ＝里の男

◆補記

『源氏物語』を典拠にした能の多くが、序ノ舞などを舞う優美かつ典雅な雰囲気を持つのに対し、〈浮舟〉〈玉葛〉は狂乱によるカケリを舞う。原典に忠実な作り方ではなく、主題の統一感が薄くヴェールを通して物を見るような描き方をする、イメ

ージの重層性を重視した金春禅竹らしい作品。

わからない。にもかかわらずこの能が観客に感動を与えるのは、誰にでも人生で一度や二度はある恋の体験、心乱れ苦しさのあまり執着の苦しみから逃れたいと思い、理屈では理解しながらも感情は抜け出せずに思い悩み悶える経験。そのような人間としてどうしようもない部分に着目しているからだ。玉葛はそうした思いを妄執と認識して乱れた激情を語り、心の底に秘めた思いを全て表出することで心理的な納得へと至る。こうした懺悔により妄執の自覚を通して真如へと悟るプロセスが、観客の個人的体験や感情のうねり、そして心理的解決へとつながっていく普遍性を持っている。

玉葛は、光源氏の弟兵部卿の宮・義弟の夕霧・実弟の柏木・そして養父の光源氏にまで心を尽くさせたにもかかわらず、髭黒の大将の妻となってしまった。環境に支配された女の主体的でないとはいえ、多くの男たちの心を恋に乱れさせ苦悩を与えた因果の果てに、死後の霊が報いを受けると位置づけての曲となっている。

【玉井】

たまのい——脇能　■観世・金剛・喜多

彦火々出見尊《ひこほほでみのみこと》は、兄から借りた釣針を魚に取られたので、海中に入り釣針を探す。海の都の門前には井戸があり、尊はすぐ横の桂の木の下で様子を見る。そこに豊玉姫と玉依《たまより》姫が現れ、井戸の水面に映った尊に気付き、龍宮に招き入れてもてなし、3年の年月が過ぎた。国に帰ろうと尊が待つところに二人の姫が宝珠を持って現れ、海神も釣針を持って姿を見せると尊を送り届ける。

「海幸彦山幸彦」の伝説を脚色した作品。ワキの存在が極めて重要で、終始彦火々出見尊としての位を保ち存在感を示す。前場では舞台正面に井戸と桂の木の作り物が置かれ、井戸に映る尊の姿から、豊玉姫とのロマンスが始まる。前場の後半は龍宮で、3年間の時間経過をクセの謡によって聴かせる。後場は二人の姫による華麗な**天女ノ舞**と、後シテ海神による老体の神ならではの重厚感を持った**舞働**《まいばたらき》が舞われる。

典拠＝『古事記』『日本書紀』
場所＝龍宮

前シテ＝豊玉姫
後シテ＝海神の宮主
前ツレ＝玉依姫
後ツレ＝豊玉姫
後ツレ＝玉依姫
ワキ＝彦火々出見尊
アイ＝いたら貝の精

◆**用語解説**
天女ノ舞　99頁参照
舞働　337頁参照

【田村】

たむら――二番目物　■五流

清水寺の地主《じしゅ》の桜も花盛り。桜の木の下を清める童子は清水寺の来歴を語り、名所を教えるうち、音羽山に月が輝き桜花に映る景色は「春宵一《しゅんしょういっ》刻《こく》、値千金《あたいせんきん》、花に清香《せいきょう》、月に陰」という詩のとおり。童子は田村堂に消える。やがて坂上田村麻呂の霊が現れる。天皇の勅命《ちょくめい》をうけて清水寺に詣でてから伊勢国鈴鹿に住む鬼神《きじん》を討伐に向かい、当初は苦戦したが千手観音の助けを借りて、鬼神を残らず討ち果たしたのだった。

坂上田村麻呂が清水寺を建立したことは『今昔物語集』十一「田村将軍始建清水寺物語」などにも記載されている。前場《まえば》では美しい童子が春爛漫の桜花の下に現れ、清水寺の縁起を語るのみならず、寺からの眺めを次々と教えていく。音羽山《おとわやま》の月に照らされた絢爛たる景色は、蘇東坡《そとうば》の詩にあるとおり、まさに「春宵一刻、値千金」で、舞台上からわきあがる華やかで優美な風情が桜の花びらとともに観客席まで漂いそうだ。春爛漫を詩情

典拠＝『清水寺縁起』
場所＝京・清水寺
前シテ＝童子
後シテ＝坂上田村麻呂の霊
ワキ＝旅の僧
ワキツレ＝従僧
アイ＝清水寺門前の者

◆**補記**

坂上田村麻呂は源平時代より400年ほど昔、桓武天皇に軍事的才能を認められ、鈴鹿山の鬼を討伐したといわれる二代目の「征夷大将軍」で、江戸時代まで連綿と続く将軍職の元祖。〈田村〉は、後シテが武人の

扮装で形態上は修羅能といえるが、死後の修羅の苦患を見せるという内容ではなく祝言の味わいを持った作品なので、昔は「修羅の祝言」ともいわれた。

◆**用語解説**

カケリ　主人公が興奮状態で動きまわる様子を表現する、緩急に富んだ舞踊的所作の一つ。修羅道に堕ちた武士の戦いの苦悩や、物狂いが狂乱して路傍をさまよう姿、妄執を残して死んだ男の心理などを表現する。笛・小鼓・大鼓で伴奏し、テンポが途中で急激に変化することが特徴。

豊かに舞う童子の姿は、神の化身としての厳めしさより、地主の桜の精とでもいえそうな、ほのぼのとした心地よさを持っている。

後場《のちば》の軍《いくさ》語りは、前場とはうって変わって勇壮な合戦のありさまを躍動的なリズムで展開する。カケリという短い舞があるが、あくまでも颯爽として陰影がない。終曲では千手観音が敵を討ち滅ぼすさまを、文意に則した激しい型の連続で、鮮やかな舞台を見せてくれる。春らしさと気品と豪快さにあふれた作品。

【檀風】

だんぷう――五番目物 ■宝生・金剛

佐渡の奉行・本間三郎は、元弘《げんこう》の乱で流罪になった日野資朝《すけとも》を預かっていたが、鎌倉からの命令で斬刑《ざんけい》に処することとなる。資朝の子・梅若が帥《そち》の阿闍梨《あじゃり》に伴われて父に面会に来るが、資朝は面会を断り、梅若の目前で処刑される。帥の阿闍梨は資朝の死骸を丁重に供養する。梅若は本間を敵として討ち、阿闍梨とともに船着場に逃げて便船を乞うが、船頭は聞き入れずに船を出す。阿闍梨の祈りに熊野権現が出現して船を吹き戻したので、二人は無事脱出する。

前半では、資朝・本間を中心に親子の情や武士の情けなどの心理を対話中心に描く。後半は梅若の激情と、それに動かされる阿闍梨の心理と行動が描かれる。阿闍梨が中心となって活躍し、特に資朝の遺骸を供養する場面はワキ方の習事。ワキツレの本間も重要な役どころで、全体にワキ方が重い役割を担う。宝生流以外では資朝を前シテ、熊野権現を後シテとする。

典拠＝『太平記』
場所＝佐渡

シテ＝熊野権現
ツレ＝日野資朝
子方＝資朝の子・梅若
ワキ＝帥の阿闍梨
ワキツレ＝奉行の本間
ワキツレ＝船頭
アイ＝下人
アイ＝早打

◆補記
観世流では番外曲となっていたが、1985年10月、福王能楽鑑賞会で約百年ぶりに復曲試演された。

【竹生島】

ちくぶしま――脇能　■五流

臣下が琵琶湖畔で出会った老人と女の舟で竹生島に着くと、二人は臣下を弁才天の神前に案内し、弁才天について語って姿を消す。やがて神殿が鳴動し、弁才天が光輝く姿を現し、春の夜の月の光に袂《たもと》を輝かせて舞う。続いて琵琶湖の湖面が波立つと龍神が出現し、臣下に光輝く玉を捧げると、龍神の威力を見せて激しい舞を見せ、国土の守護を誓う。

主題は竹生島弁才天の縁起と霊験《れいけん》を示すことにある。日本の神の多くは自然崇拝的な神で、契約により人間に恩恵を与える神ではなく、本来は人間に驚異を与える存在という色彩がある。龍神ももとは荒れ狂う水の象徴だと考えれば、それが鎮められて人間を護る神になったということは、二重の意味でめでたいことと言える。

寺社の縁起や祝言性の意味が薄れた現代では、前場《まえば》での春ののどかな湖上の景色の展開と、後場《のちば》での美と豪快さの対比した舞の中に、自然の持つ

典拠＝『竹生島縁起』
場所＝近江・竹生島
前シテ＝老人
後シテ＝龍神
前ツレ＝浦の女
後ツレ＝弁才天
ワキ＝朝臣
ワキツレ＝従臣
アイ＝竹生島明神の社人

◆**補記**
弁才天はもともとインドの河川の神だったので、日本でも湖や海など水に関係する所に位置している。安芸の宮島、江ノ島、竹生島が日本三弁才天と言われている。

ひろがりやダイナミズムを感じることができるとともに、絢爛豪華なショー的色彩を堪能できる作品でもある。

前場のワキと舟上の老人たちとのやりとりは、湖上と湖畔の距離感を舞台に描き出し、湖上の風景や竹生島への到着へと進む中に、セットを用いない能の象徴的な空間を造形していく。後場では美しい弁才天の舞と、豪快な龍神の**舞働**《まいばたらき》とがみごとなコントラストを見せてくれる。

弁才天は龍神とともに重要な役割を演じているが、流儀によっては小書《こがき》で弁才天をシテ、龍神をツレにすることもある。

◆用語解説

舞働　〈竹生島〉などの龍神や〈船弁慶〉の後シテの知盛の亡霊や妖怪をはじめ、鬼神、天狗、畜類などが演じる所作で、力強さを表したり、相手に襲いかかる様子を表す。動きは舞というよりも所作だが、演奏される音楽は舞の定型的な旋律であるため、舞働という。

【調伏曾我】

ちょうぶくそが――四・五番目物　■宝生・金剛・喜多

源頼朝は家来を引き連れて箱根権現に参詣する。箱王（曾我五郎時致の幼名）は箱根権現の別当に頼朝の家来の名を一人ずつ尋ね、父の仇工藤祐経《すけつね》の顔を見知る。祐経は箱王を見つけて声をかけ、親の仇ではないと説得する。箱王は祐経を追おうとするが、別当は無理やり寺に連れ帰る。寺では護摩《ごま》壇《だん》を据え祐経の形代《かたしろ》（身代わりの人形）を置き、別当が大勢の従僧とともに祐経調伏の祈祷を行うと、祈りの声に応えて不動明王が現れ、祐経の形代の首を切って箱王の本望を達することを示す。

「曾我物」の作品の中でも、最も壮烈厳粛かつ怪異な内容で、前場《まえば》は箱王と祐経の対面の場を中心に緊張感あふれる対話劇の現在能、後場《のちば》は不動明王が出現する霊験《れいけん》能の形式で、前後に緊密な相互関係を持ちながら、局面の変化は別種の作品のよう。ワキがドラマの中心となって場面を展開させる。

典拠＝『曾我物語』
場所＝相模・箱根権現
前シテ＝工藤祐経
後シテ＝不動明王
前ツレ＝源頼朝
子方＝箱王
ワキ＝箱根権現の別当
ワキツレ＝大勢の従僧

◆補記

作者は宮増と考えられ、世阿弥系の詩劇とは正反対に、師弟の情愛や子方の健気さ、霊験による祝福などの筋立ての面白さと、平易な台詞劇としての性格を持った、大衆劇的な構成となっている。

【張良】

ちょうりょう——四・五番目物　■五流

漢の高祖《こうそ》の臣下張良は、夢の中で老人が沓《くつ》を落としたので履《は》かせると、5日目にここに来れば兵法の奥義を伝授する、と言われて目覚める。5日後に出向くと老人は遅参を咎《とが》め、さらに5日後に来いと言って消える。張良が今度は早暁に行くと、老人は馬に乗り黄石公《おうせきこう》と名乗り、履いていた沓を川へ落とす。張良は拾おうとするが激流に阻まれる。そこに龍神が現れて沓を取り上げると張良に渡す。張良は沓を黄石公に履かせると、黄石公は張良を褒め兵法の秘事を伝える。

　ワキ方の活躍する作品で事実上の主人公はワキ方だと言ってもおかしくない。技術的な難しさや秘伝が多いことなどから、シテ方の〈道成寺〉に匹敵する作品とも言われている。一番注目されるのは、後場《のちば》で黄石公の落とした沓を拾う場面。一畳台から飛び下りたワキは、ハネ足、流レ足、反返りなどの技術を駆使して、谷間の激流に沓を追う姿を見せる。

典拠＝『前漢書』『史記』
場所＝漢・下邳　土橋
前シテ＝老人
後シテ＝黄石公
ツレ＝龍神
前ワキ＝張良
後ワキ＝張良

◆補記

黄石公が沓を落とすところは、後見がシテの後ろから沓を投げる。沓の落ちた場所によってワキの動きが制約されるので、ワキにとっては毎回違った動きが要求される。

【土蜘蛛】

つちぐも――五番目物　■五流（宝生・金春〈土蜘〉）

病に伏せる源頼光《みなもとのらいこう》。侍女の胡蝶《こちょう》が薬を届けて励ますが思い沈むばかり。やがて夜が更け、頼光のもとに怪しげな僧が現れ、蜘蛛の糸を投げかけるが、頼光に切られて逃げ去る。頼光の部下の独武者《ひとりむしゃ》が血痕を見つけ、怪物の後を追って葛城山《かづらきやま》にたどり着く。すると岩陰の塚から土蜘蛛の精が現れて蜘蛛の糸を投げてさんざんに苦しめるが、格闘の末、退治される。

源頼光は、大江山の酒呑童子《しゅてんどうじ》退治などの武勇伝を持ち、家来に足柄山の金太郎改め坂田公時がいることでも有名な平安時代の勇敢な武将だ。この能でもはじめのうちは重病で気の弱いことばかり言っているが、これは胡蝶という女性に優しくしてもらいたくて大げさに言っていたのかもしれない。夜中に怪僧が現れると枕元の刀を取って立廻りを演じ、その勇敢さを示している。頼光の部下の独武者は、特に誰のことかわからない。頼光配下の勇猛な武将の一人だと考えられる。

典拠＝『平家物語』
場所＝京・源頼光邸　古塚
前シテ＝僧
後シテ＝土蜘蛛の精
ツレ＝源頼光
ツレ＝胡蝶
ワキ＝独武者
ワキツレ＝従者
アイ＝独武者の下人

◆**補記**

舞台を見ていると、何度も投げられる蜘蛛の糸の描く、美しい放物線に目を奪われてしまう。この糸は鉛を芯にして雁皮《がんぴ》紙という薄い和紙を巻いたものだ。昔は幅の広いテープのようなものを2、3本投げるだけの演出だったが、それでは迫力に欠けていたので、明治の初めに金剛唯一《ゆいいち》という役者が、現在のような華やかな「千筋の伝」を工夫した。室町時代からの伝統を持つ能だがいつも現代に生き、さまざまな演出の工夫をされて進化し続けていることも忘れないでほしい。

◆用語解説

源頼光　68頁参照

典拠となった『平家物語』剣の巻では、土蜘蛛の塚は京都の北野だとされており、今でも北野天満宮近くに伝承の塚が二ヶ所残っている。ところが能では、塚の在り処を大和の葛城山だとしている。

「土蜘蛛」とは昔からその土地に住んでいて、新しく支配者になった大和朝廷に服従しなかった人たちのことで、なかなか従わない古くからの民を土蜘蛛という化け物に見立てた、統制のための戦いを表現しているとも考えられる。

【土車】

つちぐるま――四番目物■観世・喜多

深草少将は妻と死別して絶望し、子を見捨てて出家して善光寺にやってくる。少将の家来小次郎は、残された少将の子を土車に乗せ少将を尋ね回り、善光寺へたどり着く。堂守は心乱れた小次郎をなぶり、小次郎は拒否しながらも悲しさのあまり狂乱する。少将は二人が自分の子と家来の小次郎だとわかるが、出家の身なので通り過ぎる。小次郎たちは阿弥陀如来の慈悲を願い川へ身を投げようとするが、思い返した少将と再会を果たす。

物狂いといえば、たいがいは情の深い女性のものと相場が決まっているが、〈土車〉は〈高野《こうや》物狂〉とともに、男の物狂いを主人公とした数少ない作品。歌舞音曲の要素をふんだんに取り入れた華やかさを併せ持った物狂いとは異なり、狂乱の様子は少なくクセも短くカケリなどの舞事もない。会話を中心として人情物的な味わいを見せる、世話物的作品。子供の乗った土車の作り物が印象的。

典拠＝未詳
場所＝信濃・善光寺
シテ＝小次郎
子方＝少将の子
ワキ＝深草少将
アイ＝堂守

◆**補記**
これといった典拠はみあたらない。当初独立していた謡物「善光寺ノ曲舞」が、まず古作の〈土車〉に用いられたが、やがて転用され〈柏崎〉のクセとなり、〈土車〉には別に現在の簡潔なクセが書かれたといわれている。

【経政】

つねまさ —— 二番目物 ■五流〈観世・金剛〈経正〉〉

仁和寺《にんなじ》（御室《おむろ》御所）に仕える僧都行慶《ぎょうけい》は、守覚《しゅかく》法親王から、一ノ谷の合戦で源氏に討たれた平経政の弔《とむら》いをするようにと命じられる。経政は琵琶の名手として法親王に寵愛され、「青山《せいざん》」という琵琶を預けられていたことがあるので、この琵琶を供え、管絃講《かげんこう》（楽器を用いた法要）を催して経政を回向《えこう》する。夜更けに経政の霊が現れ、手向けられた琵琶を弾き、袖を翻して夜遊の舞を舞い興じる。それもつかの間、修羅道の苦しみが訪れる。経政はあさましいわが身を見られることを恥じて、灯火《ともしび》を消そうと火に飛び入り、暗闇にまぎれて消える。

『平家物語』における経政の最期に対する記述は極端に少なく、戦いに対する妄執《もうしゅう》をあまり感じさせない。この作品は、勇壮な軍《いくさ》物語でもなく、悲惨な最期をとげた武士の修羅の苦しみでもない。時代の流れに押し流されていく非力な人間の、失われた夜遊への、そして法親王の情愛への断ち

典拠＝『平家物語』
場所＝京・仁和寺
シテ＝平経政の霊
ワキ＝行慶僧都

◆**補記**

桜の名所として有名な仁和寺は、宇多天皇の御世の888年に完成したので、年号をとって仁和寺と命名された。その後、宇多帝は出家して仁和寺最初の門跡となったので、人々はここを御室御所と呼ぶようになる。仁王門を入ってすぐ左側に御室御所がある。現在のものは明治・大正期に再建さ

れた比較的新しいものだが、白書院・黒書院・宸殿・霊明殿などが廊下でつながり、宸殿の前庭には右近の橘・左近の桜が植えられ、広々と白川砂が敷かれるといった、いにしえの皇子・皇族の住まいらしい格式を感じさせ、経政が幼少の頃、守覚法親王に仕え住んだ御殿の様子が偲ばれる。

◆用語解説

クセ　361頁参照

切れぬ妄執からこの世へ戻ってきた経政の情念を描いている。

白楽天の漢詩を引用した**クセ**の格調高い詞章にのせて、青山の琵琶を手に執心を満足させる至福の時を過ごした経政が、修羅道の世界で苦しむ自らの現実の残酷さに直面する。風雅な芸術志向のスタイリッシュな公達が隠したい、血生臭く醜い己の姿。耐え難い羞恥心のため、自分の姿を照らす灯火を消そうと火中に飛び込んでいく。

管絃講での至福が美しく充実しているほど、芸術生活への憧憬など微塵も許さぬ修羅道の現実とのギャップに苦しむ姿が鮮明になる。失われた生活への憧れと現実との狭間で苦しむ姿は、現代人にも通じるものがある。

【鶴】

つる——新作能 ■（喜多）

都の男が冬の紀伊国和歌の浦を訪れ、その景色のすばらしさに感動して古歌を口ずさむと、そこに里の女が現れて山部赤人の歌「和歌の浦に潮満ちくればかたをなみ芦辺をさして鶴鳴きわたる」をひいてこの歌の昔を語る。やがて女は鶴の姿となって、白い翼を広げて舞いながら、大空へ飛び立ってゆく。

中勘助の「つるの話」にヒントを得た喜多実が土岐《とき》善麿《ぜんまろ》に委嘱、作曲・作舞は喜多実（鶴の舞の部分の作曲は藤田大五郎を中心に幸円次郎、安福春雄、金春惣右衛門の囃子方が協力）。1959年に喜多能楽堂で喜多実のシテで初演された後、喜多流で現行曲に準じた形で上演を繰り返している。山部赤人の和歌をモチーフにして、この歌の詠まれたときの情景から鶴の生態を舞おうとしたもので、現行曲の〈鷺〉とは異なる型や、大小鼓による鳴き声の描写等に工夫が凝らされている。

典拠＝『万葉集』
場所＝紀伊・和歌の浦
シテ＝里の女
ツレ＝都から来た男

◆補記

この作品の中核とも言える鶴ノ舞は、盤渉調《ばんしきちょう》を基調として一部に太鼓が三拍子を打ち続けるなどの工夫がなされ、雪の中で白い袂を羽のごとく翻して舞う高潔な印象が素晴らしい。

【鶴亀】

つるかめ——脇能　■五流

　中国の王宮で新春の儀式が行われている。皇帝が月宮殿に入り玉座に着き、臣下たちから新年の祝賀を受ける。宮殿のありさまは、金銀珠玉に飾られてまばゆく輝き、まるで仙境さながら。毎年の嘉例で、宮殿の池のみぎわで鶴と亀が帝の長寿を祈って舞を捧げる。皇帝も大いに喜び、自身も袖をひるがえして舞う。臣下たちが舞にあわせて霓裳《げいしょう》羽衣《うい》という曲を演奏すると、皇帝は国土繁栄を喜ぶ。

　脇能では、通常シテは神体で、前シテは老人等の仮の姿、後シテで本体を現し、寿ぐといったパターンが一般的となっている。しかしこの〈鶴亀〉は、構成面でかなり異色の作品である。神でなく皇帝という現実の人間がシテであることや、中入りのない一場物であることなど、他の脇能とは異なった趣を持っている。

　冒頭で狂言方が出て常座で名乗る狂言口開《くちあけ》で始まることや、唐土《もろこし》を舞台

典拠＝未詳
場所＝中国・玄宗皇帝の宮殿
シテ＝皇帝
ツレ＝鶴
ツレ＝亀
ワキ＝大臣
ワキツレ＝従臣
アイ＝官人

◆補記
曲中に出てくる霓裳羽衣という音楽は、もとは西域から伝わった曲に玄宗皇帝が手を加えたものといわれる。一方、玄宗皇帝が道士に伴われて月宮に上り、月世界

に、神仙が現れて帝王に捧げ物などをし、聖代を祝して舞うなどの形式が、猿楽能に先行する延年大風流《えんねんだいふうりゅう》（法会の後に僧徒が演じた芸能の一つ）に類似している点から見ても、能の中でも最も古い形式のようにも思われる。

舞台中央奥には**一畳台**が置かれ、その上に**引立大宮**《ひったておおみや》という簡素な作り物を組んでおく。これが月にある宮殿をイメージしたという皇帝の豪奢な宮殿である「月宮殿」を表す。この作り物を背景に、豪華な装束のワキ・ワキツレが控え、鶴亀と皇帝の舞を見せ、華やかさを演出する。鶴と亀は子方が演じることが多いが、ツレの場合は鶴は小面《こおもて》などの若い女性、亀は邯《かん》鄲男《たんおとこ》などの若い男性の面をつけ、鶴と亀をかたどった立テ物をつけた輪《わ》冠《かんむり》を頭に戴く。

の天女の演奏する舞曲を聞いて下界に帰ってから作ったという伝説もあり、こちらの方がロマンチックな印象を与えてくれる。

◆用語解説

一畳台　105頁参照

引立大宮　一畳台の上に立てられた、一畳台と同じ大きさの宮の作り物。玉座として帝王の身分を表現する。

【定家】

ていか――三番目物 ■ 五流

旅の僧の前に現れた女は、藤原定家卿の建てた時雨亭《しぐれのちん》や式子《しょくし》内親王の墓、墓石に這いまとっている定家葛《かづら》を教え、内親王と定家卿の忍ぶ恋と、内親王の死後その墓にからみつく定家葛の物語を話し、姿を消す。僧が法華経を読誦《どくじゅ》すると、墓から内親王の霊が現れ、経の功徳によって定家葛が解けて自由の身になったと喜び、報恩のために舞を舞うが、姿の醜さを恥じて墓に戻ると、葛に被《おお》い隠されて埋もれるように消える。

前場《まえば》で登場する女は中入り前に作り物の塚（墓石）に姿を焼きつけるような型があり、塚の中に溶け込んでいくような印象を与える。

後場《のちば》は沈痛な謡《うたい》の中にやつれはてた内親王の姿が現れる。男の執心に苦しめられるとはいえ、主題を内親王の内面に集中することによって執心物とは一線を画し、優美華麗に流れることもなく、独特の世界を作り上げている。後シテの面も、高貴な宮廷女性が深く思いに耐えている印象を与え

典拠＝未詳
場所＝京・千本松原辺
前シテ＝女
後シテ＝式子内親王の霊
ワキ＝旅の僧
ワキツレ＝従僧
アイ＝都千本辺の者

◆補記
金春禅竹作といわれるこの作品は〈楊貴妃〉〈大原御幸〉とともに「三婦人」と呼ばれる。ともに主人公が高貴な身分の女性だからだろう。

◆用語解説
序ノ舞　364頁参照

る泥眼《でいがん》や、定家の怨念にまとわりつかれた苦悩を表す痩女《やせおんな》など、流儀や演出によって変わる。そこには、凄惨《せいさん》なドラマが展開されるが、シテが舞うのは序ノ舞なので、物静かな女の能の美しさを失ってはならない。そして舞の後には、妄執《もうしゅう》の地獄絵を見せるかのごとき迫力あふれる型所が展開してゆき、葛に閉じ込められてしまったような息苦しさを与えて終わる。品格の高い女の能でありながら、内面の執心の苦悩をあますところなく表現した名作である。

式子内親王は後白河法皇の第三皇女で、賀茂の斎院となり、病のため退下し、晩年出家したと伝えられている。藤原俊成に和歌の指導を受け、『新古今和歌集』を中心に多くの和歌を残している。内親王は定家より10歳以上年上だったので、この能に取り上げられているように、二人の間に恋愛関係があったのか確かな証拠はない。しかし定家が内親王の身近な存在だったことは確かなようで、二人の和歌からその背景に恋愛物語を想像した能作者の感覚は、優れたものと言えるだろう。

【天鼓】

てんこ――四番目物 ■五流

天から降った不思議な鼓《つづみ》を大切にしていた天鼓という少年は、鼓を差し出せという帝の命令に逆らって山中に逃げたが、つかまって呂水《ろすい》に沈められ殺される。しかしそれ以来、鼓は誰が打っても鳴らないので、天鼓の老父王伯《おうはく》が呼ばれる。王伯が打つと鼓は妙音を発して鳴り響くので帝も心を打たれ、王伯に宝を与え、天鼓の霊を管絃講《かげんこう》で回向《えこう》するとのおぼしめしを与える。呂水のほとりに鼓を据えて弔うと、天鼓の霊が現れて歓喜の舞を舞う。

この作品の主人公、少年でもあり鼓でもある「天鼓」が象徴するのは、時の権力者にも自由にならない芸術なのかもしれない。権力は鼓を内裏に奪い取ることはできても、その鼓を鳴らすことはできない。結局その鼓を響かせることができたのは、少年を失って深い悲しみに沈んでいた父親だったのだ。

典拠＝未詳
場所＝中国・阿房宮
　呂水畔
前シテ＝王伯
後シテ＝天鼓
ワキ＝勅使
アイ＝官人

◆**補記**

権力に屈せぬ芸術と父子の情愛とをテーマにしたこの作品が、将軍に冷遇され、愛児十郎元雅を不遇のうちに失った晩年の世阿弥の作であるとの説は心情的にはおもしろいものの、実際にはあまり信頼できるものではない。

◆用語解説

楽　唐人や、悪尉の面をつけた老人の神、舞楽（雅楽）を舞う楽人、天仙などが舞う舞。舞楽を模したリズミカルな舞だが、実際には舞楽とは全く似ていない。笛・小鼓・大鼓で演奏され、作品や小書（特殊演出）によって太鼓が入る場合がある。独特のメロディーと、だんだんと速まるテンポが特徴。舞の随所で足拍子を多用する。

前場《まえば》では、最愛の我が子を失った父の、痛ましいまでの悲しみが描かれる。悲痛な感情の昂《たかぶ》りを抑えきった淡々とした描写で舞台は進んでいく。その冷めきった老父の心に、一点の火が灯る。誰一人として鳴らすことのできなかった鼓、亡き子の形見ともいうべき鼓が、妙なる音で鳴り響くのだ。その音は、今は亡き子と老父との、唯一の心の接点である。失った子との心の交流を得た父の、深い満足感を伴った喜びがそこにある。

後場《のちば》では、楽《がく》を中心に、鼓と戯れ遊ぶ少年の喜びに溢れた姿が表現される。舞踊的要素が強く、音楽劇としての楽しさを堪能させてくれる。

【藤永】

とうえい――四番目物 ■宝生・金春・金剛・喜多（宝生・金剛〈藤栄〉）

最明寺（北条）入道時頼が摂津国芦屋の里で宿を借りた少年月若から、父の死後、叔父の藤永に領地を横領されて零落したことを聞く。浦遊びに出た藤永は鳴尾との酒宴の余興に舞を舞い、さらに船の縁起を舞ったりしていると顔を隠した僧が現れ、さらに舞を所望する。藤永が八撥《やつばち》羯鼓《かっこ》とみせかけて僧に詰め寄ると、時頼は正体を明かし、月若に所領を返させ藤永の罪も許す。

横領されていた領地を取り戻すまでを、対話を中心にした現在進行形でドラマチックに描く。〈鉢木《はちのき》〉と類似しているが、被害者を孤児にすることで哀れさを強調している。後半では悪役の藤永をシテとして颯爽とした男舞や舟の曲舞《くせまい》、羯鼓《かっこ》と多彩な舞で観客の目を楽しませる。舟の起源を舞うクセと羯鼓は〈自然居士《じねんこじ》〉と同様だが、用いられ方は正反対。芸づくしを堪能させてくれる。

典拠＝未詳
場所＝摂津・芦屋の里
シテ＝藤永
ツレ＝鳴尾
子方＝月若
ワキ＝最明寺入道時頼
アイ＝下人

◆**補記**

最明寺時頼は元寇を迎え撃った北条時宗の父。鎌倉幕府の執権として北条氏の権力の座を固め、出家して後も政治の実権を握り続けた。時頼の諸国行脚の物語は『増鏡』巻十一や『太平記』巻三十五などに見える。

【東岸居士】

とうがんこじ――四番目物　■観世・宝生・金剛。喜多

清水寺門前の男から、東岸居士が説教の後に面白く舞うと聞いた旅人は、居士に声をかけ説教の様子を尋ねる。「柳は緑、花は紅」といった春の自然の姿を語るだけだと答えた居士は、さらに人々が彼岸へ渡れるように橋のための寄付を勧めているのだと答える。旅人の所望に応え居士は仏法にことよせて舞い、さらに羯鼓《かっこ》を打ちながら軽やかに舞う。

「居士」とは喝食僧《かつじきそう》といって、諸国を巡り遊芸をしながら民衆の中に入って布教する青年僧のことを指している。喝食姿の主人公による能には〈自然《じねん》居士〉〈花月《かげつ》〉などがあるが、それらに比べると〈東岸居士〉は、ストーリー的な展開は希薄だ。逆に芸づくしが仏教との深い結びつきを見せる。次第、一セイ、中ノ舞、クリ、サシ、クセと続く本格的構成の曲舞《くせまい》では、難解な詞章が続くが、苦しみから仏教によって救われるという内容を感じとることができる。

典拠＝未詳
場所＝京・清水寺
シテ＝東岸居士
ワキ＝旅人
アイ＝清水寺門前の男

◆補記
勧進は単に公共事業のためではなく、道は極楽に通じ橋は彼岸に至るといった仏教的な意義のある行いであり、衆生を救うため少額でも多くの人々から寄付を求めることが有意義だと考えられていた。

【当願暮頭】

とうがんぼとう――復曲能

讃岐国の志度寺《しどじ》で法華供養を行う日。兄弟の猟師のうち兄の暮頭は殺生の罪から逃れるため法会に加わるが、弟の当願は狩場へ赴く。法要が始まり、美しい声明《しょうみょう》の響きが生み出す法悦境のなか、暮頭は絶ち切れぬ殺生への執心と仏法の相克の中、瞋恚《しんい》の炎が身を焦がし、ついに毒蛇に変身して万濃の池に入る。僧が祈ると蛇体となった暮頭が現れ、弟の当願に自らの眼を宝珠として与え波間に沈む。

『讃岐国志度寺縁起』の中の「当願暮頭之縁起」に拠る作品。猟師の家に生まれた宿命と殺生の罪との相克は、旧来の生活意識と新しい精神文化としての仏教的戒律との葛藤として現れ、暮頭は蛇体へと変身する。仏法でも兄弟愛でも解決できないドラマ。その根源的な問題は生活そのものにある。そして、蛇体の兄が弟に残した宝珠こそ、弟に経済力を与え兄が辿った原罪の泥沼に弟を落とさぬための唯一の答え。皮肉な結末とも言える。

典拠＝『讃岐国志度寺縁起』
場所＝讃岐・志度寺
前シテ＝暮頭
後シテ＝暮頭
ツレ＝当願
ワキ＝僧

◆**補記**
1991年の復曲では、曲趣を生かすために「法華八講」の中でも最も華麗な五ノ座・法華讃嘆を法会の場に設定し、声明や行道、散華などの様式を舞台に取り入れた。別に1997年に原作に依拠した復曲も試みられた。

【道成寺】

どうじょうじ――四・五番目物　■五流

道成寺の釣鐘《つりがね》が再興された。住職は女性の立ち入りを禁止するが、白拍子《しらびょうし》が鐘を拝みたいと頼むので、能力《のうりき》は舞を見せるならと境内に入れる。女は舞いながら隙を見て鐘に近づくと、鐘は落下し、女はその中に消える。住職は、昔、女が男を追ってこの寺に到り、大蛇となって男が隠れた鐘に巻きつくと、鐘は溶けて男は死んだという話を語る。住職が祈リを行うと、鐘の中から鬼女が現れ挑みかかるが、祈祷の力に負けて逃げ去る。

前場《まえば》の白拍子が舞う「乱拍子《らんびょうし》」は、能の静止が単なる静止ではなく、いかに力と技術に裏付けられたものかを端的に示す例といえる。小鼓《こつづみ》の打音と鋭い掛け声が印象的。シテと小鼓の息の計りあいが緊張感を増す。象徴的舞台を誇る能の中で最大ともいえる鐘の作り物は、役者の演技とタイミングをあわせて落下し、また上がる。鐘を操作する鐘後見《かねこうけん》も重要な役割だ。

典拠＝『道成寺縁起』
場所＝紀伊・道成寺
前シテ＝白拍子
後シテ＝鬼女
ワキ＝道成寺の住職
ワキツレ＝従僧
アイ＝能力

◆用語解説

白拍子　300頁参照

祈リ　山伏や僧が悪霊や鬼と争い、法力で祈り伏せるまでの闘争の経過を表す演技、及びその場面で演奏される囃子。シテとワキとが向き合い、ワキが数珠を揉んで迫ると、シテがワキを打ち払おうとする。笛・小鼓・大鼓・太鼓によって演奏され、太鼓は祈リ地という特殊なリズムパターンを打ちつづけるのが特徴。

能のドラマを形成していく中でワキの存在は欠かせない。ワキの住職の語りは、技術に流れがちな作品の印象を、ドラマに引き寄せる役割を持っている。この曲の住職の語りは〈隅田川〉の船頭の語りとともに、ワキの語りの聞きどころ。後場《のちば》の鬼女と住職の凄絶な戦いは、女の執念を強く表現する。語りは登場人物の一人が過去の物語を相手に述べるものだが、シテの語りが言葉から始まって途中から謡に移行していくのに対し、ワキの語りは全体を言葉による様式で表現する。

見どころが多く、技術的にも難易度が高いので、ともすれば技術一辺倒の作品という印象を与え、乱拍子や鐘入りの良否のみが問題とされがちな傾向がある。しかし〈道成寺〉は、まぎれもなく優れたドラマであり、女の恋の執心を扱った能の中でも灼熱度が高く、エネルギー感の強いものだ。

【唐船】

とうせん――四番目物 ■五流

唐人の祖慶官人《そけいかんにん》は、13年前の船争いの折に捕らえられ、箱崎の某《なにがし》の下で日本人の妻と二人の子を持っている。そこへ、祖慶官人が唐土に残した二人の子が日本へ渡り来て、父を連れ帰りたいと願い出る。箱崎の某は唐子の孝心に免じ祖慶官人の帰国を許すが、日本子が引き留める。進退極まった官人が死のうとするので、箱崎の某は親子五人で揃っての乗船を許し、感泣した官人は船上で舞を舞う。

あきらめに徹し、今の状態を受け入れている祖慶官人の生活に投げ込まれた唐船の渡来の波紋が、平穏な生活を揺さぶり動かし、劇的葛藤を引き起こす。一方での喜びが一方での悲劇を招くという状態で、唐子と日本子との間にはさまれた祖慶官人の苦悩が、実際に唐子と日本子とに両方の手をとられて進退極まるまでに具体化され、観客も感情移入して、共に悩んでしまう。あわせて四人の子方が出て板挟みの演出効果を上げる。

典拠＝未詳
場所＝船中
シテ＝祖慶官人
子方＝日本子二人
子方＝唐土子二人
ワキ＝箱崎の某
アイ＝太刀持ち船頭

◆**補記**

最後の場面では、狭い船の作り物の中で、しかも父子五人が乗った舳先で楽を舞う。よほど足運びを小さくしなければならないが、歓喜を表す舞なのでコセコセしてはおかしい。演者にとっては至難の業。

【東方朔】

とうぼうさく――脇能　■観世・金春

漢の武帝が七夕の星祭りをしていると、老人が参内し、「さきごろ御殿の上を青い鳥が飛び回るのは、西王母《せいおうぼ》が三千年に一度実る桃を帝に献上する前兆だ」と語り、桃の実が不老不死の薬であること、自分は東方朔という仙人だと明かして消える。やがて東方朔が老体の姿を現し西王母を招くと、西王母は帝に桃の実を献上し、東方朔と西王母は揃って舞を舞い（楽《がく》）、日が西に傾くと消え去る。

『奥義抄《おうぎしょう》』や『唐物語』を典拠に金春禅鳳《ぜんぽう》が作った脇能。中国種の神仙思想に基づくエキゾチックな作品で、作り物の効果的な使用、きらびやかな扮装の登場人物たち、ワキの真ノ来序での登場、後ツレ西王母の下《さが》リ端《は》による登場（地謡の間に登場する演出もある）、男女二体の神仙による楽の相舞《あいまい》（初段のみ相舞し、あとはシテ一人で舞う演出もある）など、見て面白く、聴いて楽しいという作風が遺憾なく発揮されている。

典拠＝『奥義抄』『唐物語』
場所＝漢・宮廷
前シテ＝老人
後シテ＝東方朔
前ツレ＝里人
後ツレ＝西王母
ワキ＝漢の武帝
アイ＝官人

◆補記

金春禅鳳は金春禅竹の孫。同時代の観世小次郎信光のショー的、スペクタクル的作品への対抗意識もあってか、素材、構想、演出形態などに新しい趣向を盛り込んだ意欲的な作品を残している。

【東北】

とうぼく――三番目物 ■ 五流

京の東北院《とうぼくいん》の梅は今が盛り。僧の前に現れた女は、和泉式部がこの梅を植えて「軒端《のきば》の梅」と名付け春ごとに眺めていたと教えると、自分はこの梅の主人だと告げて消える。

夜更けに現れた和泉式部の亡霊は、御堂関白（道長）の読経《どきょう》を聞いて「門の外、法《のり》の車の音聞けば、われも火宅《かたく》を出でにけるかな」の和歌のとおり**火宅**を出て成仏し、和歌の功徳で歌舞の菩薩となったと語り舞うと、色香に染まる昔を思い出し、やがて姿を消す。

クセは歌舞の菩薩となった和泉式部による霊地・東北院の叙景。抽象的な型の積み重ねで幽玄の情趣を醸し出す。それが**序ノ舞**で最高潮に達する。こうして見ると仏教的かつ清楚な印象に見えるが、この作品の主題は終わりの部分にある。和泉式部は紫式部、清少納言とともに王朝の三才女と言われるが、男性遍歴も華やかでスキャンダルの種も多かった。

典拠＝未詳
場所＝京・東北院
前シテ＝都の女
後シテ＝和泉式部の霊
ワキ＝旅の僧
ワキツレ＝従僧
アイ＝東北院門前の者

◆**補記**
史実では、和泉式部が上東門院（一条天皇の中宮彰子、藤原道長の娘）に仕えたことは確かなようだが、御所の庭に梅を植えたという話は伝わっておらず、この部分は作者の自由な発想によるものと考えられる。

そうした和泉式部像を念頭に置くと、和泉式部か、梅の精か、歌舞の菩薩か、イメージの混沌とした重層の中にあるのは、単なる清楚な雰囲気だけではない。春の夜の闇に漂う梅の花の香りに触発されるようにして「色に染む」昔を思い出すシテ。色恋に情熱的だった和泉式部の隠しても隠しきれない思いと、にもかかわらず火宅を出て成仏するばかりか、歌舞の菩薩になったという、皮肉とも思えるほどの混然とした融合関係が描かれている。いったんは生前の現実世界を偲ぶ心を持ちながら、そこから超脱するところが、この作品を気品高いものとしている。

この作品は、古くは〈軒端の梅〉とも言われ、作者は世阿弥といわれていたが確証はなく、世阿弥らしからぬところもあって、現在は不明とされている。三番目物の中でも祝言性の高いめでたいものとされ、江戸幕府の正月の謡初《うたいぞ》めの際には、〈老松《おいまつ》〉〈高砂《たかさご》〉とともに謡われていたとのことだ。

◆**用語解説**

火宅　苦悩の多い現世を例えていう言葉。仏典の法華経・譬喩品にある言葉で、衆生の生死流転する迷いの世界である三界（欲界・色界・無色界）を、火災にかかった家に例えたもの。〈野宮〉では、そこからの脱出を「火宅の門を出る」と言い、成仏を意味する。また、〈求塚〉では、具体的に火に包まれて苦しめられている住まい、という意味を持っている。

クセ　361頁参照

序ノ舞　364頁参照

【道明寺】

どうみょうじ——脇能　■観世・金剛

僧が河内国土師《はじ》の里・道明寺に、木の実を求めてやってくると、宮人を連れた老人が現れ、木槵樹《もくげんじゅ》に案内し、菅公の配流された時の事などを語ると、自分は天神の使いの白大夫の神であると言って消える。僧の夢に天女が現れ美しく舞うと、白大夫神も笏拍子を打ち舞楽を舞う。白大夫神は木槵樹の実を僧に与え、消え去る。

脇能のワキはたいがい臣下等だが、〈道明寺〉では神社に僧の姿でやってくるという非常に珍しいもの。これは神仏同一体、本地垂迹《ほんじすいじゃく》の思想による。宗教離れした現代人には神の存在が昔ほど身近でないため、興味は後場の舞踊的要素の部分に向かってしまう。後ツレの**天女ノ舞**と、白大夫神の舞う**楽**《がく》が中心となる。楽は舞楽を模した舞で、多くは異邦人が舞うことや場面が中国の時に演じられるが、ここでは舞楽を奏す役を荷うために舞われている。

典拠＝未詳
場所＝河内・道明寺
前シテ＝老人
後シテ＝白大夫神
前ツレ＝宮人
後ツレ＝天女
ワキ＝僧
ワキツレ＝従僧

◆用語解説

天女ノ舞　99頁参照
楽　251頁参照

【融】

とおる——五番目物　■五流

典拠＝『古今和歌集』『今昔物語集』
場所＝京・六条河原院
前シテ＝潮汲みの老人
後シテ＝融大臣（源融）の霊
ワキ＝旅の僧
アイ＝都六条辺の者

◆補記

〈融〉は**『申楽談儀』**に〈塩釜〉の名で見える世阿弥作の能。同じく『申楽談儀』で観阿弥が所演したと記録される鬼の能「融大臣の能」とも関連があるといわれている。

僧の前に潮汲みの老人が現れ、六条河原院のいわれを語る。嵯峨天皇の時代、融大臣《とおるのおとど》は陸奥の千賀の塩釜をここに再現し、難波から毎日潮を運ばせ、塩を焼いて慰めとしたが、融大臣の死後は荒れはてていた。老人は昔を恋い慕って嘆く。僧に問われ、老人は周囲の名所を教えた後、田子《たご》を担い、汀《みぎわ》に出て潮を汲むと姿を消す。

僧の夢に融大臣が貴公子の姿で現れ、愛着の深い河原の院で名月に照らされながら舞を舞うが、やがて夜明けとともに消え去る。

この能は前場《まえば》の名所教えや潮汲みの姿、後場《のちば》の早舞《はやまい》と見どころが多く表現の豊かな作品だが、その奥には優れた美学が息づいている。廃墟からかつての豪奢なありさまを振り返るという、失われたものへの憧れ。時の流れが人間の営みを呑み込むとき、人はそれにはむかうこともできずに、ただ無常を感じるしかない。しかし月は今日も廃墟を照らし、その透き通った光は永遠の象徴のようだ。世阿弥がこの作品に託したのは、二度と取り戻せない滅びの美学だ。前シテに時の流れの無常を語らせ、後シテに月光を象徴した永遠を語らせることで、一個人の感情を越えた、不思議に透明度の高い感動を与える。

　融大臣の贅を尽くした生活の優雅さ、花鳥風月を愛でる美しさは、現代の私たちの余裕のない生活からは考えられない。しかも、単にそうした雅びさを見せるだけでなく、その美しさが失われてしまったところから、能はみごとな世界を展開していく。「名残《なごり》惜《お》しの面影《おもかげ》」という余韻を十分に味わいたい。

◆用語解説

融大臣　『源氏物語』の光源氏のモデルだとも言われる人物。嵯峨天皇の第八皇子だが、政治の実権は藤原基経が握り、融は源の姓を賜って臣籍に列せられ、政治的権勢や社会的身分上は本人の志と異なり不遇な立場にいた。融は現実からの逃避か、河原院での桁はずれな風流生活へと耽溺する。融の死後、河原院は宇多上皇に献上されるが、融の幽魂は河原院を去らず、上皇が叱ったとの挿話が『今昔物語集』に見られる。

早舞　218頁参照

『申楽談儀』　162頁参照

【木賊】

とくさ——四番目物 ■ 五流

都の僧が別れた父を探し求める松若を伴い、信濃の園原山《そのはら》に着くと、老人が男たちと木賊を刈っているところに出会う。僧が老人に伏屋《ふせや》の森の箒木《ははき》《ぎ》について尋ねると、老人は説明し、僧たちを自分の家に案内する。老人は幼くして連れ去られた息子が謡・舞が好きだったと語り、悲しみを訴えて幼な子の衣装をまとって舞い（序ノ舞）、泣き伏す。この老人が我が父だと知った松若は名乗り出て対面を果たす。

『新古今和歌集』坂上是則《これのり》の歌「園原や伏屋に生ふる箒木の、ありとは見えて逢はぬ君かな」を背景に、伏屋の森を教え箒木に案内し伏屋を布施屋（休息・宿泊施設）として自らの家に導く流れが自然に進む。流儀によって装束は変わるが、我が子の小さな衣装を着て老人が序ノ舞を舞うという趣向は特異なもので、老女ものに準ずる重い取り扱いがされている。作者ははっきりしないが世阿弥とも考えられる。

典拠＝『新古今和歌集』
場所＝信濃・園原山

シテ＝老人
ツレ＝男たち
子方＝松若
ワキ＝都の僧
ワキツレ＝従僧

◆補記

木賊は常緑性の多年草で、和名を砥草という。ケイ酸塩を含んだ茎が物を磨くのに使われ砥石の代用となることからの命名らしい。乾燥した鮫の皮や椋の葉とともに活用されていた。

【知章】

ともあきら――二番目物 ■観世・金春・金剛・喜多

旅の僧が須磨の浦で里の男から平知章が討死したと聞く。僧の問いに男は、知盛が名馬を泳がせ沖の御座船まで辿り着いたことを語り、姿を消す。読経《どきょう》する僧の前に知章の亡霊が若武者姿で現れ、最期の様子を語る。知章が討死する間に船にたどりついた知盛は、わが子が討たれるのを見捨てて逃げてきたことを悔やむ。一方知章は、奮闘の末に討たれたありさまを語って消える。

『平家物語』巻九知章最期の知章に関する記述は余りにも短いためか、前場《まえば》では、知盛と愛馬のことを語り、後場《のちば》も知章を見捨てて逃げた知盛の述懐が中心。16歳の美少年が立ったまま首を討たれるという非情で凄惨な知章の奮闘討死はごく簡潔に扱われている。知章討死の純情以上に父知盛の苦悩と合戦の無残に焦点があてられ、勇将知盛ですら戦争という異常な環境、生死をかけた極限の中で、屈折せざるをえない心理が描かれる。

典拠＝『平家物語』
場所＝摂津・須磨の浦
前シテ＝里の男
後シテ＝知章の亡霊
ワキ＝旅の僧
アイ＝須磨の浦人

◆**補記**

知章は新中納言知盛の嫡子で、若くして武蔵守に任ぜられた。寿永3年2月、一ノ谷の合戦で平家は忠度、経正、通盛、敦盛など多くの武将を失ったが、知章もその一人で、敦盛と知章は共に16歳だった。

【巴】

ともえ――二番目物　■五流

木曾の僧が粟津原《あわつのはら》に来ると、里女が同郷の義仲の霊を弔《とむら》うように勧めて消え去る。読《ど》経《きょう》する僧の前に、巴御前の亡霊が現れ、粟津原の合戦について語る。敗北した義仲は自害を決意する。巴も一緒に死のうとするが、義仲から形見を木曾に届けるようにと託される。攻め寄せる敵。巴は奮戦して敵を撃退するが、戻ったときにはすでに義仲は自害していた。巴は義仲の死骸と別れを惜しみつつ、姿を変えて一人木曾へと落ちのびる。

修羅能の中で唯一女性を主人公にした作品だが、巴をただ美しく力強いだけの女ではなく、哀れさを持つ悲劇のヒロインとして描いている。自分が死んだ場所ではなく、義仲が自害した場所に現れる巴の亡霊は、愛する男が最期を迎えた土地から離れられぬ女の心を象徴している。ずっと行動を共にしていながら、最期の場面で「おまえは女だから」と言われてしまい、一緒に死ねなかったための執心が成仏できない女の、男に対する深い

典拠＝『平家物語』
場所＝近江・粟津原
前シテ＝里女
後シテ＝巴御前の霊
ワキ＝旅の僧
ワキツレ＝従僧
アイ＝粟津の里人

◆補記

巴は平安末期から鎌倉初期にかけて生存したと思われるが、生没年は不詳。義仲の乳父中原兼遠の娘で、木曾四天王といわれた樋口兼光、今井兼平兄弟の妹にあたる。巴は木曾義仲の正妻ではなかったから、御前とい

恋慕の情。

前場《まえば》の秋の夕暮れの僧とのやりとり。名乗らずに消えていく女のせつないほどの無言の訴えは、短い場面ではあるが、さびさびとした情緒を感じさせる。

後場《のちば》では鮮やかな長刀《なぎなた》さばきが見せ場のようだが、実は勇壮さの裏にある女の哀愁を深く描く。終末で武具を脱ぎ捨てて義仲の形見を胸に落ちのびてゆく巴の姿に、やるかたのない怒りと悲しみとが感じられる。戦乱の世が個人の感情を押しつぶしてしまったことへの女の側からの告発として、深い哀愁の味わいを持つ。

う呼称は正しくない。義仲に従って参戦するが、義仲が敗死すると信濃に帰ったという。後日の巴については、『源平盛衰記』に、源頼朝に召喚されて鎌倉に上り、斬首されるところを和田義盛によって救われその妻となり、朝比奈三郎義秀を生んだといわれる。晩年は出家し、91歳まで生きたというから、当時の女性の人生の流転を体現したかのような一生だったようだ。

【朝長】

ともなが――二番目物　■五流

典拠＝『平治物語』
場所＝美濃・青墓の宿
前シテ＝青墓の宿の長者
後シテ＝源朝長の霊
ツレ＝侍女
トモ＝供人
ワキ＝旅の僧
ワキツレ＝従僧
アイ＝青墓の宿の者

◆補記

〈実盛〉〈頼政〉とともに「三修羅」と呼ばれる。どれも修羅能の典型からはみだした特異な作品だが、他の二作が老武者の修羅であり、長い人生を見つくした結果

青墓《あおはか》の宿の長者は僧に問われ、平治の乱に敗れた源義朝の軍勢が都を落ちてゆく途中、朝長は膝頭を射られ動けなくなったので、敵の雑兵の手にかかるよりはと考え、自害したと語る。僧が、朝長が生前尊んでいた観音懺法《せんぼう》で弔《とむら》うと、朝長の亡霊が現れ、保元平治の乱での源氏の敗戦の模様や自害の様子を詳しく語り、回向《えこう》を頼んで消える。

前後のシテの人格が全く別人なのは修羅能では特異。前シテの青墓の宿の長者は、朝長の最期を、戦の無残さをじっと見つめながらも、母性的な温かさと悲しみを持った目によって受け止めている。そして僧に向かって朝長の最期を美化したかたちで語るのだ。この語りは劇的緊張感にあふれ、前場《まえば》のクライマックスであり、後に姿を現す朝長のイメージの悲劇性や痛ましさを決定付けている。

後場《のちば》に現れる朝長の亡霊は、他の修羅の人々のように死後に語られる功

の死後の位置づけといった妄執が主題にあるのに対し、〈朝長〉は内向する怨めしさや悔しさが深い色あいをなしている。『平治物語』を原典としながらも、朝長の死以外は共通点がないほど創造されている。

◆**用語解説**

懺法 〈朝長〉の小書。もともとは天台宗における観音懺法という法会の形式を模して作られた後シテの登場の際に奏される音楽で、太鼓が特に低い音を出すため、皮を伸ばしきって使用する。終演後、太鼓方だけが揚幕の前に出て普通の調子で打ち、懺法の調子が特別だと知らせる。

名もなく、16の春といっても敦盛や経政などの平家の公達のような華やいだ滅びの美学があるわけでもない。義朝の次男として生まれながら、戦乱の状況の中では、優しすぎて使いものにならないというのが義朝の評価だった。『平治物語』によれば、朝長は自殺したのではなく義朝に殺されたとする。

ひたすら暗く重く無残な青春がズブズブと沈んでいく孤独な修羅の世界をみごとに描いた「内面の劇」と言うべき名作だ。

【鳥追舟】

とりおいぶね――四番目物 ■ 五流〈宝生〈鳥追〉〉

日暮殿《ひぐらしどの》は訴訟のため十年余り在京していた間、家臣の左近尉《さこのじょう》が北の方と子の花若を預かって留守を守っている。左近尉は花若に田を荒らす鳥を追わせようとする。花若の母は反対するが、十数年にわたって養われたことを指摘され、母子二人して鳥を追う。日暮殿が帰国すると、懐かしい鳥追舟がやってくるが、そこには左近尉が妻や子を乗せ、鳥を追わせている。怒った日暮殿が左近尉を斬ろうとすると、妻が10年以上も留守にした夫の罪をあげてとりなし、左近尉を許す。

訴訟のため十数年も留守にしている日暮殿。その間残された妻子を守り養いながらも、さすがに長期にわたる扶養にいい顔ばかりできない左近尉。この両者がワキとワキツレとしてドラマの中に積極的に参加し、直接の被害者である妻と子を主人公に、筋立てとしてはわかりやすく、三者がからみあっての劇的な盛り上がりを見せる。

典拠＝未詳
場所＝薩摩
シテ＝日暮殿の北の方
子方＝花若
ワキ＝日暮殿
ワキツレ＝左近尉

◆補記

鳥追いの場面では、酷使する左近尉に屈服しなければならない母子の悔しさと、その心情の悲嘆とは裏腹に狂女物特有の華やいだ情景が笹を立て羯鼓を付け、鳴子で飾った独特の舟の作り物の美しさとあわせ、母子の悲劇に彩りを与えている。

#【長柄】

ながら――四番目物 ■金春

旅の僧が摂津国長柄の橋の跡にやってくると老人と若い女が現れ、長柄について『古今和歌集』の序にある歌物語にからめて語り、橋への執心を見せて消える。里人から長柄の橋の人柱《ひとばしら》について聞いた僧が弔《とむら》っていると人柱となった男の霊が現れる。男の霊は、長柄の橋の工事が停滞していたときに人柱をたてて成就せよと言ったため、自分が人柱にされて犠牲になった恐ろしい出来事を語り、死後の苦患を見せて消える。

生贄《いけにえ》伝説は世界中にあるが、長柄の橋は人柱伝説の中でもよく知られたものだったようで、能としては室町時代に上演されていたが中絶していた。1968年に金春信高が三春会において後ツレの娘を省略したかたちで復曲上演し、現行曲に組み入れられた。後場《のちば》の生贄の描写が凄惨に描かれる。また、観世流では九世片山九郎右衛門らにより2000年に大槻能楽堂研究公演で復曲上演された同工異曲の〈長柄の橋〉が番外曲となっている。

典拠＝人柱伝説
場所＝摂津・長柄の橋
前シテ＝老人
後シテ＝男の霊
前ツレ＝若い女
後ツレ＝娘
ワキ＝旅僧

【難波】

なにわ――脇能■五流

朝臣《あそん》が熊野からの帰路、摂津国難波に着くと、梅の木陰を清めている老人と若い男に出会う。老人は「難波津に咲くやこの花冬ごもり、今は春べと咲くやこの花」の歌のことや、治まる御代のめでたさについて詳しく語ると、若い男は梅花の精、老人は王仁《おうにん》であると名乗って消え去る。夜になると梅の神霊である木華開耶姫《このはなさくやひめ》と王仁が現れ、姫は美しく舞い、続いて王仁が舞楽を奏して、天下泰平の世を祝福する。

『古今和歌集』仮名序にみえる有名な和歌を題材にした作品。前場《まえば》はクセを中心とした謡を聴かせ、後場《のちば》は舞台の羯鼓台《かっこだい》の作り物を出し、ツレの天女ノ舞と異国の老体姿のシテによる楽《がく》という二つの舞が中心となる。なお観世流では後シテは若い男の神の姿で神舞《かみまい》を舞い、作り物は出さない。金春流では後ツレは破ノ舞を舞う。

典拠＝『古今和歌集』『古事記』
場所＝難波
前シテ＝老人
後シテ＝王仁
前ツレ＝若い男
後ツレ＝木華開耶姫
ワキ＝朝臣
ワキツレ＝従臣
アイ＝里人

◆**補記**

前場のツレは、現在は若い男だが、後ツレの木華開耶姫と照応させて若い女として登場するのが本来のかたちではないかと思われる。

【錦木】

にしきぎ――四番目物 ■ 五流

旅の僧が狭布《きょう》の里で、錦木を持った男と細布を持った女に会う。男は僧に、思う女の家の門に錦木を立てる風習や、女が取り入れないので3年までも立てたと語り、錦塚に案内して消える。読経《どきょう》する僧の前に男女の亡霊が現れる。男は3年も錦木を立てたが恋が実らなかった怨みを述べるが、今宵、女と盃を交わした喜びに舞（黄鐘早舞《おうしきはやまい》）を舞い、消え去る。

男と女の葛藤をドラマの中心に据え、陸奥国狭布の里の習慣を題材に能《のう》因《いん》法師が詠んだ「錦木は立てながらこそ朽ちにけれ、けふの細布胸合はじとや」という和歌を巡る美しい歌物語。

前場《まえば》で錦木の伝説を語り、後場《のちば》では古の男と女の物語を見せる。生前の恨みを強く出すことよりも死後になって結ばれた喜びを押し出すことで、暗く痛ましい物語ながら、美しさと暖かさを感じさせる。

典拠＝未詳
場所＝陸奥・狭布の里
前シテ＝錦木を持った男
後シテ＝男の亡霊
前ツレ＝細布を持った女
後ツレ＝女の亡霊
ワキ＝旅の僧
ワキツレ＝従僧

◆補記

執心を語るシテが、黒頭という出で立ちのまま喜びの舞を舞うのがこの作品の特徴。黄鐘早舞が男舞になることもある。

【錦戸】

にしきど――四番目物 ■ 観世・宝生

藤原秀衡《ひでひら》の没後、長男の錦戸太郎（国衡《くにひら》）は次男の泰衡《やすひら》とともに頼朝の命令に従って義経を討とうと決心し、三男の泉三郎の同意を求める。親の遺言に背くのは不孝だと言う三郎に、錦戸は兄弟の縁を切ると言い残して帰る。三郎は妻に顛末を話すと、妻は主君のため死を願い自害する。錦戸と泰衡の軍勢が攻め寄せたので、三郎は大勢の敵の真っ只中に斬り込んで奮戦するが、敵の兵に捕らえられてしまう。

作者不詳の四番目斬組物《きりくみもの》。兄弟の葛藤、妻の自害、そして斬組と、三場面から構成される。単純な正義感では割り切れない価値観の相違に悩む三郎。兄弟間の不信と三郎の孤立を救ったのは、妻の信頼と犠牲にほかならない。兄弟の不信が激しいほど妻の理解と愛情の深さが際立ち、三郎の倫理的満足感と夫婦愛による救済とが鮮明に描かれる。

典拠＝『義経記』
場所＝陸奥・泉三郎館
前シテ＝泉三郎
後シテ＝泉三郎
前ツレ＝泉三郎の妻
後ツレ＝藤原泰衡
前ワキ＝錦戸太郎
後ワキ＝錦戸太郎

◆**補記**

観世、宝生、金剛流に残る謡本のいずれもクセとその前後を省略したかたちとなっているが、下掛リ宝生流の謡本にはクセを含む詞章が残っている。

【鵺】

ぬえ――五番目物 ■五流

芦屋の洲崎の御堂で一夜を明かす僧の前に、夜も更けたころ、うつお舟（大木をくりぬいて中をうつろに造った丸木舟）に乗った異様な姿の舟人が漂い着く。僧が名を問うと、頼政に退治された鵺の亡心であると名乗り、射止められたときのことを語り姿を消す。

僧が鵺の供養のために読経《どきょう》していると、鵺の亡魂が姿を現し供養を感謝する。そして鵺を討ち取った頼政の栄光と、淀川へ流され、朽ちてゆくうつお舟の中で冥土の闇路に墜ちた自分とを対比し、回向《えこう》を頼んで消える。

前場《まえば》でシテは頼政に討たれた様子を語る。座ったままで地謡の謡うとおりに、まずは頼政になり鵺を見きわめ矢を射放つと、今度は郎等の猪早太《いのはやた》になって続けさまに9回鵺を刺し殺す場面を演じる。

後場《のちば》になると鵺の亡魂が本性を現す。ここでは頼政の鵺退治がいっそう派手に演じられる。まず頼政が鵺を射落とす勇壮な場面を見せ、続いて天

典拠＝『平家物語』
場所＝摂津・芦屋
前シテ＝舟人
後シテ＝鵺の霊
ワキ＝旅の僧
アイ＝芦屋の里人

◆補記

頭は猿、尾は蛇、足手は虎、鳴く声は鵺に似た怪物というのが本作品の主人公だ。切能（五番目物）というジャンルでは、鬼畜や天狗など妖怪変化を主人公にしたテンポの早いドラマが展開される。この作品でも、中心に置かれているのは頼政の鵺退

治の物語だ。しかしそれを、討たれた鵺の立場から語らせることによって、単なる怪奇物の武勇譚ではなく、敗北者である鵺の哀傷へと導き、修羅能的な雰囲気を醸し出している。鵺を単に怪物として扱うのではなく、反逆者として人間的な挫折や孤独な敗北の情感を描くことによって、内的な詩情をたたえた作品となっている。ここで栄光の絶頂にいる頼政も〈頼政〉では敗北の姿を見せる。無常の世の習いである。

皇から獅子王という名剣を下賜された頼政が宇治大臣《おとど》から和歌を詠みかけられ「弓張り月のいるにまかせて」と詠じ、栄光を一身に集めた様子を見せる。それに比べ、鵺はうつお舟に押し入れられて暗黒の海をめざして淀川を下っていく。セットのない舞台の上で、栄光の絶頂を演じた直後に一人の役者によって明暗のコントラストが演じわけられる。頼政の栄光が弓張り月に明るく照らされて輝けば輝くほど、山の端の月にははるかに照らされた鵺の最期が、虚無に近い無常の暗黒を見せる。この鵺の敗北感こそ、世の中の流れに弄ばれる人間の姿かもしれない。

【寝覚】

ねざめ——脇能 ■観世

勅使が三帰《みかえり》の翁を訪ねるため寝覚の床に来ると、老人と若者二人の樵夫に会う。老人は寝覚の床で役行者《えんのぎょうじゃ》が座して心を澄まし煩悩の眠りを覚ましたことや、不老長寿の薬を飲んで三度若返ったので三帰の翁とよばれているなどのいわれを語ると、三帰の翁だと明かして岩陰に消える。その夜、天女が舞い降りて優美な舞を舞い、続いて三帰の翁が現れ荘厳に**楽**《がく》を舞う。すると龍神が現れて不老長寿の薬を渡すと威勢を示し、消え去る。

舞台の動きや音楽が立体的に構成され、華やかさと面白さで耳目を楽しませてくれる。特に後場《のちば》では、**下り端**《さがりは》で登場した天女による華やかな**天女ノ舞**、シテの三帰の翁による風格ある楽、**早笛**《はやふえ》で登場した龍神による勇壮活発な**舞働**《まいばたらき》と見どころが多い。後シテの扮装も、悪尉《あくじょう》という性格の強そうな老人の面が土俗的な印象を与える。

典拠＝未詳
場所＝信濃・寝覚の床
前シテ＝老樵夫
後シテ＝三帰の翁
前ツレ＝若者の樵夫二人
後ツレ＝天女
後ツレ＝龍神
ワキ＝勅使
ワキツレ＝従者
アイ＝山神

◆用語解説

楽　251頁参照
下り端　23頁参照
天女ノ舞　99頁参照
早笛　24頁参照
舞働　237頁参照

【野宮】

ののみや――三番目物 ■五流

野宮を訪れた僧の前に女が現れ、昔を語る。六条御息所《ろくじょうのみやすどころ》は光源氏との愛に破れ、伊勢の斎宮《さいぐう》となる娘とともに野宮に籠もっていた。そこへ光源氏が訪ねてきたが、傷心の御息所は伊勢へ旅立った後だったという。語り終えた女は御息所の幽霊であると告げ、鳥居の陰に消え失せる。

やがて御息所の亡霊が現れ、賀茂の祭で葵上との車争いで受けた屈辱や、光源氏の愛を失ったことを思い出すが、源氏が野宮を訪ねたことを懐かしみ、舞を舞う。やがて妄執《もうしゅう》から浮かび出るかのように**火宅**《かたく》の門を出る。

同じ『源氏物語』を典拠にしながら、〈葵上〉は嫉妬をストレートに表現するが、〈野宮〉は源氏との懐かしい昔の回想を中心に、愛の相剋の果ての諦観《ていかん》を、深まる秋と行く末への寂々としたイメージという内面的な心象風景として描いている。前場《まえば》では御息所と光源氏の出会いと別れを中心にした物語が**クセ**で語られ、一曲の能に匹敵するほどの内容を持っている。

典拠＝『源氏物語』
場所＝山城・野宮神社
前シテ＝里の女
後シテ＝六条御息所の霊
ワキ＝旅の僧
アイ＝嵯峨野の里人

◆**用語解説**

火宅　260頁参照

クセ　361頁参照

序ノ舞　364頁参照

破ノ舞　女体の霊や神仙などが、序ノ舞や中ノ舞を舞った後に再び舞う短い舞。笛・小鼓・大鼓で演奏される「大小破ノ舞」は〈松風〉や〈野宮〉などの女性のシテが序ノ舞や中ノ舞で表出した情念の昇華をイメージさせる。太鼓が加わる「太鼓破ノ舞」は〈羽衣〉などで浮きやかに舞う。

の」

にもかかわらず後場《のちば》では、葵上との車争いの屈辱的な回想を、思いがけぬほどの激情をほとばしらせて語り、懐旧の情をいったんは混沌とした怨みの妄執に投げ込むが、突然それを中断し、源氏との邂逅《かいこう》の世界に陶酔するための**序ノ舞**に入ってゆく。この王朝的な美意識の頂点をなす舞から、いつまでも醒めやらぬ妄執による感情の昂りをこめた**破ノ舞**への転換がすばらしい。こうして表出した情念とその揺り戻しを一挙に絶ち切って、御息所の亡霊は「火宅の門」を出てゆく。叙事と抒情の溶け合わされた幽玄な情趣が澱のように心に残る。

　舞台では、正面に置かれた鳥居の作り物と柴垣とが、野宮を象徴する。観客席からは一見邪魔なこの作り物が、六条御息所の過去への回想の発端となり、また夢の破局を呼び覚ます象徴ともなる。鳥居を心理的境界線として、そこから出で、入る姿が印象的だ。

【野守】

のもり――五番目物 ■ 五流

大和国春日野に来た山伏が野守の老人から、池が野守の鏡という名で、帝の鷹狩りのときに見失った鷹の姿を野守が水鏡《みずかがみ》に写った姿で捜し当てたことなどを語り、昔を懐かしむ。山伏は、本当の野守の鏡を見たいものだと言うが、老人は鬼の持つ鏡は恐ろしいのでこの水鏡を見るようにと言いすてて姿を消す。

夜になって鬼神が現れ、天上界から地獄の底までを映し出す不思議な鏡を山伏に与え、大地を踏み破って消える。

前場《まえば》では、野守の老人の物語の中に伝説や故事をうまくまとめこみ、さびさびとした風情の中に雅趣がただよう。野の中の水が野守の鏡として象徴的に扱われる。舞台上に水を出すわけではないが、野守の老人が水鏡に姿を写すところは、自然と美しさや味わいが滲み出る、情趣あふれる場面だ。

典拠＝『袖中抄』『奥儀抄』
場所＝大和・春日野
前シテ＝野守の老人
後シテ＝鬼神
ワキ＝山伏
アイ＝春日の里人

◆**補記**

野中のたまり水と人の心を写す鏡としての説は、源俊頼によって書かれた歌学書『俊頼髄脳』との関係を深く感じさせる。しかし〈野守〉は歌学書の世界だけでなく、一方で野守の鏡に関する伝説や故事を背景に持っている。地獄の鬼が野守の鏡を持つところから、この鏡を地獄に堕ちた罪人の生前の罪を映し出す浄玻璃《じょうはり》の鏡と重ね合わせて、鬼がその鏡に東西南北天地を写して動きまわるという趣向を取り入れて作られている。

の

能の鬼には、人間の執心や怨霊が鬼になった「砕動《さいどう》風の鬼」と、大自然の中に生息する純然たる鬼神などの「力動《りきどう》風の鬼」の二つがある。〈野守〉の鬼は後者の、鬼神としての鬼だ。大地を踏み破って奈落の底へと帰って行くが、人間に害を与えない。野守として春日野を守るが、国土を守る神的な祝福があるわけでもない。人間にとっての良否といった価値感を超越した、宇宙の摂理を感じさせる大きな存在だ。その手に持つ鏡は世界を映し、天上界から地獄までも映し、また人の心の内も映すと言われる。鬼の演技にも、スケール感はもちろんのこと「巌に花の咲かんが如し」という面白味も含まれている。

鬼と鏡との関連は〈昭君《しょうくん》〉〈皇帝〉〈松山鏡〉などの作品にも見られるが、〈野守〉は歌物語を素材にした優雅な趣により、鬼の持つ物凄まじい感じや恐ろしさを押さえた、芸術的香気を高めた作品になっている。

【白楽天】

はくらくてん——脇能

■観世・金春・金剛・喜多

白楽天が日本人の智恵を試すため来日し、漁師の老人に即興の詩を詠みかけるが、老人が即座に和歌に翻訳するので驚かされる。老人はさらに日本では生きとし生けるものはみな歌を詠むのだと教え、舞楽を見せようと言って消える。この老人は住吉明神で、やがて気高い老体の神姿を現し、荘厳な真《しん》ノ序ノ舞を見せると、神風を起こして白楽天を唐土に吹き戻してしまう。

この作品の主題は、中国に対して日本文化の優越を誇ることにある。当時の日本における世界観は現代と異なって非常に狭く、文化国家として一番意識の対象となっていた国は中国だった。中国は文芸の先進国として長く尊敬され、なかでも白楽天は平安朝以来最も尊敬された詩人だった。その白楽天に代表される中国の詩に対し日本には和歌があり、また舞楽もあることを、和歌の神である住吉明神に説かせることで、和歌が中国の詩に

典拠＝未詳
場所＝肥前・松浦潟
前シテ＝漁翁
後シテ＝住吉明神
ツレ＝漁夫
ワキ＝白楽天
ワキツレ＝従者
アイ＝末社の神

◆**補記**

タイトルの白楽天は唐の時代に活躍した詩人。本名を白居易という。科挙に合格し、役人としても優秀だった。代表的な詩集『白氏文集』は中国本土のみならず朝鮮や日本にも伝来し、平安時

代以降の文学に大きな影響を与えることとなった。

◆**用語解説**
真ノ序ノ舞　40頁参照
クセ　361頁参照

もひけをとらないという民族的優越感と、日本の文化の価値の高さを示そうとしている。少々国粋主義的なところがあるが、見方を変えれば輸入文化に頼った時代から、独自の文化への自覚を持った画期的な認識の変遷の時期とも言えるかもしれない。

前場《まえば》では鶯の声のエピソードを引いて語る**クセ**が、後場《のちば》では**真ノ序ノ舞**が構成の中心となっている。脇能の形式によっているが、現実に日本の国を窺う者を追い払うという構成で、きわめて異例な作品といえる。

【羽衣】

はごろも――三番目物　■　五流

漁師の白竜《はくりょう》が、三保の松原で美しい衣を見つけ、持ち帰り家宝にしようとする。天人が現れ、それは天の羽衣だから返してくれと頼むが、白竜は国の宝にすると言って返さない。天人は羽衣なしでは天に帰れず、悲しみに沈む。羽衣を返してくれれば天人の舞楽を見せるとの天人の言葉を白竜は疑うが、天人は嘘をつかないと言われ羽衣を渡す。天人は羽衣を身につけのどかな浦の景色を謡いめでたい世を寿《ことほ》ぎ、優美に羽衣をなびかせて**東**《あずま》**遊**《あそび》の数々を舞うと地上に宝を降らすが、やがて霞にまぎれて消え失せる。

能の中でも清浄な美しさを誇る作品。その清純さを際立たせるのが「いや疑いは人間にあり、天に偽りなきものを」という天人の言葉だ。羽衣説話は日本各地に見られるし、ヨーロッパにも「白鳥処女伝説」として多く見られるが、それらがみな天人が人間と結婚して子どもを産んだ後、隙をみて羽衣を取り返して天に帰るという話に対し、能は天人の言葉に恥じた

典拠＝『丹後国風土記』
場所＝駿河・三保
シテ＝天人
ワキ＝白竜
ワキツレ＝漁夫

◆**用語解説**

東遊　雅楽の曲種名で、平安時代に宮中の音楽として取り入れられ、現在では宮中及び各地の神宮での祭祀に用いられる音楽及び舞。もともとは西国の倭舞《やまとまい》と対応する東国（関東）の舞。天女ノ舞が駿河舞の原点だとする説は『袖中抄』に見え、これが〈羽衣〉に採り

入れられたと思われる。
クセ　361頁参照
序ノ舞　364頁参照
破ノ舞　278頁参照

漁師がその場で羽衣を返すという、純化された中に格調高さを感じさせる展開となっている。

　舞台展開は、白竜と天人の羽衣をめぐる緊迫した対立と天人の悲哀から、天人の歓喜の舞へと移ってゆく演出がみごと。地謡による**クセ**にはじまり、ゆったりした中にも太鼓によるリズム感が華やかな**序ノ舞**、そして華麗な**破ノ舞**と美しさを堪能させる。

　天人という透明度の高い女性を主人公に、富士山と三保の松原の美しい景色を背景に東遊の舞をくりひろげるのだから、まさに絵画的ともいえる清純な世界が展開される。

【半蔀】

はしとみ——三番目物 ■五流

一夏の安居《あんご》の修行も終わり、草花を集めて立花《りっか》供養を行っている僧のもとに、若い女が来て夕顔の花を捧げ、昔五条のあたりに住んでいたと言い残して消える。女の言葉に従って僧が五条あたりに来てみると、半蔀戸を下ろした家から夕顔の女の霊が現れる。夕顔の女の霊は、光源氏に夕顔の花を折って白い扇にのせて差し出したことが縁となって、光源氏と深い契りが結ばれたときのことを物語ると、思いをこめて優美に舞を舞い、やがて半蔀戸の奥に消え去る。

前場《まえば》は短く、初秋の夕暮れの雰囲気を味あわせてくれる。小書《こがき》で舞台に立花《りっか》を置く場合もあるが、草花の中にふっと登場するシテの姿に息をのむ思いがする。

後場《のちば》では半蔀屋という作り物を出す。蔀戸の上部を押し上げて現れたシテの姿の美しさによって、『源氏物語』の文章をたくみに折り込んだ謡に

典拠＝『源氏物語』
場所＝京・雲林院　五条
前シテ＝里女
後シテ＝夕顔の女の霊
ワキ＝雲林院の僧
アイ＝所の者

◆**補記**

能作者は、観客が典拠となった物語を知っていることを前提に、そこにある美しい一断面を昇華させて作品を作る。夕顔の女の哀れな死因が、葵上を取り殺した六条御息所かもしれないという暗く陰惨なイメージは姉妹曲〈夕顔〉に譲る。〈半蔀〉は、

主人公が夕顔の女の霊なのか、それとも夕顔の花の精なのか、はっきりしない。夕に花開き朝には萎えてしまう夕顔の花のイメージが、清楚ではかない人生の、一種哀愁をただよわせた夕顔の女の恋のイメージと重なるからだ。はかなく、悲しく、それでいて清楚な美しさをたたえた舞を見せることで、植物の精を主人公にした能に通じる神聖ささえ感じさせる。

◆用語解説

小書　49頁参照
クセ　361頁参照
序ノ舞　364頁参照

のせて舞う**クセ**から**序ノ舞**へと情緒が高揚していく。序ノ舞にかかるところで「折りてこそ」と和歌のはじめの言葉を用い、クセから序ノ舞への連続性を持たせている。「折りてこそ、それかとも見めたそかれに、ほのぼの見えし花の夕顔」と謡われる和歌は、典拠『源氏物語』の「寄りてこそ、それかともみめたそかれに、ほのぼの見つる花の夕顔」を改作しているが、舞台上で舞うシテの長い回想を通しての陶酔の舞には、かえって美しく効果的な改作といえよう。「花の夕顔、花の夕顔、花の夕顔」というリフレインも、しみじみとした味わいを持ち、序ノ舞の余韻を反芻するようだ。

【橋弁慶】

はしべんけい ―― 四番目物 ■ 五流

近頃五条の橋に少年が通行人を小太刀《こだち》で斬って廻るという。それは目にもとまらぬ早業《はやわざ》で、多分人間ではなく化生《けしょう》の者だろうという。近づけば殺されると聞いた弁慶は、決心を固めて五条橋へと向かう。

牛若は今夜も五条橋で通行人を待ちうける。そこに弁慶がやって来る。女装した牛若に気をゆるした弁慶が通り過ぎると、牛若は長刀《なぎなた》の柄を蹴り上げ、弁慶との間で戦いとなるが、牛若の秘術の前に弁慶は翻弄される。弁慶は牛若の名を尋ね、主従の契りを結ぶ。

前場《まえば》に化身《けしん》が登場し、後場《のちば》に神や幽霊が本体を現すといったパターンとは違い、前後とも現実の人間を主人公にして時間連鎖の中でドラマを見せる能を「現在能」と言い、〈橋弁慶〉もこの一つだ。弁慶を扱った能といえば、歌舞伎の「勧進帳」の基となった〈安宅《あたか》〉や、同じく「義経千本桜」の「碇知盛」に影響した〈船弁慶〉を思い出すが、〈橋弁慶〉も歌舞伎や

典拠＝『義経記』
場所＝京・五条橋
シテ＝武蔵坊弁慶
子方＝牛若
ワキ＝従者
アイ＝都の者

◆**補記**

『義経記』を基に作られた作品のようだが、弁慶や義経の話は『御伽草子』をはじめ多くの伝承がある。『義経記』では弁慶が千本の刀を集めようと五条の橋に出没していたところに牛若が通りかかり、悪者の弁慶を懲らしめたということになって

いる。一方『御伽草子』の「橋弁慶」では、牛若が父義朝の十三回忌の法要に孝養として恨みをはらすため、平家の侍を千人斬ろうとして五条橋にでかけたことになっている。能ではこうした説明がないが、立場としては『御伽草子』と同様である。今でも京都の五条大橋のたもとには、弁慶と牛若のかわいい石像が戦いの場面を演じている。

◆用語解説

直面　18頁参照

文楽の「鬼一法眼三略巻」の「五條橋」などに影響を与えている。〈安宅〉や〈船弁慶〉における弁慶は豪勇なイメージがあり、子方が象徴的に演じる義経像と対比を出している。その点〈橋弁慶〉の弁慶は、子供役として子方が演じる牛若に翻弄され、一味違った弁慶像を作り上げている。共演の子方が、かわいくて魅力があり技も謡もきちんとしていると、シテの演技が子方を中心として収斂《しゅうれん》するため、子方が主人公のような印象を与え、シテの弁慶が霞んでしまう。弁慶の扮装は流儀によって異なるが、**直面**《ひためん》、袈裟頭巾《けさずきん》で演じられることが多い。

【芭蕉】

ばしょう——三番目物 ■ 五流

月あかりの中に、読経《どきょう》の声にひかれるように歳たけた女性が僧のもとに現れる。女は経を聴聞《ちょうもん》し、法華経によれば草木も成仏できるのは頼もしいと喜び、自分は庭の芭蕉の仮の姿だと明かして消える。

深夜、芭蕉の精が現れ、非情の草木は仏教の哲理を示し、夏の巨大な葉が冬に枯れ尽くす芭蕉葉の夢のように無常を表していると語り、月の光を受けてしみじみと舞を舞うと、やがて芭蕉の精は消え去り、ただ風に破れた芭蕉の葉が庭に残るばかりだった。

〈芭蕉〉は金春禅竹の作といわれ、静寂な雰囲気と閑雅な趣を持っている。他の能のように古歌や旧跡によることもなく、光源氏や在原業平《なりひら》などの人物に重ね合わせることもない。ワキの僧が芭蕉を成仏させるのではなく、芭蕉の精が草木は不変の真実の姿を表していると説くだけの筋らしい筋もない、およそドラマチックではない能だ。しかし、ただ芭蕉の精が無心で

典拠＝未詳
場所＝中国・楚の瀟水
前シテ＝里の女
後シテ＝芭蕉の精
ワキ＝山居の僧
アイ＝里の者

◆**補記**

芭蕉は俗に「優曇華《うどんげ》」（もともとはインドの想像上の植物の名）とも呼ばれ、鮮やかな緑の大きな葉を持ち、高さは3メートルにも達する。この作品の原話には、芭蕉の精が女となり色仕掛けで人間に迫るという怪異譚があるが、そのままなら

若い女の方が似合う。しかし、秋の強い風に打たれて大きな葉が破れた芭蕉の姿はもの侘しく、俳句でも「破れ芭蕉」が秋の季語になり、能でも風に打たれる芭蕉の風情にこよない詩情を見出す。こうして、風に打たれて脆くも破れる芭蕉の葉は女性に擬人化するにふさわしく、また花のない芭蕉のものさびしさは中年女性をイメージさせる。

◆用語解説

クセ　361頁参照
序ノ舞　364頁参照

舞う姿で終始淡々と進められる舞台が、秋の古寺の景観をバックに諸行無常を描いていくさまは、全曲を冷え冷えとしたトーンでまとめあげる。ある意味では最も能らしい能といえる。本文中には「草木国土《そうもくこくど》悉皆《しっかい》成仏《じょうぶつ》」（法華経の薬草《やくそう》喩品《ゆほん》にある説で、心を持たぬ草木も成仏することができるという教え）などの仏教用語や漢詩の引用が多く、詞章は難解で脈絡がつきにくい箇所もあるが、いたずらに理屈だけで割り切れない能の深さを感じる。淡々とした舞台の中でも、やはり中心になるのは後場の**クセ**と**序ノ舞**だ。老女物にも似た品格を感じさせる。

【鉢木】

はちのき――四番目物　■五流

旅の僧が上野《こうずけ》国佐野で大雪のため宿を乞う。いったんは断った常世《つねよ》だが宿を貸し、貧しいながら粟飯《あわめし》をすすめ、秘蔵の鉢木を火にくべて暖をとらせる。常世は、零落したものの、すわ鎌倉というときは一番にはせ参じると気概を語る。後日、北条時頼は諸国の武士を鎌倉に招集し、その中から常世を探し出すと過日の旅僧は自分だったと明かし、鉢木のもてなしに報いて領地を与える。

台詞が多く、能の中でも一番芝居がかった部類に属する作品。とは言え、シテの登場「ああ降ったる雪かな」で降りしきる雪景色を表すなど、能らしい技法も活きている。前場《まえば》ではクセを中心に、零落した常世が最後まで大切にしていた秘蔵の鉢木（大型の盆栽）を旅僧のために焚く行為を見せ、貧乏はしていても武士の気概を失わぬという常世の言葉を、説得力の強いものにしている。後場《のちば》では、旅の僧、北条時頼がその正体を現し、常世が

典拠＝『太平記』『増鏡』
場所＝上野・佐野
　　　相模・鎌倉
前シテ＝佐野常世
後シテ＝佐野常世
前ツレ＝常世の妻
前ワキ＝旅の僧（実は時頼）
後ワキ＝最明寺入道時頼
後ワキツレ＝従者
後オモアイ＝下人
後アドアイ＝早打

◆補記

江戸中期の能役者徳田藤佐衛門隣忠が残した能伝書『隣忠秘抄』では、筆者の師であった渋谷三郎右衛門

道修が宝生古将監にこの曲の伝授を願ったが教えてもらえず、いよいよ江戸を離れる日に挨拶に行くと「鉢木の前は能にて能にあらず、平生を工夫すべし、切は能なり」と言われ、前半は日常の暮らしのことなのだと語り、後半だけ稽古を見てもらったという逸話を紹介している。

◆用語解説

クセ　361頁参照

横領されていた領地を取り返すばかりか、鉢木の御礼に加賀の梅田、越中の桜井、上野の松枝を与える。シテが中入りして姿を変えることはたびたびあるが、ワキが後半に姿を変えて出ることは多くない。常世　人の忠誠心を試すための権力者の気まぐれであるなどの批判もあるが、物質的に豊かにはなったものの、なにか見失っている現代人にとっては、心の豊かさを教えてくれる作品である。

【初雪】

はつゆき――三番目物 ■金春

出雲大社の神主の姫君は、白い鶏を初雪と名付けてかわいがっていた。ところがある朝、初雪が死んでいるのを侍女が発見する。姫君は初雪の突然の死を悲しみ、極楽に送ってやろうと考え、近所の婦人たちを集めて初雪の供養を行う。すると、初雪の霊が中空から舞い降り、姫君に向かってなつかしげに舞を舞う。そして念仏の功徳によって成仏したことを喜び、飛び去る。

作者は金春禅鳳《ぜんぽう》で、上演がまれな小品。鳥の霊が報謝に現れた話や、神主の家の白鶏のことなどを脚色して作られたものらしく、動物を家族同様に愛する現代のペットブームにも通じる。作品の中心となるのは、後場《のちば》での初雪の霊の舞。現在の演出では前シテの姫君が中入りし、後シテの初雪の霊となって登場する。本来は姫君が舞台に残って初雪を弔《とむら》い、子方が初雪の霊となって登場し、舞を見せることに主眼が置かれていたと思われる。

典拠＝未詳
場所＝出雲・出雲大社
前シテ＝姫
後シテ＝初雪（白鶏）の霊
ツレ＝近所の婦人
アイ＝侍女

◆**補記**
中世には趣味として鷹・鶯・鶏などを飼うことが流行っていた。鶏については、愛玩のためだけでなく、闘鶏用の飼育も盛んだったという。

【花筐】

はながたみ――四番目物　■五流

大迹部皇子《おおあとべのみこ》は皇位を継承されることになり、日頃寵愛していた照日前《てるひのまえ》に別れの手紙と花筐（形見の花籠）とを送る。照日前は形見の花筐をかき抱いて悲嘆にくれる。

継体天皇となった皇子が紅葉狩りに出かけると、狂女が現れて花筐の由来と昔の恋の思い出とを語り、花筐が証拠となって天皇と照日前は再会を果たす。

〈花筐〉の主人公、照日前の恋の相手は天皇で、自身も狂女とはいえ侍女を連れているくらいなので、同じ恋の物狂いとはいっても〈班女《はんじょ》〉などとは品格が違う。照日前の性格にしても、警護の役人に花筐を打ち落とされて憤然としたかと思えば、花筐の由来を語りながら悲恋に涙し、さらにおもしろく舞ってみせる曲舞《くせまい》のなかで、李夫人の故事にことよせて天皇への思いのたけを訴えるといった具合で、単なる女性ではなく気丈さと理屈

典拠＝未詳
場所＝越前・味真野
　大和・玉穂の都
前シテ＝照日前
後シテ＝狂女（照日前）
子方＝継体天皇
ツレ＝侍女
ワキ＝官人
ワキツレ＝大迹部皇子の使者
ワキツレ＝輿舁

◆補記

愛する男女が運命によって引き裂かれる、ましてどうすることもできない身分の差があるという状況設定は、洋の東西を問わず悲劇の題

材として格好のものだ。はじめに別離の場面を簡単に描いて狂乱の原因を説明し、続いて相手方の男性を登場させ、そこに狂女となった女を登場させてクルイの場面を見せ、再会して終わるという、オーソドックスな構成。クセは「李夫人の曲舞」といわれる観阿弥作による独立した小品で、世阿弥が〈花筐〉を創作した際に借用している。

◆**用語解説**

クルイ　狂女などが舞い狂うさまを見せる場面。地謡が主に謡い、七五調の韻文だが字余りや字足らずを多用した、リズムの豊富な変化に富んだ場面。

クセ　361頁参照

っぽさとを加味したような女性として描かれている。その照日前が花筐を打ち落とされて舞う**クルイ**は、謡のメロディーの流麗さ、舞の型の美しさによって、感情の変化と昂りを美しく表現している。

一方**クセ**は、愛する李夫人と死別した漢の武帝が、その姿を甘泉殿《かんせんでん》の壁に描かせて朝夕眺め、また反魂香《はんごんこう》を焚いてその面影を呼び戻したというもの。作品中のクライマックスであり、抑制された中にも緊張感の高い、能の表現ならではの情念を見せる。

【班女】

はんじょ――四番目物 ■ 五流

野上《のがみ》の宿の遊女花子《はなご》は、吉田少将と深い契りを交わして以来、交換した扇を抱いて恋こがれ、他の客の前に出ない。業《ごう》をにやした宿の主人は花子を追い出す。吉田少将は野上の宿へ立ち寄るが、花子は行方知らず。少将は都に戻り下鴨神社へ参詣すると、恋慕のあまり物狂いとなり、今は班女と呼ばれている花子が来あわせる。班女は扇を手にして舞い、思いが昂じて扇を胸に抱きしめる。少将は扇を見て花子だと知り再会を喜ぶ。

『源氏物語』花宴の巻に、源氏と朧月夜《おぼろづきよ》が契りのしるしに扇を交換して別れたことが記されている。恋人同士がアクセサリーなどの品物を交換しあって互いの愛の証しとすることは、時代を越えて今日でも行われている。この作品では、互いに取り交わした扇を中心に据えて、遊女のひたむきな心情を美しく描き出している。中国の故事に、帝の気持ちがほかの女に移り、捨てられてしまった身を、夏の間は重宝がられても秋風が吹くと忘れ

典拠＝未詳
場所＝美濃・野上
　京・下鴨神社
前シテ＝花子（遊女）
後シテ＝狂女（班女）
ワキ＝吉田少将
ワキツレ＝従者
アイ＝野上の宿の長

◆補記
野上の宿の遊女花子と、都の貴公子吉田少将との関係や、形見に取り交わした扇のことなどは、直接舞台では演じられない。間狂言が野上の宿の長の役で登場し、このいきさつを語る。こうし

て間狂言によって始まる形式を「狂言口開《くちあけ》」という。間狂言によって呼び出されたシテの花子は、さんざんののしられ、追い出されてしまう。**間狂言**の罵倒が激しければ激しいほど、黙ってうつむく花子の心情が際立つ。短い場面だが、女のひたむきな愛を感じさせる、大切な場面である。

◆用語解説

クセ　361頁参照
序ノ舞　364頁参照
中ノ舞　207頁参照
間狂言　24頁参照

去られる扇になぞらえたことから、班女の扇は寵を奪われた女の嘆き、悲しみ、恨みの象徴とされた。

狂女を扱った能では、作品の中心に狂乱を象徴する見せ場をもっていることが多いが、〈班女〉では故事を背景にした**クセ**と、優雅な**序ノ舞**または**中ノ舞**を見せる。芸能的な狂女よりも幽玄味のあふれた女のドラマの造形により、扇を中心にまわっていく女の純粋な心をじっくりと表現することで描き出される美しい世界。ただし現代では、待つのは女性とは限らないのだが。

【飛雲】

ひうん――五番目物　■観世・宝生・金剛

熊野の山伏が木曾路で老人に出会い、共に紅葉を眺めながら風流な言葉のやりとりをする。やがて老人は夜遊をして慰めようと言い残し、谷の奥深くに姿を消す。山伏の夢に熊野権現の末社の神が現れ、最前の老人は飛雲という悪鬼の化身だと告げる。夢から覚めた山伏の前に鬼神が現れて襲いかかるが（舞働《まいばたらき》）山伏は数珠を揉んで立ち向かい、経文を唱えて祈ると鬼神は次第に弱り、消え失せる。

前シテがワキを取り殺そうとたくらんでいることがアイの告げによって明らかになるという点を中心に、全体の構成は〈紅葉狩《もみじがり》〉に類似する。前場で老人の正体をほのめかす部分がないため紅葉の名所づくしなどに独自の美しさを見せる。後場《のちば》のシテとワキとの一進一退の攻防は息を飲ませるものがある。鬼退治のイメージよりも、山伏が数珠を揉んで祈祷により鬼を祈り伏せる点で、調伏の呪文の種類からも〈黒塚〉を連想させる。

典拠＝未詳
場所＝信濃・木曾路
前シテ＝老人
後シテ＝鬼神
ワキ＝熊野の山伏
ワキツレ＝山伏
アイ＝末社の神

◆補記

現在は観世、宝生、金剛流にあり、喜多流は参考曲として扱っているが、上演の機会は少ない。歴史的にも、観世・宝生が演じはじめたのは幕末以降らしく、上演のほとんどが金剛流によるものだった。

【檜垣】

ひがき――三番目物 ■ 五流

肥後国の岩戸山の仏に毎日捧げる水を汲んでくる百歳の老女。僧は不審に思い名を尋ねると、『後撰和歌集』の檜垣の嫗《おうな》の歌の由来を語り、白川のほとりに昔住んでいた白拍子《しらびょうし》だと名乗って消える。

僧が白川にやってくると、檜垣で囲った庵から白拍子の霊が現れ、地獄の苦しみを訴える。この女は美女の誉れ高い白拍子だったが、その業ゆえに老残の姿をさらして生き続け、今もなお釣瓶《つるべ》に因果の水を汲むありさまを見せると、藤原興範《おきのり》に乞われて舞った舞を再現し、成仏を願うのだった。

老女物といっても、単に老醜《ろうしゅう》をはかなむのではない。若いころに、その美貌ゆえ異性の心を引きつけた罪ゆえに、死後も熱鉄の桶を荷い、業火の焔に燃え立つ釣瓶を手繰り、因果の水を永遠に汲み続けなければならないという、女のいたましいほどの末路を描くのが、この作品の主題だ。〈関寺小町〉〈姨捨《おばすて》〉とともに三老女のひとつ。

典拠＝『後撰和歌集』『大和物語』
場所＝肥後・岩戸山路
前シテ＝里の老女
後シテ＝檜垣の女の霊
ワキ＝滞在の僧
アイ＝里の男

◆**外伝**

金剛流では、〈卒都婆小町〉〈鸚鵡小町〉〈関寺小町〉を三老女とする。宝生流では、〈檜垣〉を能では上演しない。

◆**用語解説**

白拍子 平安末期から鎌倉期に流行した女性による歌舞、及びその芸能者のこと。

詞章（台本）は老女物の中で最も短い。しかし、緊密で簡潔な構成は群を抜いている。**序ノ舞**の後の詞章が異例に短く、しかもそれが余情を残して効果的である。

　老女物の中でも意味のある動きが多い作品で、動きのないところでも、謡の内容が具体性を持っている部分が多い。特に**クセ**が特徴的で、いきなり正面に出て釣瓶の縄をたぐりながら井戸の底を深々と覗き込む型を見せる。しかも井戸の深さ、手繰りきれぬ縄の長さによって、女の業苦の限りなさを象徴しているかのようだ。〈求塚《もとめづか》〉から〈砧《きぬた》〉への系譜に属する作品として魅力を放っている。

　永遠に水を汲む女。それがただ美貌を誇っただけの女ではなく、中世の舞姫である白拍子だった。そこを強調した演出に乱拍子があり〈道成寺〉を思い浮かべるが、観世流には〈檜垣〉にも乱拍子があり、老いた舞姫の舞う乱拍子が近年復活上演されている。

序ノ舞　364頁参照
クセ　361頁参照

【雲雀山】

ひばりやま――四番目物　■五流

右大臣豊成は、讒言《ざんげん》を信じてわが子中将姫を殺すように命じるが、従者は侍従とともに姫を雲雀山にかくまう。豊成は雲雀山へ狩りにやってきて、花売りとなった侍従に出会う。侍従は花を買ってほしいと頼み、姫がいたわしいとうつつない心で舞を舞う。豊成は、この花売りこそ中将姫の乳母の侍従であることを知り、先非《せんぴ》を悔いて中将姫と再会する。

山奥に隠れ住む中将姫の姿が、作リ物の中にいる子方によって表される。前場《まえば》の雲雀山山中ではきちんとした姿だったシテが、後場《のちば》で人里に出てくると、片袖を脱いだ狂乱の姿で登場する。花売りが物狂いに準じて扱われている。狂乱を見せるといっても、恋ゆえの狂乱ではないし、子を失った母物狂でもない。乳母は、不当な讒言によって追放された主家の娘を庇護している気丈な中年女性であり、後悔した父が訪ねて来てもその真意を確認するまでは姫の所在を教えぬほど理性的な女性で、狂気とはほど遠い。

典拠＝中将姫伝説
『古今和歌集』
場所＝大和・雲雀山と里
シテ＝乳母の侍従
子方＝中将姫
ワキ＝右大臣豊成
前ワキツレ＝中将姫の従者
後ワキツレ＝豊成の従者
アイ＝鷹匠、犬引、勢子

◆**補記**
中将姫伝説として歌舞伎などで上演されるものは、お家騒動と継子いじめが中心のテーマになっているが、能ではそうした生々しさを露骨に出さない。能の「中将姫物」

の中でも、〈当麻〉では中将姫が主人公となって活躍し、当麻寺の曼荼羅縁起を扱った宗教性の強い、それでいて『今昔物語集』などを踏まえている。それに対し〈雲雀山〉では、中将姫は子方として脇役にまわり、侍従を主人公として、家庭悲劇から始まり、幼い姫をひそかに養い育てる乳母の、けなげな働きを中心に置いている。

◆用語解説

クセ　361頁参照

中ノ舞　207頁参照

その侍従の狂乱は、幼い中将姫の境涯をわがことのように心を痛め、嘆きがこうじたための狂乱だ。

美しい草花を手に、花に寄せ鳥に寄せて姫の哀れな境遇を語る**クセ**の中に『古今和歌集』の名歌などを巧みに引用し、花売りの芸能に物狂いを重ねあわせたありさまが風情を添えている。途中で舞われる**中ノ舞**も、中将姫の身の果てのいたわしさを思って舞う。心情を間接的に物狂いへと持っていく演出が特異な作品。

【氷室】

ひむろ――脇能 ■ 五流

亀山院の臣下が氷室山で老人と若い男から氷室のいわれを聞き、氷を献上するために都へ帰ろうとすると老人は臣下を呼び止め祭を見ていくように勧めて消える。氷室明神に仕える神職が雪乞いや雪まろめの有り様を見せる。やがて天女が現れ、舞楽を舞って祝いの言葉を述べ、氷室の神が氷を持って出現し威力を示すと、氷を守護して都へ送り届ける。

舞台には氷室を表す作り物を置く。前場《まえば》では老人が氷室のいわれを語る部分が中心で、ほとんど動きらしいものは少なく、クセを中心とした地謡の聞かせどころとなっている。アイによる雪乞い雪まろめは神事を彷彿とさせて後場《のちば》への雰囲気を高める。後場は美しい天女が登場して天女ノ舞を舞って雰囲気を盛り上げ、そこに氷室の作り物からシテの氷室明神が登場する。シテは氷を模した小道具を持ち、豪快に舞働《まいばたらき》を舞う。

典拠＝『日本書紀』『大宝令』
場所＝丹波・氷室山
前シテ＝老人
後シテ＝氷室の神
前ツレ＝若い男
後ツレ＝天女
ワキ＝亀山院の臣下
ワキツレ＝従者
アイ＝神職

◆**補記**
氷室の起源は『日本書紀』に見えるが、後に『大宝令』で山城・大和・河内・近江・丹波の各国に十か所の氷室が置かれたとされる。

【百万】

ひゃくまん――四番目物　■五流

嵯峨野の清涼寺《せいりょうじ》釈迦堂の大念仏に集まった大勢の善男善女の中に、大和の西大寺あたりで拾った幼い子を伴った男がやってくる。百万という物狂いが登場し、念仏の音頭をとりながら舞うが、その言葉のはしばしに子を思う気持ちが表れている。幼い子は百万が母だと気付く。百万は、夫に死に別れ、ただひとりのわが子に生き別れたため心が乱れたと語り、それまでの様子を舞ううちに気持ちが高揚して、群衆の中をわが子を探しまわる。そして、仏の功力で子と再会を果たす。

観阿弥が得意とした「嵯峨の大念仏の女物狂」の能を、世阿弥が手を加えて今日のかたちに仕上げたと言われている作品。**間狂言**《あい》がシテを呼び出す導入部の楽しさに始まり、シテが登場してからは**車ノ段・笹ノ段**・イロエ・**クセ**・**カケリ**と見どころの連続だ。主人公の百万は実在した女曲舞《くせまい》の始祖であり、その流れをくんだ加賀の乙鶴から観阿弥へと、曲舞が能に取

典拠＝未詳
場所＝山城・嵯峨野
シテ＝百万（狂女）
子方＝百万の子
ワキ＝男
アイ＝所の男

◆**用語解説**

間狂言　24頁参照
車ノ段・笹ノ段（段物）　147頁参照
クセ　361頁参照
カケリ　234頁参照

り入れられたといわれているが、世阿弥の「この道第一のおもしろづくの芸能なり」という言葉どおりに、百万という女芸人の芸づくしを見せることが主眼になった作品とも言えそうだ。

一方、詞章の上では、子を探し求める百万の嘆きが切々と語られ、子を失って狂うありさまが哀れ。単に「芸づくし」に終わらず、明るい芸のすぐ裏側に、深く悲しい情感をただよわせる。ともすれば、春の日の満開の桜の下での狂女の舞ばかり目がいってしまうが、主人公の心のひだを示すような明暗のコントラストを、美しく表現する作品でもある。

能舞台はセットを用いずに場面転換を可能にしているが、ここでは清涼寺の境内を観客席にまで拡げ観客を清涼寺に集まった群衆として劇中に取り込んでしまう。客席に大きく張り出した能舞台が、そのまま観客の心理の中まで入り込んでくる。「乱れ髪の遠近人に面を曝すも」と観客を意識して恥じるところから、いつしか能楽堂の観客は、清涼寺で女物狂を見物する群衆となる。子を探して客席を見渡す百万の視線が、群衆の中にわが子の姿を求める母の視線として、直接私たちの心に飛び込んでくるようだ。

【藤】

ふじ——三番目物 ■観世・宝生・金剛

旅の僧が多祜《たご》の浦《うら》で咲き誇る藤の花を眺めて古歌を思い出していると、里女が現れて、花のためには他の歌を思い出すべきなのに、なんと心ない旅人だろうと語る。僧が里女の素性を問うと、藤の花の精であると答えて消え失せる。僧が仮寝の夢を結ぶと、幻のように藤の花の精が現れ、仏の教えによって悟りを開き花の菩薩になったと語る。四季の移り変わりの中でも藤の花は格別だと謡い舞ううちに春の短夜も明け、藤の花の精はいつしか消える。

藤の花を主人公とした幽玄味あふれる作品。女性姿になった藤の花の精が僧に美しい舞（クセ・序ノ舞）を見せるただそれだけの作品だが、そこに馥郁たる香気を感じるのは、能の持つ「幽玄」の不思議な魅力といえる。都会生活の中で季節の移り変わりにも気付かぬ毎日を送っていると、草木の持つ大自然の純粋かつ深遠さが、えもいわれぬ幻想的気分を与えてくれる。

典拠＝未詳
場所＝越中・多祜の浦
前シテ＝里女
後シテ＝藤の花の精
ワキ＝旅の僧
アイ＝里人

◆**補記**

江戸中期に成立した作者不詳の能。宝生、金剛流のものが原作に近く、観世流は大幅に改作されたものと考えられている。

◆**用語解説**

クセ　361頁参照
序ノ舞　364頁参照

【富士山】

ふじさん――脇能　■金春・金剛

中国の官人が日本に渡り、昔方士が不死の薬を求めた先例を思い、富士山へやって来る。官人は海士《あま》の女を呼びとめ、不死の薬について問う。海士の女は富士山が仙郷であることや、かぐや姫が昇天したときに残した不死の薬をこの山で焼いたことなどを語り、官人にも不死の薬を与えると言うと消え失せる。やがて浅間《せんげん》大菩薩かぐや姫が現れ、官人に不死の薬を与え、美しく舞う。すると山神の火御子《ひのみこ》も出現し、威光を現して舞うと消え去る。

富士山のすばらしさを様々な角度から賛美する。中でもかぐや姫伝説を用いて不死の霊薬を導き出しこれを富士山の頂上で焼いたことや、薬を唐の方士が求め得たことに結びつけ、富士山の威光を高めている。前場《まえば》は海士の女が語るかぐや姫伝説を中心としたクセ、後場《のちば》は天女姿のかぐや姫による優美な舞と富士の山神火の御子による勇壮な舞が中心となっている。

典拠＝未詳
場所＝富士山
前シテ＝海士の女
後シテ＝山神の火御子
前ツレ＝海士の女
後ツレ＝浅間大菩薩かぐや姫
ワキ＝中国の官人
ワキツレ＝従者
アイ＝末社の神

◆補記

前場では海士の女がシテだが、後場では女神はツレにまわり、富士の山神がシテとなっているのも特徴。後シテ山神の舞は、金春流では楽、金剛流では舞働となる。

【富士太鼓】

ふじたいこ――四番目物 ■ 五流

『後撰和歌集』にある「信濃なる浅間《あさま》の山も燃ゆなれば富士の煙のかひやなからん」という和歌を下敷きにして作られた作品。天皇が天王寺の浅間という太鼓の名手を召すが、住吉の富士が自らその役を望んで上京する。浅間は富士の出過ぎた態度を憎み、富士を討ち果たす。富士の妻は上京し、夫の非業《ひごう》の最期を知る。富士の形見の舞衣裳を着けて亡き夫を偲ぶうちに狂乱し、太鼓こそ夫の仇と思い込み、怨念を晴らそうと太鼓を打つ。すると亡き夫・富士の亡霊が妻に取り憑き、しばらくの間狂乱の態で太鼓を打ち鳴らし舞楽を舞うが、やがて狂乱も鎮まり、衣裳を脱ぎ捨て女の姿に戻ると、故郷に帰っていく。

母子の仇討ちがテーマだが、いわゆる仇討ちものにある勇壮さは感じられない。どちらかといえば、頼るべき夫や父を失った母子の哀愁の色が濃く漂っている。太鼓を仇に見立てるのは本来の仇である浅間を討つことが

典拠＝未詳
場所＝京・内裏
シテ＝富士の妻
子方＝富士の娘
ワキ＝廷臣
アイ＝下人

◆**補記**

〈富士太鼓〉を夢幻能に仕立てたのが〈梅枝〉である。〈井筒〉〈松風〉など、夫や恋人の形見の装束を着けて移り舞を舞う能は多いが、この作品で着る鳥兜は雅楽特有の装束である。

できないための代償行為だが、夫が討たれた原因を現実の生活に満足せず分不相応な野心を持って宮中の管絃《かんげん》の太鼓の役を望んだためだと考えれば、名誉欲に取りつかれた男に家庭の幸せを壊された妻の間接的な原因となった太鼓への怒りとも解釈できる。妻の狂乱の姿は、この作品に狂女物的な華やかさを与えている。夫への思いが昂じたヒステリー的な狂乱から、形見の装束を身に着けることで夫の亡霊が取り憑き、二重の狂乱となっていくプロセスは特異なものだ。ここで舞われる楽《がく》は通常は太鼓の入った囃子で伴奏するが、〈富士太鼓〉〈梅枝《うめがえ》〉〈天鼓《てんこ》〉などでは笛、小鼓、大鼓の伴奏で舞われる。終末部分では謡の詞章に即した写実的な型が多く、主人公の心理が手に取るように伝わってくる。

【藤戸】

ふじと――四番目物 ■ 五流

領主として備前国児島に国入りした佐々木盛綱の前に藤戸の漁師の老母が現れ、わが子を殺された恨みを述べる。盛綱は漁師から藤戸の海を馬で渡るための道を聞くが、秘密が露見するのを恐れ、漁師を刺し殺して海へ沈めた。老母は激情して盛綱に詰め寄る。盛綱は弔《とむら》いを約束し、老母を家まで送る。盛綱が弔いをはじめると漁師の亡霊が出現し、殺された時のことを再現して祟りをなそうとするが、弔いを受けて成仏する。

瀬戸内海に向かう岡山県倉敷市。藤戸の一帯は昔は海だったので、今でも「津」とか「島」とかが付く地名が多く残っている。ここを舞台におよそ八百年前に源氏三万の大軍が馬で海を渡り、平家軍に奇襲をかけて圧勝したが、その陰にあった物語を題材にした作品。戦術的機密保持のために浅瀬を教えた漁師を殺した佐々木三郎盛綱。『平家物語』は、この事件を盛綱の功績を讃える武勇談として扱う。勝つために手段を選ばず、人を殺

典拠＝『平家物語』
場所＝備前・藤戸
前シテ＝漁師の母
後シテ＝漁師の霊
ワキ＝佐々木盛綱
ワキツレ＝従者
アイ＝盛綱の下人

◆**補記**

能は本説（典拠）を重視することが多いのだが、この作品はあえて庶民の側に立って、『平家物語』には登場しない漁師の母を登場させてドラマチックに仕立てている。老母の抵抗も漁師の亡霊の恨みも、たった一度の回向で成仏

し納得しなければならないのは、当時の庶民の精一杯の抵抗の限界なのか、それとも祝言に終わる能の定型にすぎないのか、定かではない。

すことなど些細なことなのか。盛綱も時代の中で翻弄された一人の人間にすぎず、本当の責任は戦乱の世にあったのか。平和な世界で人を殺せば殺人犯だが、戦場では大勢人を殺すほど英雄として称賛される。そんな戦争の持つ異常性に疑問を投げかけ、理不尽な殺人を告発し、悲しみと怒りをぶつけている。

前場《まえば》では、静止している老母の内向した激情が噴出して盛綱に詰め寄る動きが、能の象徴的なダイナミズムの表現。後場《のちば》では、じっと事件の現場で加害者を待ち続けていた男の亡霊が見せる殺人現場の仕方話が、内面で昂った情念が八方からの張り詰めたバランスのうえに静止を保っているような、能独特のものすごさを持った表現を見せる。特に盛綱に殺される場面で胸を刺し通す瞬間は、まさに息を呑むばかり。怨恨の凄さをみせつける。

【二人静】

ふたりしずか――三番目物　■観世・金春・金剛・喜多

典拠＝『吾妻鏡』『義経記』
場所＝大和・吉野
前シテ＝里の女
後シテ＝静御前の霊
ツレ＝菜摘み女
ワキ＝勝手神社の神職
アイ＝下人

◆補記

同装のシテとツレによる相舞がぴたりと合った状況を作るのは至難の技。それならば逆説的に、そこに生じるツレを肯定的に楽しんでしまおうという演出も出てくる。豊臣秀吉のリクエストでこの作品を演じることになった金

　菜摘み女の前に女が現れ、吉野に帰ったら神職に自分の供養のために写経するよう伝言を頼む。恐ろしいことを言うものだと菜摘み女は驚いて名を尋ねるが女は名乗らず、このことを疑う者がいたら、自分が菜摘み女にのりうつって名を明かそうと言って消える。

　菜摘み女がこのことを神職に告げると最前の女が憑依《ひょうい》し、宝蔵《ほうぞう》の舞装束を言い当て、装束を着けた菜摘み女が舞い始めると、静御前の霊も同装で現れ、共に舞って消える。

　あの世からやってきた亡霊が、ありし日を回想する複式夢幻能の形式をとりつつも、ストレートに静御前の亡霊を登場させるのではなく、菜摘み女に憑依《ひょうい》し、その菜摘み女と同装の亡霊が登場して、影のごとく寄り添って相舞《あいまい》するという、珍しい構成になっている。神霊はともかく、亡霊が人間に憑くのは珍しく、まして霊に憑かれた女と霊本体の相舞は他に例を見

春太夫が、仲たがいしていた宮王を相手役として、その場で自分はツレとなり、二人はわざと全く違った型を演じたが、その絶妙の心理の動きにより、秀吉をはじめ皆が感嘆したとの記事が『隣忠見聞集』にある。また江戸時代の観世元章はもっと逆説をいき、舞うのは菜摘み女だけにして、静の霊は橋掛リの床几に腰掛けたままという演出を考案している。

◆用語解説

相舞　31頁参照

ない。相舞は、どちらが形か影かというほどにぴたりと合ってこそ、作品の特質を満たすことができる。しかし、能面を通しての視野は極端に狭く、互いに合わせて舞うのは至難の技だ。全体の演出も含めて、この能のツレがシテと同じくらいの芸力を求められるのも当然のことだ。とは言え、この作品の面白さは相舞だけではない。菜摘み女が静の伝言を神職に伝える場面で、突然静の亡霊が憑依して面色が変わるところは、〈求塚《もとめづか》〉での劇的な人称変更と等しいショックを与える。ともすれば相舞の技術に目が行くが、劇的かつ幽玄味の深い作品だ。

【船橋】

ふなばし――四番目物 ■ 五流

里の男女が橋建立の勧進をするところに、旅の山伏が来合わせる。山伏の問いに、昔、川を隔てて住む恋する男女が船橋を通い路にしていたが、それを嫌う親に橋板をはずされ、川に落ちて死んだと語り、弔《とむら》いを頼むと姿を消す。山伏が祈祷をしていると男女の亡霊が現れ、地獄の苦言を見せ、懺悔《ざんげ》のために昔の様子を見せると、成仏して消える。

「東路の佐野の船橋とりはなし、親しさくれば妹にあはぬかも」という歌を題材とした、男女の愛と地獄の苦しみを描いた作品。極めて深刻な意味を含んでおり、趣もあり変化に富んでいる。古くからあった作品を、世阿弥が改作したといわれている。この作品のもとになった『万葉集』の歌は「かみつけぬ佐野の船橋とりはなし、おやはさくれどわはさかれがへ」というもので、能の中では原歌を少し変えている。前場《まえば》で、亡霊が仮の姿で現れて昔語りをするのは複式夢幻能の通常のパターンだが、シテが直面《ひためん》

典拠＝『万葉集』
場所＝上野・佐野
前シテ＝里の男
後シテ＝死んだ男の霊
前ツレ＝里の女
後ツレ＝契りを交わした女の霊
ワキ＝旅の山伏
ワキツレ＝同行の山伏
アイ＝里の男

◆**用語解説**

直面 18頁参照

で登場するのは印象的。〈錦木〉〈女郎花《おみなめし》〉〈船橋〉の三作とも、歌物語を主題としているが、〈船橋〉の設定が親の好まない恋愛関係であるだけに、他の作品に比べても地獄に落ちた苦しみの深刻さが強い。後場《のちば》の演出は、一見〈通小町《かよいこまち》〉を連想させるが、恋の妄執《もうしゅう》の深さという意味では印象に残る。前場では語リで、後場では仕方話《しかたばなし》で男女の悲劇を見せるが、前場の静的表現と後場の動的表現の対比がみごと。

親の好まない恋愛関係の悲劇を能では、恋慕の果てに死んでいった男女を、娑婆の妄執や邪淫の悪業によって、地獄へと突き落とす。夫婦や親子の別れによる物狂いは、必ずと言っていいほど再会の喜びが与えられ、夫婦愛については讃美している能だが、男女の恋愛に対してはどちらかというと否定的で、〈求塚《もとめづか》〉や〈三山《みつやま》〉などはもちろん、〈錦木〉〈女郎花〉、そしてこの〈船橋〉と、地獄に落とされている。

【船弁慶】

ふなべんけい――五番目物 ■五流
典拠＝『義経記』『平家物語』『源平盛衰記』
場所＝摂津・大物浦
前シテ＝静御前
後シテ＝平知盛の霊
子方＝源義経
ワキ＝武蔵坊弁慶
ワキツレ＝従者
アイ＝船頭

◆**補記**

戦時中には、義経が蒙古に渡ってジンギスカンになったとの伝説をもとに、高浜虚子が後シテを義経にした〈義経〉という新作能を作っている。
源義経は兄頼朝と不和になり、船で西国へ落ちのびようと大物浦《だいもつうら》に到着する。静御前が義経を慕って来るが、弁慶の助言で義経は静に帰京を命じ、静は別れの舞を舞う。義経一行が出航すると、突然風が変わり波が押し寄せるので、船頭は必死で船を操る。海上に平家一門の亡霊が現れ、平知盛の怨霊が長刀《なぎなた》を持って襲いかかるが、弁慶が五大尊明王《ごだいそんみょうおう》に祈祷すると、知盛の怨霊は消え去る。

前場《まえば》は頼朝に疑われ西国へと落ちゆく義経と静御前が、別れを惜しむ場面。悲劇の武将義経の行く末を知る私たちにとって、静の心情が二度と会えぬゆえ心にしみわたる。静御前の舞を中心とした涙をさそう別れの酒宴を見せ、一転して船出、そして知盛の怨霊との激しい戦いへと、前後のコントラストがすばらしく、見せ場の多い人気曲。作者の観世小次郎信光は、世阿弥が完成させた夢幻能とは異なり、演劇的技巧を駆使し、登場人物それぞれに重要な役割を与え、劇的葛藤を盛り込んだ作品に仕上げている。前後のシテは静御前と知盛の怨霊という別人格だが、前後の時間経過を劇的につなぎ、作品全編を通してストーリーを展開するのがワキの弁慶の役割である。義経は本来大人の役だが、子方が演じる。静との情愛を露骨に表現しないための能らしい工夫だ。**間《あい》狂言**の船頭も、荒波に揉まれる船を必死で操る場面など、仕どころも多く劇の一翼を担っている。大勢の登場人物の活躍と現代劇に近い展開が変化に富む。

「判官びいき」という言葉もあるように日本人好みの悲劇のヒーローで、『義経記』をはじめ義経を美化した伝説が多数残っている。芸能の素材としても多数採り上げられており、能でも不遇な少年期を扱った〈鞍馬天狗〉〈橋弁慶〉〈烏帽子折《えぼしおり》〉、頼朝と不仲になっての失意の時代を扱った〈摂待《せったい》〉〈安宅〉〈船弁慶〉など多くの作品があるが、なぜか義経自身がシテとなるのは〈八島〉だけで、他の作品ではツレまたは子方として扱われている。

◆用語解説

五大尊明王　127頁参照

間狂言　24頁参照

【布留】

ふる――復曲能

彦山の山伏が石上《いそのかみ》の明神、布留の社で若い女に出会う。女は、御神体の御剣は素戔嗚尊《すさのおのみこと》の大蛇退治の際の十握《とつか》の剣で、神武天皇東征の際もこの剣で悪神を鎮めたこと。川上から流れ下り洗っていた麻布にかかり留まったことから剣が布留と名付けられたことを語り、御剣を拝みたければ一心に祈れと言って消える。山伏が夜通し祈ると、布留の女神が御剣を持って現れ、素戔嗚尊が大蛇を退治したことを語り、夜明けとともに御剣は御殿の内に納まる。

前場《まえば》では、女と山伏との問答と、布留の剣のいわれを語る段を直接繋がず、間に名所を遠見する場面を挿入して柔らかい情趣空間を醸し出す。後シテは布留の女神だが、本当の主人公は御剣そのもの。長い布で包まれた御剣が神変飛行する霊験を舞で表現する。終曲では神話に沿って八岐大蛇《やまたのおろち》を退治する物語を見せる。

典拠＝布留の神剣神話
場所＝大和・布留明神
前シテ＝布を洗う若い女
後シテ＝女神
ワキ＝九州・彦山の山伏
ワキツレ＝山伏の従者たち
アイ＝所の男

◆**補記**

〈布留〉は1984年に第15回橋の会特別公演で復曲上演されて以来、演出を工夫しながら何度も再演され、練り上げられている。

【放下僧】

ほうかぞう——四番目物　■五流

牧野左衛門は利根信俊に討ち果たされた。左衛門の子・小次郎は父の敵を討つため、出家して今は禅学修行中の兄の助力を乞う。兄は諭すが、小次郎が中国の故事を引いて迫るので、兄も同意する。兄弟は敵を欺くため、流行の放下（芸人）に変装して信俊に近づく。そうとは知らぬ信俊は、放下と禅問答に興じ、さまざまな芸を見て油断したので、兄弟は首尾よく父の敵を討つ。

対話の多い現代劇風なドラマの展開があり、登場人物の性格描写もはっきりしている。弟小次郎の若さゆえの独走を、冷静に抑えて事を運ぶ兄という二人の対照的な性格。一方、ワキの利根信俊も、豪胆な敵役でありながら人目をしのぶ姿がうかがわれ、従者役の間狂言《あい》も主人に忠実に仕える人物として対等に扱われている。敵討ちをテーマにしているとはいえ、曾我物とは多少異なり、本作品や〈望月《もちづき》〉は、劇中で芸づくしを見せること

典拠＝未詳
場所＝下総・禅僧の居
　武蔵・瀬戸
前シテ＝牧野小次郎の兄
後シテ＝牧野小次郎の兄
前ツレ＝牧野小次郎
後ツレ＝牧野小次郎
ワキ＝利根信俊
アイ＝信俊の下人

◆補記
放下というのは、もとは禅宗で一切を放下する（投げ捨てる、執着を断つ）という言葉から出ているが、後には異様な僧形の大道芸人をさすようになった。手品

や曲芸、鳴物や小歌などの芸をみせたもので、これが流行ると俗人も真似たので、放下師の中でも僧形の者を放下僧と呼ぶようになった。

◆用語解説

間狂言　24頁参照
クセ　361頁参照
羯鼓　169頁参照
小歌　13頁参照

が大きなポイントになっている。禅問答にはじまり、**クセ**や**羯鼓**《かっこ》の舞、**小**《こ》**歌**《うた》と、各々見ごたえのある芸能を手際よくみせることによって、手に汗を握る敵討ちのスリリングな展開に幅と奥行きを与え、多角的に楽しめる作品になっている。前場において、弟小次郎が兄に敵討ちを決意させるために中国の故事を引用するところは、禅修行をしている兄に説教するようで不自然に感じるが、ツレの語りの芸を見せるという要素が強いように思われる。

【放生川】

ほうじょうがわ——脇能

■観世・宝生・金春・金剛

男山八幡祭に参詣した鹿島《かしま》の神職の前に老人が現れ、放生会について詳しく語り、持っていた桶の魚を川へ放つ。そして男山八幡のいわれを詳しく語り神徳を讃えると、自分は二百余歳の武内の神だと名乗り、消える。やがて夜神楽の音が澄む中に武内の神が姿を現し、おごそかに舞うと神徳と和歌の道のめでたさを讃える。

『続日本紀』にみえる放生会の神事をもとに、『神皇正統記』応神天皇の条にある石清水八幡宮の由来をクセに引用して作られた脇能。全体に流麗な詞章で彩られており、前場《まえば》ではクセが、後場《のちば》では**真ノ序ノ舞**が中心となっている。放生会は、捕獲された魚類や鳥類を山野池沼に解放する仏会で、仏教流布とともに殺生禁断と放生の思想が高まり、720年に宇佐八幡の託宣によって始められたと言われている。

典拠＝『続日本紀』『神皇正統記』
場所＝山城・放生川
前シテ＝老人
後シテ＝武内の神
ワキ＝鹿島の神職

◆**補記**

武内の神は、4世紀から5世紀にかけて景行・成務・仲哀・応神・仁徳の五代の天皇にわたって244年間も仕えたという武内宿禰《すくね》という人物で、宇佐八幡の末社黒男《くろどん》神社に祀られている。

◆**用語解説**

真ノ序ノ舞　40頁参照

【仏原】

ほとけのはら——三番目物　■観世・金春・金剛

都の僧が加賀国仏原で里の女と出会う。昔、平清盛は祇王《ぎおう》を寵愛していたが、若い仏御前に心が移り、祇王は嵯峨野に隠れ住んだ。仏御前も尼姿になって尋ね、共に後世を願った。語り終えた女は仏御前であるとほのめかして消える。僧の旅寝の草枕に、仏御前の幽霊が美しい姿で現れ、極楽世界の妙なる歌舞を見せようというと美しく舞を舞い（序ノ舞）、世の無常を語って消える。

『平家物語』を典拠にした作品。清盛に捨てられた祇王は嵯峨野に隠棲《いんせい》するが、なお仏御前への恨みを残す。思いがけなく出家姿の仏御前が現れ、祇王の執心を消失させる様子を祇王の立場に立って**クセ**で語る。仏御前の「仏」という名が真の「仏」に等しく、その仏御前の名を留める仏原が「草木国土《そうもくこくど》悉皆《しっかい》成仏《じょうぶつ》」という経文のとおり草木までも成仏する地であるという符合は、名と本質が一致するという中世の思想を投影している。

典拠＝『平家物語』
場所＝加賀・仏原
前シテ＝里の女
後シテ＝仏御前の霊
ワキ＝都の僧

◆補記

白拍子は、平安末期から鎌倉時代に流行した歌舞を専門とした遊女で、今様の新たな担い手でもあり朗詠、和歌などもうたい、やがて宮中に出入りして貴族の庇護を受ける者もいた。

◆用語解説

序ノ舞　364頁参照
クセ　361頁参照

【巻絹】

まきぎぬ ―― 四番目物 ■ 五流

勅使《ちょくし》は勅命により諸国から千疋《びき》の巻絹を集めて熊野三社に奉納することとなった。取りまとめていたところ、都からの分だけが到着していない。待っているとようやく巻絹を届けに都の男が到着した。遅れた理由を問うたところ、熊野に着くと音無《おとなし》天神に参詣し、和歌を手向けたため遅くなったという。勅使は遅参を責めて都の男を縛らせる。そこに音無天神が巫女《みこ》にのりうつって現れ、都の男が和歌を詠んで神に手向けたことを証明し、縄を解かせる。巫女は和歌の徳や経の威力を説き、祝詞《のりと》をあげ神楽《かぐら》を舞うと、やがて神は去り、巫女は狂いから覚める。

巻絹とは、軸に巻きつけた絹の反物のことで、献上品として特に高級なものが用いられていた。前半は劇的な展開があり、ワキ、ツレ、アイとそれぞれの登場人物が重要な役割を果たす。ツレが音無天神で詠んだ和歌は、心の中で詠んで神に手向けたかたちをとり、観客にも伏せられたまま事件

典拠＝未詳
場所＝紀伊・熊野

シテ＝巫女
ツレ＝都の男
ワキ＝勅使
アイ＝勅使の従者

◆**補記**

本曲のクセの中でも語られているが、和歌は無量の功徳を持つと考えられていた。和歌は言葉少なくして深い心に満ち、地獄、餓鬼、畜生の三悪道の苦しみも耳に入らず、静かに座禅をするごとく煩悩の迷いを消し去ってしまうものとされていた。

能の作品の中でも、〈東北〉の和泉式部をはじめとして和歌の徳で菩薩になったという話は数多くある。

◆**用語解説**

神楽　63頁参照

解決の鍵として使用される。勅使の怒り、従者が使者を縛《しば》る際の緊迫感などが舞台を盛り上げる。シテは登場からすでに神がかりの様相を示す。巫女が勅使と対峙し、和歌の上の句と下の句によって使者の罪が許され、巫女が使者の縄を解くところなど、劇的な演出が目を引く。

眼目はなんといっても神楽を中心とした後半にある。神楽はその名のとおり巫女や女神などが舞う。通常は舞の前半が純神楽部分、後半が準神舞《かみまい》部分に分かれており、後半は爽快によどみなく舞われる。神楽を舞った巫女がだんだんと物狂おしさを高めていき、突如として神の憑依《ひょうい》がとかれて本性に戻るという変化が見もの。

【枕慈童】

まくらじどう――四番目物　■五流（観世〈菊慈童〉）

魏《ぎ》の文帝の臣下が勅命を受けて、薬水の源を尋ねて酈縣山《れっけんざん》にやってくる。菊の花の咲き乱れた山中の庵の中に美しい童子がいる。勅使の問いに、童子は周の時代の穆王《ぼくおう》に仕えた慈童というものだと答える。周の時代は七百年も昔のことで、慈童は化生《けしょう》のものではないかと訝《いぶか》るが、慈童は、帝の枕をまたいだ罪で配流されたが、帝の恵みで枕に妙文（法華経普門品にある二句の偈）を記して賜ったと語り、妙文を菊の葉に写して谷川に浮かべると薬酒になって寿命が延びることを喜び、舞を舞って寿命を君に捧げて祝福する。

慈童という、菊水の霊験で長寿を保った仙人を主人公として、能は慈童物という作品群を作っている。宝生・金春・金剛・喜多流の〈枕慈童〉は観世流の〈菊慈童〉と同様の作品で、観世流の〈枕慈童〉は別の作品。

今日上演されている〈枕慈童〉は、めでたさを中心とした祝言的な内容

典拠＝『太平記』
場所＝中国・酈縣山
シテ＝慈童
ワキ＝勅使
ワキツレ＝従臣

◆補記

観世流〈枕慈童〉は観世元章による改作で、南陽の地名が出てきたことと、慈童の年齢を八百歳としたことが大きな違い。

〈枕慈童〉は現行では重陽の節句（9月9日）における菊水の薬効と結びついている。宮中で催される観菊の宴に際し、菊の花を浮かべ

で、菊に飾られた舞台と楽《がく》という舞を見せることが主眼となっている。しかし作品の成立過程を振り返ってみると、帝の枕をまたいだ罪で、役人が慈童を酈県山に捨て去る前場があり、後場になって臣下が薬水の検分のために酈県山にやってきて、七百歳の慈童と出会い、慈童は枕の妙文について語り、酔った心地で舞を舞うという構成だった。金剛流では現在も「前《ぜん》後之習《ごのならい》」という小書《こがき》として演じられている。この〈枕慈童〉の原形ともいえる作品から、慈童流罪の愁嘆を描いた前場や長大すぎる曲舞《くせまい》の部分を切り捨てて、祝言的遊舞性の強い半能として改作したのが現在の〈枕慈童〉である。

た盃の酒を飲み交わして長寿を祝い、群臣に詩を作らせたという。現代では3月3日の桃の節句、5月5日の端午の節句、7月7日の七夕はかろうじて残っているが、重陽の節句は歳時記からも失われつつある。

◆用語解説

楽　251頁参照

小書　49頁参照

【松風】

まつかぜ──三番目物 ■ 五流

典拠＝『古今和歌集』『源氏物語』
場所＝摂津・須磨の浦
シテ＝海女松風
ツレ＝海女村雨
ワキ＝旅の僧
アイ＝須磨の浦人

◆補記

この作品は、田楽の名手亀阿弥《きあみ》の作った〈汐汲〉を観阿弥が改修して〈松風村雨〉とし、さらに世阿弥が改修して今日の〈松風〉に仕上げたといわれている。

旅の僧が須磨の浦を訪れ、在原行平に愛された松風村雨《むらさめ》という二人の海女《あま》の古跡の松で回向《えこう》する。月夜の浜辺に潮汲車《しおくみぐるま》を引いた海女が二人現れて潮を汲み、桶のなかに映った月を乗せて運んで来る。僧が古跡の松を弔《とむら》ったことを話すと、二人の海女は涙を流し松風村雨の亡霊であると答える。そして、松風は行平《ゆきひら》の形見の立烏帽子《たてえぼし》、狩衣《かりぎぬ》を身につけた途端、激しい慕情に突然物狂いとなり、松を行平と見て寄り添おうとする。しかし、村雨の制止により覚醒し、松風は自らの恋の絶望的状況を思い知らされる。行平の形見を身にまとうことで行平に抱擁されながら、陶酔しきれぬ狂気へ自らを駆りたてるしかない。恋慕の心情は、その純粋さと所詮叶えられぬ恋の悲劇性によって、情念の極致と言うべき世界を創り出す。やがて松風と村雨は僧に回向を頼み、姿を消す。

恋しい男との幸せな生活を懐かしむ女の情念を、死後の世界からふり返った名作。月光に照らされて潮汲車を引き、水桶に潮とともに月影を汲むまでの詩情豊かな場面は見どころで、しみじみとした味わいがある。

松風と村雨は形見を見て、行平の面影を追いながら叶わぬ恋の思いに苦しむ。恋人と別れ、もう二度と会うことができない。どうにもならぬとわかっていても、諦めることも忘れることもできない女の思いは執心であり妄執《もうしゅう》ではあるが、あまりに哀れ深く、女の真心の純粋さを感じる。

松風の恋人である在原行平は10世紀前半の貴族で、在原業平《なりひら》の兄にあたる。天皇家の血筋を引く高貴な生まれで歌人としても名高い。舞台となる須磨の浦は古くから和歌に詠まれることも多く、『源氏物語』中で、都で失脚した光源氏が失意の日々を送った地としても知られている。行平が都を離れ、一時期須磨に蟄居《ちっきょ》していたという歴史的事実は史料の上からははっきり見いだせないが、こうした貴人の流謫譚は日本人の多く好むところで、名もない海女との物語は、恰好の能の素材となっている。

【松尾】

まつのお――脇能　■宝生

臣下が西山にある松尾明神に参拝すると、紅葉を鑑賞している老人と若い男に出会う。老人は神徳を讃《たた》え、仏が神の姿を借りて現れる本地垂迹《ほんじすいじゃく》について詳しく語ると、自分は松尾の明神だと素性を明かし、夜神楽を催すので見るようにと言って消え失せる。臣下は所の者から松尾神社のいわれを聞く。夜神楽の時分になると松尾明神が現れ、颯爽と舞を舞い、更けゆく秋の夜を惜しむのだった。

間《あい》狂言を末社の神として三段の舞を舞わせる演出もある。後シテは若い男の神の姿で現れ、神舞《かみまい》を舞う。後場では、夜神楽に際して多くの若い女性が神楽に舞い興じる場面が想像される詞章があるところから、後シテは現在の神舞を舞う演出ではなく、老体で楽《がく》を舞う演出もあったのではないかとの推測も成り立つ。

典拠＝未詳
場所＝山城・松尾
前シテ＝老人
後シテ＝松尾明神
ツレ＝若い男
ワキ＝臣下
ワキツレ＝臣下の従臣
アイ＝所の者（末社の神）

◆**補記**

松尾神社は狂言〈福の神〉の中で「神々の酒奉行」とされており、現在も酒神として酒造関係者の信仰を集めている。

【松虫】

まつむし——四番目物 ■ 五流

阿倍野《あべの》の市で酒を売る男は、酒宴を催す男たちのなかの一人が「松虫の音に友を偲ぶ」と言ったのでその意味を問う。昔、阿倍野の原を仲の良い二人の男が通り、一人が松虫（現在の鈴虫）の音にひかれて草むらに入って死んだ。もう一人の男は今も松虫の音に誘われて友を偲んでいると語り、自分はその亡霊だと言って消える。酒売りが回向《えこう》のために経を誦《よ》んでいると、男が亡霊の姿で現れ、厚い友情を思い舞うと（黄鐘早舞《おうしきはやまい》）、消え去る。

男性同士の友情と思慕をテーマとした作品。『古今和歌集』仮名序、中世の注釈書の一つである『三流抄』の説話などを典拠に、ホモヤクシャルの香り漂う幽玄情緒たっぷりの作品。秋の野の草葉にすだく松虫の音が作品全体を支配する。前場の賑わいのある酒宴場面から一転して不思議な雰囲気への変化が見もの。後場の亡霊の、哀愁を帯びたさらりとした秋風のような雰囲気も印象的。

典拠＝『古今和歌集』『三流抄』
場所＝難波・阿倍野
前シテ＝男
後シテ＝男の亡霊
ツレ＝酒宴を催す男たち
ワキ＝酒を売る男
アイ＝里人

◆補記

男の霊が軽やかに舞う黄鐘早舞は、〈松虫〉と〈錦木〉の二作だけ。〈松虫〉も流儀によっては中ノ舞や男舞になることがある。また笛方森田流では〈敦盛〉等にも黄鐘早舞を用いることがある。

【松山鏡】

まつやまかがみ――五番目物 ■観世・金剛・喜多

越後国松《まつ》の山家《やまが》に住む男は、持仏堂で娘が何かを隠すのを見て、木像を作って継母を呪っているとの世間の噂どおりかと娘を諫《いさ》める。娘は亡き母から臨終の際に受け取った鏡を父は見せ、母が自分の姿を残すと言ったこと、若やいだ母の姿が写ることを語る。父は鏡のことを説明する母に似た娘の姿に涙する。すると不思議にも鏡に亡妻の姿が写り、娘と亡妻の霊は言葉を交わす。そこに地獄から倶生神《ぐしょうじん》が母の霊を迎えに来るが、娘の孝心により母の霊は成仏する。

舞台に鏡台を置く一場ものだが、父と娘の会話、娘と母の霊の交流、そして倶生神の登場と、大きく三つの場面に分かれる。はじめは言葉が多くワキの重要な物語がある作品だが、一方でワキがシテともツレとも接することがない。シテはツレの亡霊を責める舞働《まいばたらき》を見せる。古くは「マツノヤマカガミ」と言ったが、地名は「マツノヤマ」なので、こちらが正しい。

典拠＝未詳
場所＝越後・山家
シテ＝倶生神
ツレ＝亡母の霊
子方＝娘
ワキ＝松の山家に住む男

◆補記
狂言〈鏡男〉では、妻が鏡を知らず鏡の中の女を夫が都から連れて来た女だと誤解する場面を見せる。

◆用語解説
舞働　237頁参照

【松山天狗】

まつやまてんぐ――五番目物　■金剛

西行法師が崇徳院《すとくいん》の跡を弔《とむら》うため讃岐国に来ると、老人が西行に白峰《しらみね》を教え崇徳院の御廟所《ごびょうじょ》へ案内し、無念の気持ちが強かった崇徳院のもとには白峰の天狗・相模坊と小天狗どもがやってくるばかりだったと語り、西行の歌に感涙したと言うと姿を消す。その夜、西行の夢に崇徳院が現れ舞楽を舞うと、悲憤がつのって怒りを表す。すると天狗どもまで出現し、逆臣を討つ勇ましい有り様を見せ、やがて白峰の方に飛び去る。

『撰集抄』巻一を典拠に天狗参内のことを加え、崇徳院の御陵松山に詣でた西行と、その参拝を喜び詠歌を愛でつつも昔の事を思い出して逆鱗《げきりん》の姿を見せる崇徳院の霊との出会いを見せる能。七百年に余る崇徳院の瞋恚《しんい》たる炎、西行との邂逅《かいこう》を喜ぶ雅びな早舞《はやまい》、崇徳院を慰める天狗たちによる勇壮な舞働《まいばたらき》を見せる。上田秋成の『雨月物語』「白峰」の端緒となった作品。

典拠＝『撰集抄』
場所＝讃岐・崇徳院陵
前シテ＝老人
後シテ＝崇徳院
ツレ＝天狗・相模坊
ツレ＝天狗
ワキ＝西行法師
アイ＝木葉天狗

◆補記

極めて上演のまれな作品。江戸時代にも埋もれていた時期があり、明治10年代に金剛流が演目に取り入れて以来、１９９４年に観世流で復曲試演されるまで、金剛流だけで上演されていた。

【松浦佐用姫】

まつらさよひめ―四番目物 ■ 観世

旅の僧が松浦潟で海士乙女《あまおとめ》に出会う。乙女は鏡の宮や領巾振山《ひれふりやま》の故事を語り、さらに遣唐使として松浦潟に滞在中の狭手彦《さでひこ》は佐用姫と契るが、船出となり佐用姫は領巾振山に登り船に向かって領巾を振ったと二人の別離を語り、佐用姫であるとほのめかして消える。やがて佐用姫が現れ遣唐使の船を追い、山に登って領巾を振り、狂乱して小舟で漕ぎ出し、形見の鏡を胸に抱きしめ舟から海底へと身を投げたと語って消える。

『万葉集』『肥前国風土記』などに見られる松浦佐用姫が山上で領巾を振って異国へ赴く夫との別れを悲しんだヒレフリ伝説と、同じく『肥前国風土記』に見られる狭手彦が妻に形見に鏡を与え、妻がその鏡を抱いて沼に沈んだという鏡伝説とを基に構成された作品。主題は佐用姫の恋慕の執心で、懺悔《ざんげ》のために昔の有り様を再現して見せる後場《のちば》のヒレフリがクライマックスとなっている。

典拠＝『万葉集』『肥前国風土記』
場所＝肥前・松浦潟
前シテ＝海士乙女
後シテ＝佐用姫
後ツレ＝天狗たち
ワキ＝旅の僧
ワキツレ＝従僧
アイ＝所の男

◆補記
1963年世阿弥生誕600年記念に際し二十五世宗家観世左近（元正）が復曲、その後大槻文蔵が再演、そして現行曲として正式演目に加えられた。

【満仲】

まんじゅう —— 四番目物 ■観世〈仲光〉・宝生・金剛・喜多

多田満仲の部下の藤原仲光は、満仲のもとへ満仲の息子美女丸と自分の息子の幸寿を連れてくる。満仲は美女丸の寺での学問の成果を試すがはかばかしくないため怒り、仲光に美女丸を討てと命じる。主君の息子を討つわけにいかぬ仲光の逡巡を知り、幸寿が身代わりになる。仲光から美女丸を討ったと報告を受けた満仲の元に比叡山の恵心《えしん》僧都が訪れ、いきさつを説明する。美女丸は許され、祝いの席で舞う仲光だが、わが子を失った悲しさを消し去ることはできない。

主人に対する忠誠と、わが子に対する慈愛との板ばさみによる武士道的悲劇という、封建社会における深刻な哀話を劇的に構成している。登場人物の心理描写も明確。表現に適度な節度が保たれる必要があり、腹芸を要求される。二人の子方が仲光の白刃の下に並んで死を争う場面が最も劇的で涙を誘う。慶祝の舞に哀愁と悲痛な心理が込められている。

典拠＝未詳
場所＝仲光の館

シテ＝藤原仲光
子方＝美女丸・幸寿
ツレ＝多田満仲
ワキ＝恵心僧都
アイ＝下人

◆**補記**

作者不明。観世流では〈仲光〉というが他流では〈満仲〉という。『多田院由来記』に伝えられる美女丸伝説を舞台化したものと思われ、幸若舞曲にも類似した内容の作品がある。

【三井寺】

みいでら――四番目物■五流

子どもをさらわれた母が京都の清水寺《きよみずでら》の観世音に祈願すると、三井寺に行くようにお告げを得る。狂女となった母が三井寺を訪ね、鐘を撞《つ》こうとする。住職が止めるが狂女は昔の中国の故事を引き、鐘を撞くうちに煩悩の迷いも晴れ、鐘に関する和漢の詩歌を思い出し、三井寺の月を眺め続ける。そこへ僧に連れられた我が子に再会する。

能には、我が子を求めて物狂いとなってさすらう母を主人公にした「母物狂い」と呼ばれるジャンルがある。その中でも〈三井寺〉は、「花鳥風月」や「雪月花」という日本人の美意識の中核をなす秋の月を象徴とした季節感あふれる名曲だ。

清水観世音の神託を受ける前場《まえば》は、ある意味で神の意思によって動かされる人間のドラマの発端とも感じられる。一方で後場《のちば》は、ただストーリーを追うだけではなく、音楽的要素と舞踊的要素をふんだんに取り入れ、情

典拠＝未詳
場所＝京・清水寺
　近江・三井寺
前シテ＝千満丸の母
後シテ＝千満丸の母（狂女）
子方＝千満丸
ワキ＝三井寺の住職
ワキツレ＝従僧
オモアイ＝清水寺門前の者
アドアイ＝三井寺の能力

◆**補記**
三井寺とは、天台宗寺門派総本山の園城寺をいう。滋賀県大津市にある。
「三井の晩鐘」は近江八景の一つ。また、「音の三井寺」「銘

の神護寺」「型の平等院」の三つが日本三名鐘といわれている。

◆**用語解説**

カケリ　234頁参照

鐘ノ段（段物）　147頁参照

クセ　361頁参照

趣豊かな舞台を作り上げている。三井寺までの道行《みちゆき》、物狂いを象徴する**カケリ**。能ならではの象徴的表現による風景描写。鐘楼の作り物を撞く**鐘ノ段**は、謡も優れ型もすばらしく華やかささえ感じる。一転して**クセ**では動きを抑え、能因法師《のういんほうし》や小侍従《こじじゅう》などの和歌を引用して、たっぷりと謡による表現を堪能させる。謡と舞による詩的情緒豊かな表現が、ドラマを多角的に見せ、奥行きの深いものにしている。

舞台に登場する鐘の作り物はミニチュア的だが、舞台上では遠近法を使って描かれたように見えるのも興味をそそる。シテが鐘を撞く場面での作り物の存在感は、リアルでないゆえの独特のものがある。

【通盛】

みちもり――二番目物 ■ 五流

舟を漕ぎ寄せた老人と女は平家一門、とりわけ小宰相局《こざいしょうのつぼね》が身投げした最期について語ると、海中に消える。僧が回向《えこう》していると通盛夫婦の亡霊が現れ、一ノ谷での小宰相との別れ、そして戦となったこと。経正《つねまさ》、忠度《ただのり》と平家の武将たちが次々と討たれていく中で、通盛も木村源五重章と刺し違えて討ち死にした最期の様子を語る。

夫婦の深い愛情による絆が、戦争という、とてつもなく大きな時代の波によって断ち切られてしまうというテーマは、現代にも通じるものがある。

一ノ谷の合戦の際、他の武将たちが妻子を都に残して前線での戦いに臨んでいる中で、最後まで愛する妻の小宰相を手元に迎え、戦い前夜に戦線を離れて名残を惜しむという通盛の姿は、武将としては決して褒められたものではない。しかし、超人的な活躍をする武将の鏡のような人々よりも、通盛の方に心が動かされるのは、通盛の人間くささに私たちが共感するか

典拠＝『平家物語』『源平盛衰記』
場所＝阿波・鳴門
前シテ＝浦の老人
後シテ＝平通盛の霊
前ツレ＝浦の女
後ツレ＝小宰相局の霊
ワキ＝滞在の僧
ワキツレ＝同伴の僧
アイ＝浦の男

◆**補記**
井阿弥《せいあみ》の原作を世阿弥が大幅に改作したもので、修羅の鬼の能としての修羅能から、平家の公達を花鳥風月にことよせ、優美に表現して

いく修羅能への分岐点ともいえる作品である。


らだろうか。建前（仕事）と本音（家庭）との葛藤に揺れ動く心は、現代の私たちにもひしひしと感じられる。

戦死した通盛のあとを追うようにして自ら命を断つ小宰相との愛の結びつき。こんなにも深く愛しあった通盛と小宰相だが、運命の流れは悲惨な戦をもって二人の間を引き裂く。戦争の酷さを情緒豊かに表現することで、直接観客の情念に訴えかけてくる。

『平家物語』巻九「落足」「小宰相身投」や『源平盛衰記』を典拠としているが、能ではその全てには触れていない。小宰相が別れの夜になって、はじめて妊娠していることを通盛に告げたことや、入水した小宰相の遺骸を海から引き上げた後、亡き通盛の鎧で包んで再び海に沈めたことなどだ。これらを知って能を見ると、哀れさが一層深く感じられる。

【三山】

みつやま――四番目物　■観世・宝生・金剛

良忍上人《りょうにん》が三山で若い里女に会う。香久山《かぐやま》に住む膳手公成《かしわでのきんなり》は畝傍山《うねびやま》の桜子と耳成山《みみなしやま》の桂子のもとに通っていたが、男の心は若い桜子に傾く。桂子は桜子に負けたことを恨み、耳成の池に身を投げて死んだ。里女は昔語りを終えると、桂子だと名乗り池の底に沈んでしまう。念仏を唱える良忍上人の前に桜子の亡霊が現れ、桂子の恨みを解くよう求める。桂子の亡霊が登場し後妻打《うわなりう》ちの争いを見せるが、上人の念仏を受け、二人は成仏する。

男女の三角関係を題材とした作品。『万葉集』巻一の天智天皇の長歌による伝説をふまえ、室町時代によく行われたと思われる後妻打ちの風習を加味して作り上げている。前場《まえば》のクセで語られる桂子の思いは、さびさびとした風情を醸し出す。後場《のちば》では後妻打ちを見せるが、美しい二人の女が唐織《からおり》の片袖を脱いで桂と桜の枝を打ち合わせる姿は、いかにも艶にして美しい。

典拠＝『万葉集』
場所＝大和・大和三山
前シテ＝里女
後シテ＝桂子の亡霊
後ツレ＝桜子の亡霊
ワキ＝良忍上人
ワキツレ＝従僧
アイ＝所の男

◆**補記**

観世流では、1985年に復曲された。後場で優美な女の亡霊が嫉妬に狂って後妻打ちに及ぶ場面を風狂美中心の見せ方にし、怨恨の自己昇華による解決の色彩が強い演出となっている。

典拠＝未詳
場所＝摂津・水無瀬
シテ＝妻の霊
子方＝姉（為世の娘）
子方＝弟（為世の息子）
ワキ＝為世

◆補記

貞享本の〈為世〉には、姉弟が父だと知らずに僧に身の上を語り、母の形見を布施に差し出すと為世もいたたまれずに忍び出ようとするなど、父子の連綿として尽きない情愛を詳しく描いている。

【水無瀬】

みなせ――四番目物 ■喜多

水無瀬の里の為世《ためよ》は剃髪《ていはつ》し出家して高野山で修行していたが、故郷を懐かしみ水無瀬に戻る。一方、為世の子である姉弟は、父が出家したあと母まで亡くなったので、父との再会を夢見ている。母の命日にあたる日、姉弟は為世と知らず僧を呼び止め回向《えこう》を頼む。為世は子供たちだと気付いているものの、出家の身で愛着の煩悩に迷ってはならないと考え親子の名乗りをしないまま亡妻を弔《とむら》うと亡妻が現れ、子供たちに引きあわせ、我が子への愛ゆえに迷う身を嘆くが、回向を受け成仏する。

作者不詳の能で別名〈為世〉とも言う。前半では、父に捨てられ母を失って孤児となった姉弟の、母を慕い父を思う情に可憐な涙を誘われる。後半では、仏道修行を理由に親子の名乗りをしない為世の心理と、親子・夫婦の恩愛と捨てられたことへの妻の妄執《もうしゅう》とが、二人の子供を間に置いて巧みに描かれている。

【水無月祓】

みなづきばらえ――四番目物 ■ 観世

都の男が播磨国室津《むろのつ》の遊女とねんごろになり、夫婦の約束を交わすが、男が迎えを出すと女は行方不明になっていた。男は水無月祓なので糺《ただす》の賀茂の明神へ参詣する。そこにやって来た女物狂いは夏越《なごし》の祓《はらえ》のいわれを説き、烏帽子《えぼし》をつけて舞うと神前の水鏡《みずかがみ》に映る姿を見てはじらい、泣き伏す。男はこの狂女が室津で契った女であると気付き、二人揃って帰ってゆく。

男女の恋愛と別れ、そして再会をテーマとした狂女物。男と女が別れる前場《まえば》が脱落した一場物となっている。別離した男女が賀茂の社で再会するという筋は〈賀茂物狂〉と類似している。下鴨神社の夏越の祓や茅の輪《ちわ》くぐりといった夏の風物史を折り込みながら、夏越の祓のいわれを語るところが聞きものになっており、それに続き、茅の輪をくぐって穢《けが》れを祓うように人々にすすめながら舞い遊ぶ場面も見どころ。そして恋人との再会の祈りをこめた**中ノ舞**を見せる。

典拠＝未詳
場所＝山城・賀茂明神
シテ＝女物狂
ワキ＝都の男
アイ＝所の者

◆**補記**
神前で室津の遊女が舞う姿は〈室君〉とも重なり、巫女、白拍子、遊女、物狂いの根源的近似性を思い起こさせる。

◆**用語解説**
中ノ舞 207頁参照

【身延】

みのぶ――三番目物 ■観世

日蓮上人は身延山にいて心を澄まし、法華経を読誦《どくじゅ》する毎日を送っている。そこへ、上人の読誦の時に合わせて日参する女が、今日も時を違わずにやって来る。法華経の教えに志が深いと見て、上人は女に問うと、女は麓の里に住む者だと答えるが、上人は不審に思い、この世に亡き人だと見破る。女は法華経のおかげで苦患を免れたと感謝し、法華経のありがたさを詳しく述べると、日が傾く頃に舞を舞い、この地が「草木国土悉皆成仏《そうもくこくどしっかいじょうぶつ》」の霊地であると讃える。

法華経を礼賛することを中心に置いた作品。ワキ座に**一畳台**を置き、日蓮上人の御座《ござ》とする。シテは中年女性または老尼姿の両様がある。シテは報謝のために**序ノ舞**を舞う。この作品では法華経が重要視する女人成仏を主題にしているように見えるが、その奥には〈現在七面〉との繋がりが意識されているようにも思える。

典拠＝未詳
場所＝甲斐・身延山麓
シテ＝麓に住む女
ワキ＝日蓮上人

◆**用語解説**

一畳台　105頁参照

序ノ舞　364頁参照

【御裳濯】

みもすそ――脇能　■金春・（喜多参考曲）

雄略天皇の臣下が従者とともに伊勢大神宮に参詣する途中、御裳濯川（五十鈴《いすず》川）にやってくると、田に川の水を引き込んでいる老人と男に出会う。老人は臣下の問いに答え、昔、倭姫命《やまとひめのみこと》が裳裾《もすそ》の汚れをこの川で洗ったことから御裳濯川と名付けたとの由来を説き、大神宮の神徳や三種の神宝のことなどについて語ると、自分は興玉の神の化身だと言って消える。やがて夜になり、興玉の神が姿を現すと、颯爽と舞を舞い太平の御代を寿ぐ。

前シテの老人はエブリを持ち、農作業を象徴する。御裳濯川の名の由来や神宮の神徳を語ることが中心となり、動きはほとんどないが、荘重な詞章で重厚感があり、どっしりとした場面となる。後シテは若い男性姿の神として登場し、颯爽と神舞《かみまい》を舞い、力強さとめでたさを爽やかに見せる。全体に屈曲のない、まっすぐな展開で脇能らしさを持つ。

典拠＝『神皇正統記』『倭姫命世紀』
場所＝伊勢・御裳濯川
前シテ＝老人
後シテ＝興玉の神
ツレ＝男
後ツレ＝娘
ワキ＝廷臣
ワキツレ＝廷臣の従臣たち
アイ＝所の者

◆補記

倭姫命は伊勢神宮内宮を創建したとされ、伊勢斎宮の起源となったと伝えられている。〈御裳〉〈御裳濯川〉〈鏡御裳濯〉〈石鏡《いしのかがみ》〉とも。

【三輪】

みわ――四番目物■五流

玄賓《げんぴん》僧都のもとへ毎日樒《しきみ》と閼伽《あか》の水（仏に供える木と水）を持ってくる女が、秋の夜寒をしのぐため衣を一枚所望する。玄賓は快く衣を与え、女の住まいを問うと、女は古歌を詠じ姿を消す。玄賓が三輪山の神前に来ると、杉の枝に先程の衣がかかっている。杉の木陰から女姿の三輪の神が姿を現し、苧環《おだまき》の糸が三輪残っていた故事を語り、神代の昔の天の岩戸の神遊びの様子を舞って見せ、伊勢と三輪の神が一体であることを語るうちに姿を消す。

この作品の中心にあるのは、『古事記』などに記されている三輪の神婚説話だ。人間と神という異類の結婚をモチーフとした説話で、その中では夫（実は三輪の神）が蛇の姿をしていたとされているが、能ではこの部分を割愛している。毎夜女のもとに通う男の正体が三輪の神（オオモノヌシ）であったという『古事記』の話からは、三輪の神は男だったと考えられるが、能では女の姿で現れる。これを三輪の神が巫女《みこ》に憑依《ひょうい》していると考えるこ

典拠＝『古事記』
『日本書紀神中抄』
場所＝大和・三輪
前シテ＝里女
後シテ＝三輪の神
ワキ＝玄賓僧都
アイ＝三輪の里人

◆**補記**

女神として現れた後シテが玄賓僧都に罪苦の救済を乞う。神が僧に助けを求めるという構図が分かりにくいかもしれない。これは、中世の思想では、神には三熱の苦しみがあり、衆生に苦しみがある限り神も娑婆に

留まって苦を受けると信じられており、神が罪苦の救済を求めるのは、衆生済度の方便なのだと考えられていたためだ。

◆用語解説

小書　49頁参照
クセ　361頁参照
神楽　63頁参照

ともできるが、前シテを里女とする解釈に疑問が残る。三輪の神自体の性別を女とする説もあるが、「思えば三輪と伊勢の神、一体分身のおん事」と謡われるとおり、伊勢の神（天照大神）と三輪の神が一体だから女体であるとの考え方を受け入れるべきかもしれない。そう解釈すると、神婚譚《しんこんたん》を語った三輪の神が、突然天の岩戸の昔を語ることも不自然ではなくなる。苧環の糸が三輪残ったように、玄賓僧都との杉立てる門の和歌の話と三輪山伝説と天の岩戸伝説が三つ巴になっている。

　そして、この能には観世流の「誓納《せいのう》」、金剛流の「神道」、喜多流の「神《かみ》遊《あそび》」など神道関係の秘事を取り入れた**小書**《こがき》が多数存在する。通常は**クセ**で神の恋物語を語り、**神楽**《かぐら》を舞うが、小書によってさまざまな演出が行われる。

【六浦】

むつら――三番目物■五流

旅の僧が六浦の称名寺《しょうみょうじ》を訪れ、里女に庭の楓《かえで》の木が秋なのに紅葉していない理由を尋ねる。女は昔鎌倉の中納言藤原為相《ためすけ》卿が来た時、この木一本だけが色濃く紅葉していたので和歌を得、それ以来紅葉しなくなったと語り、楓の精であることを明かして消える。僧が読経していると楓の精が姿を現し、仏徳をたたえ四季を彩る草木の美しさを謡い（クセ）、夜遊の舞を舞うと（序ノ舞）消え去る。

草木の精は擬人化されて人間と同様に心を持ち、世の無常を知り、「草《そう》木国土悉皆成仏《もくこくどしっかいじょうぶつ》」という仏教の教理によって成仏していく。〈杜若《かきつばた》〉などの美しい花が若い女に模されるのに対し、〈芭蕉《ばしょう》〉など地味な草木は中年の女に模される。〈六浦〉の楓の精は華麗でも閑寂でもない淡々とした雰囲気を作り上げる。自然の中に棲息する樹木の姿そのままに、淡白な中に情緒を漂わせた作品。藤原為相は藤原定家の孫で歌道の冷泉家の祖。

典拠＝『藤谷和歌集《とうこく》』
場所＝相模・六浦　称名寺
前シテ＝里女
後シテ＝楓の精
ワキ＝旅の僧
ワキツレ＝従僧
アイ＝里人

◆補記
楓は葉の形がカエルの手に似ているところから古くは「蛙手」と呼ばれていた。また、秋に紅葉する木の中で、楓類が際立って美しいことから、紅葉する木々を代表して楓のことをモミジと言うようになった。

【無明の井】

むみょうのい――新作能

旅の僧が北国の荒野にやって来る。そこには枯れ井戸がある。里女が現れて僧に井戸のいわれを語り、水を汲もうとする。そこに漁夫の霊が現れ水が命に通じていることから水争いになるが、やがて二人は姿を消す。所の者から扁鵲という医師が太守の娘の病気を治すため、脳死した若い漁師の心臓を移植したことを語る。僧の前に脳死した男の霊と移植を受けた女の霊が現れ、心臓移植のありさまを述べると、無明の苦しみを訴えて闇の底に消える。

脳死や臓器移植という現代的なテーマを扱った新作能。心臓を奪われた男の苦しみと同時に、他人の命を奪って生き永らえた自分を許せない女の苦悩を見せる。生死にまつわる問題を、科学の立場を越えて描き、『万葉集』の歌やダンテの『神曲』の地獄描写などを引用している。1991年の初演以降、日本のみならず海外でも上演されている。

典拠＝未詳
場所＝北国の枯れ井戸
前シテ＝漁夫の霊
後シテ＝脳死の男の霊
前ツレ＝里女
後ツレ＝移植を受けた女の霊
ワキ＝旅の僧
アイ＝所の者

◆補記

作者の多田富雄は高名な免疫学者だが、詩人・能作者としても活躍した。新作能に本作品のほか〈望恨歌〉〈一石仙人〉がある。

【室君】

むろぎみ――四番目物 ■観世・金春

播磨国の室の明神では、天下泰平の世には室津《むろのつ》の遊女たちを舟に乗せ、囃子物《はやしもの》をして神前に参らせる神事を行う。今年も平安な世なので神職が神事を行うように命じると、室君たちが舟に乗って現れ、舟唄を歌い、神前で神楽《かぐら》を舞い奉納する。すると歌舞や囃子に誘われて、室の明神の本地とされる韋提希夫人《いだいけぶにん》が現れて、春の夜の月光の下、優雅に舞を舞うと（中ノ舞）、明け方の雲に乗って昇天する。

作者不明、これといった典拠も見当たらない。前半では大勢の遊女を水《みず》衣《ごろも》姿の三人のツレで代表させ、舟唄から棹《さお》の歌、そしてクセと続く謡を堪能させてくれるとともに、クセの舞から神楽へと舞姿で目を楽しませてくれる。神楽を舞うまでをツレが演じ、シテは、後半になって登場して中ノ舞を舞う。シテに謡が全くないというのは〈羅生門〉〈現在鵺《ぬえ》〉とともに珍しく、脇能の後ツレの天女を独立させたとも考えられる。

典拠＝未詳
場所＝播磨・室の津
シテ＝韋提希夫人
ツレ＝室君たち
ワキ＝神職
（アイ＝室の長）

◆**補記**

韋提希夫人はインドの摩訶陀国の頻婆娑羅王の后で、阿闍世王の母にあたる。釈迦の説く「観無量寿経」により往生をとげたと言われる。室津の遊女たちを教化した法然上人も「観無量寿経」で悟ったことと関連があるかもしれない。

【和布刈】

めかり——脇能 ■観世・宝生・金剛

典拠＝『古事記』『日本書紀』
場所＝長門・早鞆神社
前シテ＝漁翁
後シテ＝龍神
前ツレ＝海女
後ツレ＝天女
ワキ＝神主
ワキツレ＝神主の従者
アイ＝室の長

◆**用語解説**

クセ　361頁参照
天女ノ舞　99頁参照
舞働　237頁参照
一畳台　105頁参照

毎年12月晦日《みそか》の和布刈の神事を控えた早鞆《はやとも》明神の神主の前に、海女と漁翁が現れ、彦火火出見尊《ひこほほでみのみこと》と豊玉姫《とよたまひめ》の故事を語り（クセ）、天女と龍神であると身分を明かすと姿を消す。和布刈の神事の時刻になると天女が現れ、舞を舞う（天女ノ舞）。やがて寅の刻になると沖から龍神が現れ、波は屏風を立てたように左右に分かれ、海の道が開ける（舞働《まいばたらき》）。神主は海に下って和布を刈って帰ると、ほどなく潮が満ちてもとの荒海となる。

和布刈の神事は、醍醐天皇の皇子重明親王の『李部王記』に710年豊前国隼人《はやと》の神主がこれを始めたとある。この神事に『古事記』『日本書紀』等に見える彦火火出見尊と龍宮の豊玉姫の神話を織り混ぜ、陸と海との交流と断絶を語っている。ワキは、舞台正面後方に置かれた**一畳台**と宮の作り物を社殿に見立て、鎌を持ち、松明《たいまつ》を振りながら和布刈をする様が印象的。

【望月】

もちづき——四番目物 ■五流

安田荘司《しょうじ》友治が望月秋長に殺され、妻と子の花若は流浪し、近江国守山で甲屋という宿に泊まったところ、家来であった小沢刑部《ぎょうぶ》友房が宿の亭主であった。再会を喜んでいると、偶然仇《かたき》の望月が宿をとる。小沢は計略を立てて安田の妻を盲《めくら》御前に仕立て、花若に手を引かせて望月の座敷へ連れていく。望月への慰みにと酒を飲ませ、母に曾我兄弟の仇討ちの物語を謡わせ、花若には八撥《やつばち》を打たせる。最後に小沢も獅子舞を舞う。そして望月の隙を見て敵を討つ。

この作品には二つの特徴がある。一つは、流浪する母子の仇討ちを中心にした人情物としての明解なストーリー展開だ。能としては珍しく台詞による舞台進行が中心で、芝居がかった作品でもある。甲屋の主人、実は小沢刑部友房と、故主安田の妻と遺児花若の偶然の出会いにおける主従の情愛の深さ。一転して望月が同宿したことでの主従の喜び。敵味方が互いに

典拠＝不明
場所＝近江・守山

シテ＝小沢刑部友房
ツレ＝安田荘司友治の妻
子方＝花若
ワキ＝望月秋長
アイ＝望月の下人

◆補記

上掛リ（観世・宝生）の演出では、最後にワキは笠を残して切戸口から退場し、シテと子方は残された笠を望月に見立てて切りつける。下掛リ（金春・金剛・喜多）では、シテがワキの胸元をとって小刀で刺すなどの写実的

演出になっている。

◆用語解説

クセ　361頁参照
羯鼓　169頁参照
獅子　171頁参照

正体を隠しての虚々実々のかけひきは、思わず見ている観客までも緊張させる。能の様式性の中で、歌舞伎とは違ったドラマチックな舞台を見せてくれる。もう一つの特徴は、作品の中で見せる芸づくしだ。**クセ・羯鼓**《かっこ》**・獅子**と三者三様の芸を演ずる趣向。特に獅子は、〈石橋《しゃっきょう》〉と〈望月〉そして金剛流のみに伝わる〈内《うち》外《と》詣《もうで》〉にしかない重い習いだ。〈石橋〉のように獅子そのものが舞うのではなく、劇中劇としての「扇の獅子」と通称される〈望月〉の獅子舞は、赤布で覆面し赤頭《あかがしら》に金の扇2枚をのせた扮装で、スリリングな緊張感を与えてくれる。

仇討ちにおける芸づくしという視点から考えると、類曲〈放《ほう》下《か》僧《ぞう》〉にならって近江猿楽で作られた作品が大和猿楽に移入されたと類推される。

【求塚】

もとめづか――四番目物　■五流

早春の野で若菜摘みをする里女たち。一人の女が残り、僧を求塚へ案内して塚のいわれを語る。昔、菟名日《うない》処女《おとめ》が二人の男に同時に求婚されたが決断できず処女は川に身を投げ、二人の男は処女を葬った塚の前で刺し違えた。女は助けを求め塚の中に消える。やがて塚の中から処女の亡霊が姿を現し、八大地獄の苦しみののち、やっと求塚を尋ね得たと見えたところで、亡霊の姿は消える。

前場《まえば》の若菜を摘む場面では「堀河百首」の歌も用いられ、牧歌的な雰囲気を醸し出す。処女が語る求塚の物語は、淡々とした語りから「その時わらは思ふよう」という言葉をきっかけに、一人称に変わっていくところが圧巻。早春の明るさと里の女の眩しさが、一転して不気味な陰りをおびる。

後場《のちば》では、処女の亡霊が地獄で苦しむ凄惨な姿を見せる。火宅《かたく》の柱に縋《すが》りつく場面や、無間の底に足上頭下に落ちるところでの象徴的表現が、能

典拠＝『万葉集』『大和物語』
場所＝摂津・生田

前シテ＝里女
後シテ＝菟名日処女の霊
前ツレ＝里の女に同行の女
ワキ＝旅の僧
ワキツレ＝同行の僧
アイ＝里の男

◆**補記**

魅力的な作品だが、内容があまりにも陰惨なためか、長らく廃絶していた流儀が多かった。金剛流では1931年、観世流は1951年、金春流は1991年に復曲された。

の内在されたエネルギーを充分に感じさせる。恋愛ゆえの妄執《もうしゅう》から地獄で苦しむさまを描くことの多い能の中でも、処女の優柔不断さが責められ、これほど苛酷で陰惨な能もまれ。処女自身には恋の妄執も悪意もないが、処女の優柔不断さや賭けのために鴛鴦を射させるという行為が、結果として男の心をもてあそび、殺生をする残忍な心と同じ償いを求められる。結末に救いがなく突き放したような印象も、安易な妥協がないため、かえって現代の私たちを共感させる。

◆用語解説

火宅　260頁参照

【紅葉狩】

もみじがり――五番目物 ■ 五流

侍女を伴い戸隠山で紅葉狩の宴を開く高貴な美女たちは、鹿狩りにきた平維茂《これもち》一行を酒宴に誘う。いつしか酔って寝てしまう維茂に、夢から覚めるなと言い残して美女は消え失せる。

八幡宮の末社の神が維茂の夢に現れ、女がこの山の鬼だと教える。やがて現れた鬼女に対し、維茂は心中に「南無八幡大菩薩」と祈念して激しく格闘し、ついに鬼女を退治する。

平維茂の鬼退治をテーマに、単なる武勇伝ではなく、繚乱《りょうらん》の紅葉を配し、美女から鬼女への急変、きらびやかな酒宴から一転して死闘への対照と、前後にコントラストを持たせ変化に富んだ舞台を見せてくれる。

前場《まえば》では、やんごとなき上臈《じょうろう》が山中で紅葉狩の酒宴をはじめる。維茂の袂を引いて酒宴に誘いこむ女のあやしい色気。酒色をもって維茂を誘惑し、たぶらかそうとする女の思わせぶりな媚態に、舞台いちめんに妖艶な雰囲

典拠＝未詳
場所＝信濃・戸隠山
前シテ＝上臈
後シテ＝鬼女
ツレ＝侍女
ワキ＝平維茂
ワキツレ＝従者
アイ＝供の女
アイ＝末社の神

◆**補記**

長野県戸隠村の荒倉山山中には、鬼女紅葉の岩屋と呼ばれる洞窟が残っている。鬼女伝説として設定されている〈紅葉狩〉だが、その実体は山を本拠地とし、女装して

旅人をたぶらかして襲った群盗だったとも考えられる。大自然の鬼ではなく、平安な日常を装った前場から、後場に変貌する鬼は、鬼という名でくくられたアウトサイダーの群れのようにも思われる。
新歌舞伎十八番の一「紅葉狩」は、本作品を典拠にして作られたもの。

気が漂う。女のしとやかで優雅な舞も、維茂が寝入ってしまうとともに一転して不穏な気配から急テンポになるところは、能の表現力の変化の妙といったものが味わえる。後場《のちば》は舞台を縦横に使ったすさまじい立廻りに目が離せない。舞台転換の巧みさや、シテのみならずツレやワキにも活躍の場を与え、劇的なストーリー展開によって「見て楽しめる大衆的な能」を創作した観世小次郎信光のショー的な要素をふんだんに取り入れた作品。

【盛久】

もりひさ――四番目物 ■ 五流

主馬判官《しゅめのはんがん》盛久は囚われの身となり、土屋三郎に護送される途中、京・清水の観世音に立ち寄る。鎌倉に着いた盛久は、翌日の処刑を控えて最期に観音経を読み上げ、霊夢をみる。明け方になり由比が浜の刑場で西に向かって清水観世音を拝み断罪の時を待つが、首切役人が取り落とした太刀は二つに折れる。頼朝の御前に呼び出された盛久は観音の夢の告げを話し、同じ夢をみた頼朝は盛久の命を助け盃を賜る。盛久も晴々と舞を舞い（男舞）、やがて御前を退出する。

世阿弥の幽玄を目指した作品とは異なり、極めて個性が強く、現代的な心理劇としても鑑賞に耐えうる作品。世阿弥の長男十郎元雅作。物語の骨子は霊験あらたかな観音利生記だが、盛久が終始観音を信仰する姿も死と直面した人間の姿として無理なく描かれており、処刑の場面での奇跡も盛久の信仰心の強調として表現されている。

典拠＝『平家物語』
場所＝京・清水寺
　相模・鎌倉、由比が浜
シテ＝盛久
ワキ＝土屋三郎
ワキツレ＝輿舁・土屋の従者
アイ＝土屋の下人

◆補記
清水から鎌倉への「海道下り」は、さまざまな土地に運命の変転を重ね合わせた表現がすばらしい。

◆用語解説
男舞　149頁参照

【八島】

やしま——二番目物　■五流（観世〈屋島〉）

讃岐国屋島の浦で僧に宿を貸した漁翁は、りりしい義経の大将ぶり、三保谷四郎と悪七兵衛景清《あくしちびょうえかげきよ》との兜の錣引《しころび》き、佐藤継信《つぐのぶ》と菊王の壮烈な戦死など源平合戦の模様を語り、義経だとほのめかして消える。

夜半過ぎに義経の霊が現れ、戦いの最中に弓を落としたが危険を冒して取り返したと語り、修羅道の責め苦を見せると夜明けとともに消え失せる。

悲劇の主人公として描かれることの多い義経だが、〈八島〉は勝利の栄光に輝く絶頂期を素材にしている。しかし勝敗が作品の抒情を左右するものではなく、かえって勝ち戦に明けてゆく朝の寂しさと空しさは、修羅能の持つ哀しさを際立たせている。

前場《まえば》は修羅のなれの果てともいうべき老人の、重たい哀愁の情を持った登場によって、春の宵ののどかな風景が古戦場の殺伐とした雰囲気へと変わる。老人の語る戦物語は、戦の持つ虚しさを、義経は継信を身代わりに

典拠＝『平家物語』
場所＝讃岐・屋島
前シテ＝漁翁
後シテ＝源義経の霊
ツレ＝漁夫
ワキ＝旅の僧
ワキツレ＝従僧
アイ＝屋島の浦人

◆用語解説

間狂言　24頁参照

替間　能の小書の中には間狂言に関するものがあるが、通常の間狂言のかわりに別の間狂言を演じる場合、その変更して演じるものを「替間」という。〈加茂〉の「御

田」、〈輪蔵〉の「鉢叩」、〈八島〉の「那須」、〈嵐山〉の「猿聟」などがある。

失い、教経《のりつね》は菊王を討たれ、愛する者を失った悲しみに両軍が兵を退いて戦を終えたことによって表している。

後シテは前場の悲哀感を吹き飛ばすような激しさを持って現れる。義経は自らの生命を賭《と》して名誉を守る「弓流し」を見せ修羅のありさまを見せるが、それは勝ってもなお繰り返され、果てることのない修羅の情念なのだ。一夜の幻が消えさり、何事もなかったかのような明け方の景色との対比がすばらしい。

〈八島〉の間狂言《あい》は通常は舞台中央で正面を向いて着座し、屋島での義経の話を語る。替間《かえあい》「那須」では那須与市の扇の的のエピソードを、義経、後藤兵衛実基、与市の三人の立場で、座る位置を変えて演じ分ける。語リに所作を伴う特殊なもので、『平家物語』巻十一の「那須与一」を基に戦場の大パノラマを舞台に展開する。

【山姥】

やまんば ―― 五番目物 ■ 五流

百万山姥《ひゃくまやまんば》という白拍子《しらびょうし》が善光寺参詣への途中、上路《あげろ》山の山中で女が現れ家へ案内し、白拍子に山姥の曲舞《くせまい》を所望する。そして、自分こそ真の山姥であると告げた女は消え去る。やがて山姥が真の姿を現し舞を舞う。六《ろく》道《どう》を輪廻《りんね》するような山姥の舞は、深山の光景、山姥の境涯を通して、邪《じゃ》正一如《しょういちにょ》、色即是空といった仏教の摂理を説いていく。山姥は山から山へと山巡って、やがて消え去る。

山姥とは、山に住んで旅人を取って食うという鬼ではなく、神秘的な深山のたたずまいから想起される山岳信仰を含めた、大自然そのものの象徴である。また、山巡りとは輪廻《りんね》を象徴し、絶え間ない苦しみを繰り返す人生そのものといえる。そうした意味では、山姥とは人間存在そのものを表していると考えられる。

前場《まえば》の登場は、急変しやすい山の天候を印象づける。クライマックスは

典拠＝未詳
場所＝越後・上路山
前シテ＝山の女
後シテ＝山姥
ツレ＝白拍子百万山姥
ワキ＝従者
ワキツレ＝供人
アイ＝境川の里人

◆補記

一種類の能面を汎用することが多い能の中で、山姥は専用面を用いる。その面から受ける印象は、優美とか柔和ではなく鬼の持つ恐ろしい強さでもなく、また単に老女でもない。強みと凄みが

ありながら優しさもあり、スケール感も持ちあわせている。

◆**用語解説**

白拍子　300頁参照

クセ　能の先行芸能である曲舞の節を取り入れた長文の謡。七五調を基準とした叙事的な内容で、一曲の中心部に位置する。謡の聞かせどころであり、字余りや字足らずの句を多用し、リズムも変化に富む。大部分が地謡によって謡われる。クセにあわせて舞を舞うものを「舞グセ」、役者が舞台中央にじっと座ったままでいるものを「居グセ」という。

『申楽談儀』　162頁参照

後場《のちば》の**クセ**で、文章は格調高く、リズムとメロディーは重厚で、山姥の存在感をみごとに表現している。世阿弥が**『申楽談儀《さるがくだんぎ》』**で「名誉の曲舞どもなり」と自賛している。邪正一如、色即是空など仏教用語が沢山用いられるが、内容としてはさほど難解ではない。特に後半で、山姥と人間の生業との目に見えぬ交わりを説くあたりは、民話的な温かみが感じられる。内容を逐一理解できなくても、全体の雰囲気を感じとることができる。終曲では、緩急のある動きの中に谷峰を飛翔する姿を見せる。哲学的であると同時に舞踊的魅力満点の作品である。

【夕顔】

ゆうがお――三番目物 ■観世・金剛・喜多

五条あたりにやってきた旅の僧の前に現れた女が、光源氏が夕顔の女と契りを結ぶようになったが河原の院で夕顔の女は物の怪に憑かれ、帰らぬ人になってしまったと語り、姿を消す。僧が弔《とむら》っていると、夕顔の女の亡霊が現れ、恋の乱れに心を奪われてこのような身になったので、どうか迷いを晴らしてほしいと僧に頼み、当時を思い出して舞を舞うと、法華経の功徳によって妄執《もうしゅう》を離れて成仏できることを喜び、消え去った。

典雅な趣を持つ『源氏物語』の中でも、夕顔の女の悲話は殊にすぐれて哀れな素材だ。夕顔の女は身分の高い女ではないが、愛らしくほそやかになよなよとしていじらしい女。そこが、気位の高い上流階級の女たちとは違った魅力になっている。頭中将《とうのちゅうじょう》に見染められて一子（後の玉鬘《たまかづら》）をもうけるが、中将の妻の右大臣家に追われ、隠れ住んだところで光源氏と出会う。能には、源氏と夕顔の女の出会いをテーマに〈半蔀《はしとみ》〉と〈夕顔〉の二

典拠＝『源氏物語』
場所＝京・五条
前シテ＝五条あたりの女
後シテ＝夕顔の女の霊
ワキ＝旅の僧
ワキツレ＝従僧
アイ＝五条あたりの者

◆**用語解説**
クセ　361頁参照
序ノ舞　364頁参照
三道　38頁参照

つの作品がある。〈半蔀〉は源氏と夕顔の出会いを中心に、黄昏時の夕顔のおぼろなイメージで統一している。一方〈夕顔〉では、夕顔の女が変死した河原の院に舞台を設定し、命も恋もはかなく消える哀れさを中心に、底知れぬ寂しさと、そこはかとなくただよう薫りとを感じさせてくれる。前場《まえば》では、**クセ**で源氏と夕顔の出会いから夕顔の死までを、シテはじっと座ったままで、地謡によって表現する。後場《のちば》では、シテの舞う**序ノ舞**を中心として、情念を集中していく。

世阿弥は『三道《さんどう》』の中で「六条御息所が葵上に取り憑いて祟るとか、夕顔の上が物の怪に取られるとか、浮舟に憑きものがつくといった具合に、舞台で見栄えのする艶やかで華麗な素材は、わけても稀に見る風情の母体なのである。古い歌に、梅の香を桜の花に匂わせて柳の枝に咲かせるような、というのがあるが、そういう三拍子揃った夢よりも、なおいっそう得がたい舞台効果を生み出す素材だと言うべきであろう」と記している。現行曲は「物の怪に取られる」演出ではないが、もともとは、もっと劇的要素の強い演出だったのではないかとも考えられる。

【雪】

ゆき――三番目物　■金剛

天王寺に向かう僧が野田の里まで来ると、にわかに空がかき曇り、方角もわからぬほどの大雪になったので、雪がやむのを待つことにする。そこに一人の美しい女が現れる。僧が素性を尋ねるが、雪の中から現れた女は、自分が何者であるかがわからない。そして、何者かわからぬ迷いを祈りで晴らしてほしいと僧に頼む。僧は女が雪の精であろうと察したので、成仏を祈る。女は僧に感謝して、月光に衣の袖を翻《ひるがえ》し、ゆったりと清らかに舞を舞う。やがて夜も明け、女は梢にかかった雪が消えてゆくかのごとく、姿を消してしまうのだった。

能では、死後に霊となった人物や、精霊が登場する作品が多い。複式夢幻能と呼ばれる形式は、前場に仮の姿で現れ、素性を明かし、後場で本来の姿を見せる。また自らが名乗り前世の所業を演じることによる、鎮魂の効果もあるかもしれない。

典拠＝『文選』
場所＝摂津・野田
シテ＝女（雪の精）
ワキ＝旅の僧

◆補記

僧が女に素性を尋ねたときの答えは「誰とはいかで白雪の」というものだが、この「白雪」という言葉には自分の素性を「知らない」という意味が掛詞となっている。能ではこうした掛詞などの修辞法がよく用いられる。

◆用語解説

序ノ舞　優美な女性や草木

の精、老女などが舞う典雅な舞。冒頭に「序」と呼ばれる導入部を持つことが特徴。笛・小鼓・大鼓によって演奏される「大小序ノ舞」は、〈井筒〉〈江口〉などで女の霊や白拍子などが舞い、能の舞踊の中でも最も静かで気品が高い。太鼓が演奏に加わる「太鼓序ノ舞」は、女体や老体の草木の精や神仙などが舞い、静けさの中にほんのりとした華やかさを感じさせる。

小書　49頁参照

しかし、〈雪〉では、主人公の女は自分の素性を知らない。各地に伝わる雪女伝説のように、男と結婚したり命を奪ったりという自己主張はこの作品の女には見当たらない。厳寒の大気の中で結晶し、舞い降り積もり、消えていく雪のはかなさ。永らえて執心を持つことなく、無常観を象徴するような雪の精の姿は、それだけで純粋さの象徴のようだ。

雪の精は**序《じょ》ノ舞《まい》**を舞う。この舞には「雪踏之拍子《せっとうのひょうし》」という**小書《こがき》**が付く。笛の調子が盤渉調《ばんしきちょう》という通常より高い音程になり、舞の中で通常は音をたてて踏まれる拍子を、雪を踏みしめるかのように、音をたてずに踏む。無垢で清らかな舞姿が醸し出すひそやかな時の流れ。金剛流だけで演じられる。

【遊行柳】

ゆぎょうやなぎ――三番目物　■五流

遊行上人が広い道を行こうとすると老人が古道へと導き、古塚の朽木の柳という名木のいわれを語る。そして、上人から念仏を授かり消える。上人が念仏を唱え仮寝していると柳の精が老翁の姿で現れ柳に因む和漢の故事などを語り、楊柳《ようりゅう》観音や蹴鞠《けまり》のことや『源氏物語』の柏木の恋の話などを次々と語ったのち、心静かに報謝の舞を舞うと消え去る。

前場《まえば》では終始抑えた、閑寂とした情趣が表現され、特に型所はないが、心の緊張感による表現で繋いでいくことが、能独特の表現になっている。後場《のちば》では柳の精がさびさびとした舞を見せ、クセの中に蹴鞠で鞠を蹴る型や飼い猫が引綱を引く型などの入念な写実的演技があるのも注目される。柳づくしのきらびやかさが、文学的統一に無理を冒しても、面白い見せ場を連続させる。序ノ舞は太鼓入で、さびさびとした中にも独特の華やぎを持った雰囲気の中心となっている。

典拠＝『新古今和歌集』
場所＝奥州・白河の関
前シテ＝老人
後シテ＝柳の精
ワキ＝遊行上人
ワキツレ＝従僧
アイ＝所の者

◆**補記**

作者の観世小次郎信光は、〈紅葉狩〉や〈船弁慶〉など多数の人物を登場させ、ショー的な華やかな作品で新境地を開いた。晩年に世阿弥の〈西行桜〉を目標に和歌の本歌取りのような手法を用いたのがこの作品。

【弓八幡】

ゆみやわた――脇能 ■五流

勅使が石清水《いわしみず》八幡宮の初卯の祭に参詣するため男山に赴くと、弓袋を携えた老人が男を連れて現れ、この弓袋は帝への捧げものだと言って勅使に手渡す。神代には桑の弓と蓬《よもぎ》の矢で天下を治めたが、今は太平の世なので袋に入れていると語った老人は、なお応神天皇を祀った男山八幡の由来などを物語ると、自分は末社の高良《かわら》明神だと名乗って消える。やがて高良明神が勇壮な姿を現し颯爽と舞を舞うと、八幡の神徳を讃える。

八幡の縁起を物語る前場《まえば》と、高良明神の神舞《かみまい》を見せる後場《のちば》からなり、太平の世を寿ぐ作品。作者世阿弥がまっすぐな能の例として脇能の代表作にあげているとおり、形式、内容ともに最も整った脇能とされ、〈高砂《たかさご》〉〈老《おい》松《まつ》〉と合わせて「真の脇能」と称している。高良明神は、能では「カワラ」と読むが、「コウラ」とも読む。

典拠＝未詳
場所＝山城・石清水八幡宮
前シテ＝袋に入れた弓を持つ老人
後シテ＝高良明神
ツレ＝若い男
ワキ＝勅使
ワキツレ＝勅使の従者
アイ＝男山の麓に住む男

◆**補記**
後シテは若い男の神の姿で神舞を舞うが、観世流では小書で天女が出て舞い、後シテは老体になることもある。

【夢殿】

ゆめどの――新作能■（喜多）

東国の僧が法隆寺に参拝し夢殿に向かうと、老人が声をかけ、行信僧都《ぎょうしんそうず》の発願や『三経義疏《さんぎょうぎしょ》』にまつわる説話、聖徳太子が片岡山で飢人を救ったことなどを語る。そして、太子の誕生の話や十七条憲法の理念までを語った老人は、金色の光を放って消え失せる。法隆寺門前の者が聖徳太子のことや法隆寺のことを語ると、僧の夢に黒駒に乗った聖徳太子の霊が現れ、富士山を駆け遠く北越の空を巡った有り様を見せて消える。

土岐善麿《ときぜんまろ》は喜多実と協力して新作能を16曲残しているが、〈夢殿〉は記念すべき第一作。1940年5月に法隆寺で素謡《すうたい》として奉献され、1943年4月に喜多能舞台で喜多実により初演。1985年には、十六世喜多六平太により法隆寺夢殿で上演された。前場《まえば》では太子の数々の業績や伝説が語られ、後場《のちば》ではシテは夢の精の化現として表現され、美しい情景描写を行う。

典拠＝『上宮大使補闕記』
場所＝大和・法隆寺
前シテ＝老人
後シテ＝聖徳太子の霊
ワキ＝東国の僧
アイ＝法隆寺門前の者

◆補記

〈夢殿〉は、聖徳太子を主題にした能としては、それまでの作品にない充実度を持ち、また作品自体の印象も壮麗なものを持っていて、土岐善麿による他の多くの新作能とともに、後世に残る価値をもっている。

【熊野】

ゆや——三番目物 ■ 五流〈喜多〈湯谷〉〉

典拠＝『平家物語』
場所＝京・清水寺
シテ＝熊野
ツレ＝朝顔
ワキ＝平宗盛
ワキツレ＝従者

平宗盛《むねもり》は、遠江国池田の宿の熊野を都に引き留めている。熊野は宗盛に、死ぬ前にただ一目娘の顔が見たいという老母の手紙を読み、心情を訴える。宗盛は熊野の言葉に耳を貸さず、花見に行くことを強制する。清水寺までの道中、外は花盛りで明るいが熊野の心は沈んでいる。清水寺に着き、熊野は仏前で母のために祈る。宗盛に命じられ花見の宴で舞う熊野。にわかに村雨が降って花を散らすので、熊野は老母を思う和歌をしたため宗盛に差し出すと、宗盛は熊野に帰郷を許す。

現在進行形の舞台経過を持つため、一見わかりやすそうに思えながら、観客のイメージに委ねる部分が多い象徴性の高い構成を持っている。侍女・朝顔の登場、熊野の居室から宗盛の館、清水寺への道中、花見の宴、都から遠江への帰国と、熊野の心理の動きに沿って、舞台空間も変化する。現代劇なら大道具やセットが何種類も必要となるが、能の象徴的舞台空間は

◆**補記**

「熊野松風に米の飯」という言葉がある。春の〈熊野〉、秋の〈松風〉ともにいつ見ても飽きがこない、噛みしめるほど味が出てくると解釈されている。現在進行形の舞台経過を持つ作品だから、初心者にもわかりやすく、見れば見るほど味が出る名

曲という評価だろう。しかし一方では、1959年に来日したフランス文化使節団をして「能は死ぬほど退屈だ」と言わせたのもこの作品だ。

孝女としての性格を持つ熊野だが、実は故郷に待つのは母ばかりでなく、幼な馴染みの恋人であるとの大胆な解釈もあり、三島由紀夫は戯曲集『近代能楽集』の中で、能とは違った世界を展開している。

効果的に場面展開を行う。特に清水寺への道行《みちゆき》は、車外の春の華やかな明るさと、車内の熊野の暗い気持ちの対比を、花見車《はなみぐるま》の作り物が象徴的空間として区切ることで、いっそう効果をあげている。

　老母の手紙を宗盛の前で読み上げる場面は能の語りものとしての聞かせどころであり、切々とした内容が思わず涙を誘う。宴席での熊野の舞は、一刻も早く帰郷したい熊野の心理を反映している。それまで華やかさの象徴だった桜花が、村雨に散る場面を見せ、散りゆくものの哀れさを強調するなど、効果的な配慮が随所になされている。

#【楊貴妃】

ようきひ――三番目物 ■五流

玄宗皇帝《げんそう》は寵姫《ちょうき》楊貴妃の死を深く悲しみ、方士（道教の呪術師）に命じて、楊貴妃の魂魄《こんぱく》のありかを尋ねさせる。方士は楊貴妃の霊魂を訪ねて蓬莱宮《ほうらいきゅう》に至る。方士から玄宗皇帝の嘆きの深さを聞いた楊貴妃は、皇帝との昔を懐かしんで憂いに沈む。方士は楊貴妃と会えた証拠に、皇帝とひそかに契られた言葉を聞く。楊貴妃は、二人の愛の誓いを追憶し、もとは天仙だったが人間界に仮に生まれ、楊貴妃として帝と契りを結んだと語り、優雅に舞うとやがて頭の飾を形見に方士に与え、去ってゆく方士を寂しく見送る。

この作品はワキが常世国に楊貴妃を訪ねる形を取り、一場ものの構成としている。シテの性格は、もちろん生きている人間ではないが、かと言って地獄で苦しむ亡霊というわけでもなく、極楽ですべての迷いから脱して成仏しているわけでもない。不老不死の世界で、永遠に美しい姿のまま、

典拠＝「長恨歌」
場所＝常世の国・蓬莱宮
シテ＝楊貴妃の霊
ワキ＝方士
アイ＝常世国の者

◆補記
楊貴妃は、クレオパトラか小野小町と並び称される絶世の美女の一人。能では、高貴さと優美さで〈定家〉〈大原御幸〉とともに「三婦人」に数えられる。

過ぎ去った玄宗皇帝との愛をただひとり偲び、すすり泣くのだから、ある意味ではとても残酷な状態だといえる。それゆえ美女の涙の美しさが活きてくるのだろう。主題は、生死による別離を越えた恋慕の情と、絶ちがたい愛情ゆえの哀傷だと言ってよい。『長恨歌《ちょうこんか》』の愛の永遠を誓った比翼連《ひよくれん》理《り》の名文句が、楊貴妃の美しさと愛の深さを強烈に印象付けているが、実はそれを裏切る別離の無常な哲理が冷徹に存在する。こうした愛の運命の無残さ、いたましさは誰にでもあるが、絶世の美女楊貴妃と、世の中の全ての権力を手中にした玄宗皇帝をしてさえ、こうした運命から逃れることができないというのが象徴的だ。

　楊貴妃は、はじめ皇太子寿王の妃となったが、27歳のとき60歳を過ぎた玄宗皇帝に迎え入れられ寵愛され、一門ことごとく要職に就いたことから国を傾けるに至った。能では、こうしたドロドロとしたことには一切触れず、単に美しいばかりではなく、歌舞に長じ音曲に通じ優れた聡明さをもった女性と言われる楊貴妃を不老不死の仙界に置き、過ぎ去った愛の物語を語らせ、美しく舞を舞わせることを主眼としている。

【夜討曾我】

ようちそが —— 四番目物 ■ 五流

典拠＝『曾我物語』
場所＝駿河・富士の裾野
前シテ＝曾我五郎時致
後シテ＝曾我五郎時致
前ツレ＝曾我十郎祐成
前ツレ＝団三郎
前ツレ＝鬼王
後ツレ＝古屋五郎
後ツレ＝御所五郎丸
後ツレ＝郎党
オモアイ＝大籐内
アドアイ＝狩場の男

◆**用語解説**

間狂言　24頁参照
立廻り　10頁参照

曾我十郎・五郎兄弟は、父の敵工藤祐経《すけつね》を討つにあたり、従者の団三郎と鬼王に故郷の母への形見を持たせて帰そうとする。二人は主君と行動を共にしたい、でなければ刺し違えて死ぬと言う。兄弟は二人を説得して送り出す。仇討ちは成功したが、十郎は討たれ五郎も生け捕られる。

〈小袖曾我〉とともに「曾我物」の一つ。前場では故郷の母を思う曾我兄弟の心情にはじまり、団三郎と鬼王に承知させるために言質を取るところや、団三郎と鬼王が刺し違えて死のうとする場面、曾我兄弟が二人を諭す場面と、主従四人の心情がこまやかな劇的葛藤の中で描かれるとともに、無駄のない言葉と動きによって劇的な緊張を高めていく。特に、遺書と形見を託す場面から団三郎と鬼王を送り出し、涙ながらに見送る曾我兄弟の断腸の思いへと続くところは、凝縮された表現に哀れさがひとしお感じられる。工藤祐経を討つ場面そのものは間《あい》狂言の語りにまかせ、後場《のちば》では五郎が奮戦して生け捕られるまでの様子を斬組《きりくみ》を含めて見せるが、単なる立廻り場面ではなく、討死にした十郎を探し求める五郎の兄を案ずる心情は、前場《まえば》での親子や主従の間の情愛に引き続くもので、この作品に通じる人情を感じさせる。

作者は宮増《みやます》と考えられ、世阿弥系の詩劇とは正反対に筋立ての面白さと平易な台詞劇としての性格を持った大衆劇的な起伏に富む構成の作品となっている。後世の武士社会における義理人情の硬直的道義性ではなく、もっと生々しく人間的な開放的人情といったものを感じさせるので、現代の私たちにも素直な感動を与えてくれる作品である。

【養老】

ようろう――脇能 ■ 五流

勅使の一行が養老の滝のほとりで樵夫の親子に出会う。親子は養老の滝川の水が長命を与えてくれることなどを語り、滝壺へと案内する。勅使も感激し、さっそく都に帰って天皇に奏聞しようとすると、楊柳《ようりゅう》観音ともいわれる養老の山神が登場し、神も仏も名は変わっても、水と波のような形だけの違いで、もとより神仏は一体であり、すべては神仏が衆生を救うための手段であると語り舞う。

養老の滝といわれる霊水については、『続日本紀』巻七の元正天皇の詔には、薬水、また若がえりの薬として登場し、これによって717年（霊亀3）11月に「養老」と改元されている。その後、『十訓抄《じっきんしょう》』ではこれを脚色し、親孝行な息子の徳で岩の間から酒が湧き出してくることになり、今ではこちらの話のほうがポピュラーになっている。こうした有名な説話を題材に、同じ神舞《かみまい》を舞う脇能でありながら〈高砂《たかさご》〉型の脇能とは違った異

典拠＝『十訓抄』
場所＝美濃・養老の滝
前シテ＝老翁（樵夫）
後シテ＝山神
ツレ＝樵夫
ワキ＝勅使
ワキツレ＝従者
アイ＝本巣の里人

◆補記

現行の演出では、前シテとツレが中入りし、後シテの山神が登場して神舞を舞うことになっているが、前シテが後シテの化身ではないことを考えると、あるいは前シテ、ツレ親子とは別に、山神が

登場する演出があったのかもしれない。

◆**用語解説**

『続日本紀』　日本書紀に続いて8・9世紀に編纂された漢文体勅撰史書で、年月日順に事実を叙述したもの。

『十訓抄』　日本・中国・インドの説話を子供達のためにまとめた教訓的説話集。1252年成立。

神舞　220頁参照

色の脇能をめざした世阿弥が、面白く見せる工夫をこらした自信作となっている。

前場《まえば》のシテとツレは、身分の賤しい樵夫の親子だが、霊泉の奇特を受けているので、野趣をもちながらも卑俗にならぬ風格をもっている。ワキも単なる旅人ではなく、天皇の命を受けた勅使だから、型の少ない前場の舞台全体の雰囲気が、存在感の高いものになっていく。後場《のちば》のシテは、神といっても〈高砂〉のように位の高い神ではないので、明朝に一気流動のさわやかな品位をもっている。

通常の脇能は前場のシテは神の化身だが、この曲ではツレとともに当時の実在の人物として登場させ、養老の滝の説話を中心に劇能としての色合いを強く出している。

【吉野静】

よしのしずか――三番目物　■観世・宝生・金春　金剛

源頼朝と不仲になった源義経が吉野山から落ちのびるにあたり、援護役の佐藤忠信《ただのぶ》は静御前と吉野山の衆徒《しゅうと》を欺くための相談をする。都道者の姿となった忠信は、衆徒に頼朝義経兄弟の和解などを語り説得する。静御前は義経の忠心や武勇を語る舞を舞い、衆徒が舞に見惚れている間に時をかせいで、義経は無事に落ちのびることができた。

『義経記《ぎけいき》』をふまえつつも、忠信と静御前が共謀して吉野山の衆徒を欺くという構想自体は能作者のオリジナルの部分が多い。筋の展開に多少の無理があり説得力も今一つ欠ける。作品の中心は静御前の舞にある。法楽の舞イロエ、義経の忠心と武勇を語るクセ、そして序ノ舞と、吉野山の衆徒たちが義経を追うことすら忘れて恍惚としてみとれてしまうほどの舞を見せる。

観世・宝生・金剛流では、前場を大幅に省略して一場物としている。

典拠＝『義経記』
場所＝大和・吉野
前シテ＝静御前
後シテ＝静御前
前ワキ＝佐藤忠信
後ワキ＝佐藤忠信

◆**補記**

『義経記』巻五によれば、静御前が吉野山で舞を舞ったのは、多くの道者に紛れて蔵王権現に参ったとき、寺の僧に勧められてのことで、そのため静御前であることが露顕して都に護送された。

【吉野天人】

よしのてんにん――三番目物　■観世

都に住む桜を愛する男が吉野の桜に惹かれ、花見好きの友人を誘って桜の花盛りの吉野山の奥深く分け入る。そこに花を友として暮らしているという吉野の里女が現れ、ともに桜を眺めていたが、いつまでたっても帰る気配がないので不審がると、自分は天人で花にひかれて来たが、今宵ここに旅居するなら五節《ごせち》の舞を見せようと言って消える。夜になると虚空に音楽が聞こえ、天人が現れて花に戯れて舞を舞う。

舞台に桜の立木の作り物を出し、吉野山を彩る満開の桜を象徴する。都人たちが吉野の桜に見入るところに呼びかけで現れる前シテは、里女姿ではあるが、どことなく高貴さを感じさせる。後シテは天女姿で太鼓入りの中ノ舞を華やかに舞う。祝言性を備えた作品なので略脇能として扱われることもあり、その際はアイが末社の神となり、後シテの装束や登場楽も変わる。

典拠＝未詳
場所＝大和・吉野山
前シテ＝里女
後シテ＝天人
ワキ＝都人
ワキツレ＝都人の同行者
アイ＝里人（末社の神）

◆**補記**

〈吉野天人〉は観世元雅の〈吉野琴〉を観世信光が改作したものと言われている。原曲〈吉野琴〉は2014年6月に京都観世会館「復曲試演の会」で十世片山九郎右衛門のシテで復曲され、その後再演されている。

【頼政】

よりまさ――二番目物 ■ 五流

宇治に来た僧に名所を教えた老人は平等院に案内し、源頼政が自害した扇の芝について語り、頼政の霊だと言って消える。夜半、法師の姿に甲冑を帯びた頼政の霊が現れ、平等院に布陣して橋板をはずしておいたが、平家方は軍勢をみごとに指揮して馬で川を渡りきったものの頼みにしたわが子の仲綱、兼綱兄弟も討たれ敗北し、扇の芝で辞世の句を詠んで自害したという敗戦の様子を語って消えた。

頼政が謀叛を起こした原因について、間狂言《あい》では、平宗盛《むねもり》による頼政の子息仲綱への仕打ちに対するいきどおりからだと述べている。しかし、77歳の頼政を名誉も地位も捨てて謀叛へと駆りたてた原因はそれだけだろうか。頼政は、もうひとつ覚めた感覚でこの謀叛を企てたような気がする。床几《しょうぎ》に座って戦況を眺める頼政の目には、圧倒的に強い平家と、負けるであろう自分たちが見えていたのではないか。にもかかわらず謀叛をおこ

典拠＝『平家物語』
場所＝山城・宇治平等院
前シテ＝里の老人
後シテ＝源頼政の霊
ワキ＝旅の僧
アイ＝里の男

◆補記

源頼政は酒呑童子を退治したことで名高い源頼光の五代目の子孫。後白河天皇に認められて、保元・平治の乱でも後白河帝側に立ったので、戦に破れて落ちゆく源氏の中で、独り都に残ることができた。しかし世の中は平家隆盛の時代で、安徳

天皇が即位すると頼政は以仁王を奉じて平家討伐を企てわずか一日の合戦で破れ、平等院で自害して果てたのである。

◆**用語解説**

間狂言　24頁参照

したのは『源三位頼政卿集』という歌集をまとめ、『千載和歌集』『新古今和歌集』に数十首が選ばれている名高い歌人でもこの時代に源氏一族としては異例の出世をとげた従三位でもなく、優れた戦略家として死んでゆくことへの妄執《もうしゅう》からと考えられる。老武者が「名」を残すことに対する執心とでもいったものを感じさせる。

　前場《まえば》で名所旧蹟を教える場面で、左右を向くだけで舞台の周囲に宇治の里の春景色を出現させ、月まで出してしまう。後場《のちば》でも、床几に座った頼政は、いつのまにか三百余騎を従えて宇治川を渡る田原忠綱の視点に転じ、座ったまま扇を扱っての型によって、三百余騎が逆まく激流の中を馬でおし渡ってくる様子をもののみごとに見せてくれる。

【弱法師】

よろぼし――四番目物 ■ 五流

人の讒言《ざんげん》が原因で父に追放された俊徳丸は、今は弱法師と呼ばれる盲目の乞食《こつじき》となり、天王寺で寺の縁起を語り舞う。日暮れになると、入り日の方角の極楽浄土を拝み、かつて見慣れた難波の浦の美しい景色を心眼に受け止める。ものを見るのは心で見るのだから、盲目の身であっても何の不自由もないと達観するが、現実は、人に行きあたって倒れ伏し笑われる、みじめなありさまで物狂おしい様子を見せる。父は弱法師の正体に気付き、恥かしさのあまり逃げようとする弱法師の手をとって連れ帰る。

杖をつきながら弱法師が登場する。この杖が有効に活かされる。橋掛りから舞台に入るところにあるシテ柱を天王寺の石の鳥居に見立てて、杖で探りあてる型や、興奮して杖をつきながら歩きまわり、人につきあたって倒れ、放した杖を手探りで拾おうとする場面など、写実的な型でありながら、杖を象徴的に扱うことの様式性を感じさせる。

典拠＝未詳
場所＝摂津・四天王寺
シテ＝俊徳丸
ワキ＝高安通俊
アイ＝寺近くの男

◆補記

弱法師という名称が固有名詞か一般名詞なのか、はっきりしない。一般に足元のよろよろした（盲目の）俗体の法師を総称して弱法師と呼んでいたと思われる。天王寺は聖徳太子以来、悲田院・施薬院などの社会事業施設があり、身体の不自由な人々の寄り場となっていたようだ。こうした人々が、喜捨の反対給付として芸をみせたのだと思われる。

◆**用語解説**

古態演出　137頁参照

散りかかる梅の花を袖に受ける弱法師の姿に、薄幸の身に落ちぶれながらも風流心を失わぬ心の純粋さを感じる。日想観《にっそうかん》となって、弱法師の心には、昔見た難波の景色がよみがえる。この内なる日想観が、単なる遊狂の芸とは違った内なるドラマとなり、人にぶつかってのみじめなありさまによって自分が見えたと思ったことが錯覚であったと認識し、一度に現実に引き戻される場面の残酷な覚醒が、この作品の最大のポイントとなっている。題材の特異さ、構成の緻密さ、香気の高さを持ちつつ、人間の内面をえぐり出した名作だ。

世阿弥自筆本の臨写本では、俊徳丸は妻を伴って登場する妻帯の成人という想定で、日想観のきっかけも妻が作る。現行の演出より戯曲的で写実的ともいえる演出で、**古態《こたい》演出**として上演されている。

【雷電】

らいでん——五番目物 ■観世・宝生・金剛・喜多（宝生〈来殿〉）

比叡山延暦寺の座主《ざす》法性坊僧正の許を夜更けに菅原道真の霊が訪れ、この世での怨みを晴らすため御所に乱入するので、僧正は召されても参内しないでほしいと頼む。僧正が拒むと、柘榴《ざくろ》を噛み砕いて妻戸《つまど》に吐きかけ火炎を起こすが、僧正が呪文を唱えると、火炎は消え菅公も煙の中に消える。やがて僧正が召されて紫宸殿に参内すると、菅公の怨霊は雷電の姿となって現れ僧正と戦い、帝が天満大自在天神を贈官したので鎮まる。

作者不明。『太平記』や『北野天神縁起』などを題材にした作品。前場《まえば》の僧正と菅原道真の亡霊の対立は、ワキの落ち着きはらった演技に対し、シテの演技のスピード感と切れ味の良さが緊迫感を生み出す。後場《のちば》は舞台を京都御所に移す。二つの一畳台が紫宸殿《ししんでん》などの内裏《だいり》の建物を表し、菅公と僧正の超能力とがぶつかり合うスペクタクルを見せる。ワキ方にとっても大役。

典拠＝『太平記』
　『北野天神縁起』
場所＝近江・比叡山
前シテ＝菅原道真の霊
後シテ＝菅公の怨霊
ワキ＝法性坊僧正
ワキツレ＝従僧
アイ＝所の者

◆**補記**

宝生流では、菅公を祖神とする加賀藩主前田斉泰の意思で後場を貴人姿の道真が早舞を舞う演出に改め〈来殿〉として上演している。

【羅生門】

らしょうもん——五番目物　■観世・宝生・金剛・喜多

源頼光は家来を集めて酒宴を催している。平井保昌《やすまさ》が九条の羅生門に鬼神が住んでいると物語ると、渡辺綱《つな》がたしなめるので二人は口論となり、綱は鬼が住むかどうかを確認するために、頼光から証拠の標を受け取って雨夜の中を出掛けて行く。たった一人羅生門へとやってきた渡辺綱は羅生門の石段を上がり、標の札を置いて帰ろうとすると、鬼が襲いかかる（舞働《まいばたらき》）。綱が太刀で鬼の腕を切り落とすと、鬼は黒雲に隠れて逃げ去る。

豪快な武勇談を絵巻物風に扱った作品。前場《まえば》での保昌と綱の論争は、素朴な武人気質による意地の張り合いとも思えるが、相当の迫力がある口論の場面で、ワキ方のセリフ術を堪能できる。後場《のちば》は宮の作リ物で羅生門を象徴し、気迫のこもった勇壮な鬼退治を見せる。シテには一句も謡がないが、後場の短い時間の中で凄みのある雰囲気を出さなければならない。各役とも気迫が要求される作品。

典拠＝『今昔物語集』『平家物語』
場所＝京・羅生門
前シテ＝鬼
ワキ＝渡辺綱
ワキツレ＝源頼光　平井保昌など
アイ＝綱の下人

◆用語解説

舞働　237頁参照

【龍虎】

りょうこ――五番目物 ■ 観世・喜多

中国に渡った日本の僧が柴を背負った老人と若い男に会う。僧が山の麓の竹藪について尋ねると、老人は龍虎の争いの様子を詳しく語り、竹林の岩陰に隠れて見るよう言い残して去る。僧が岩陰で見ていると、岩穴から虎が現れて風を起こすと、空から龍が下りてきて、龍虎相打つ物凄い光景を見せる。やがて龍は飛び去り、虎も岩穴へと入ってしまう。

「龍虎の争い」や「龍虎相搏つ」という言葉は「龍虎図」という絵の題材とされる。この勇壮な絵画的イメージを素材に、視覚的に楽しめる、わかりやすいスペクタクル能。竹林を模した作り物にシテの虎が入っている。ツレの龍が登場すると、シテの虎も岩穴から出てきた態で作り物の引廻しを下ろして登場する。大きな龍戴《りゅうたい》と虎戴《こたい》をつけた龍虎が相打つ動きが豪快な光景を繰り広げる。

典拠＝未詳
場所＝中国
前シテ＝老人
後シテ＝虎
前ツレ＝若い男
後ツレ＝龍
ワキ＝入唐僧
ワキツレ＝従僧
アイ＝仙人

◆補記
龍虎の対立は人間が威勢を争うことと少しも変わらず人間界の争いも所詮無意味だと諭すなど、全てに達観したかのような語りが印象的。

り

【輪蔵】

りんぞう —— 四番目物 ■ 観世

旅の僧が北野天神に着き輪蔵の前で拝んでいると、老人が輪蔵のいわれを語り、扉を開いて拝ませると、一夜のうちに五千余巻の経文を拝みたいという僧の希望を叶えようと約束して消える。僧が祈っていると厨子《ずし》の扉が開き、傅大士《ふだいし》と普建・普成《ふじょう》の二童子が現れ、僧に経を与え、傅大士は舞楽を舞う。火天も本体を現し、輪蔵を廻し、傅大士と普建・普成の二童子とともに輪蔵を廻り、威勢を示して消える。

前場《まえば》では火天の化身である老人が一切経のいわれを語る。この老人を前シテとして扱う演出もある。後場《のちば》ではシテが子方とともに楽《がく》を舞いはじめ、途中からシテが一人で威厳を持って舞う。その後、全員が輪蔵を廻り、行道の利益を見せるところが、この作品の見どころとなっている。回転する輪蔵の作り物は美しく手がこんでいることでは、能の作り物の中で一、二を争う。

典拠＝未詳
場所＝京・北野天神
シテ＝傅大士
前ツレ＝老人
後ツレ＝火天
子方＝普建童子・普成童子
ワキ＝旅の僧
ワキツレ＝従僧たち
アイ＝所の者・末社の神

◆**補記**

大勢の鉢叩きが瓢の神の前で勧め、瓢の神が登場し祝福するというのが本来であるが、現在は「鉢叩（瓢の神）」として替間扱いされている。

【籠太鼓】

ろうたいこ──四番目物 ■ 五流

松浦の某《なにがし》の家来関清次は喧嘩相手を殺したため牢に入っていたが、牢を破ってしまう。某は清次の妻を身代わりに牢に入れ、清次の行き先さえ言えば出してやると持ち掛けるが、妻は答えない。夫恋しさに狂気した妻は、牢にかけた鼓《つづみ》を見つけ打ち鳴らして狂い舞う。某は夫婦ともに助けることにすると、妻は正気に戻り隠れていた夫を尋ね探して幸せな生活を送る。

世阿弥以後、音阿弥・禅竹時代の作品。前半は間《あい》狂言が活躍し、対話劇ふうの進行は歌舞を尊重する世阿弥系の能とはかなり違っている。世話物的な雰囲気が濃厚な作品で、一場物のドラマとしてのスリリングな駆け引きを見せてくれる。一方で、物狂いの面白さも合わせ持っている。牢にかけた鼓を打ち鳴らしながら舞う狂乱の場は、充分に見ごたえがある。女の性格描写に優れ、物狂いの面白さもみせる。

典拠＝未詳
場所＝肥前・松浦
シテ＝関清次の妻
ワキ＝松浦の某
アイ＝松浦某の下人

◆補記
物狂いの能は恋しい者との別離をきっかけに濃やかな情緒と狂乱の面白さをみせる。この妻は、純粋な狂気ではなく、健気な妻の役割、意志の強い夫思いの妻としての内助の功を発揮している女というイメージが強い。

橋弁慶	はしべんけい	288
芭蕉	ばしょう	290
鉢木	はちのき	292
初雪	はつゆき	294
花筐	はながたみ	295
班女	はんじょ	297
飛雲	ひうん	299
檜垣	ひがき	300
雲雀山	ひばりやま	302
氷室	ひむろ	304
百万	ひゃくまん	305
藤	ふじ	307
富士山	ふじさん	308
富士太鼓	ふじたいこ	309
藤戸	ふじと	311
二人祇王（祇王）	ふたりぎおう	107
二人静	ふたりしずか	313
船橋	ふなばし	315
船弁慶	ふなべんけい	317
布留	ふる	319
放下僧	ほうかぞう	320
放生川	ほうじょうがわ	322
仏原	ほとけのはら	323
巻絹	まきぎぬ	324
枕慈童	まくらじどう	326
松風	まつかぜ	328
松尾	まつのお	330
松虫	まつむし	331
松山鏡	まつやまかがみ	332
松山天狗	まつやまてんぐ	333
松浦佐用姫	まつらさよひめ	334
満仲	まんじゅう	335
三井寺	みいでら	336
通盛	みちもり	338
三山	みつやま	340
水無瀬	みなせ	341

水無月祓	みなづきばらい	342
身延	みのぶ	343
御裳濯	みもすそ	344
三輪	みわ	345
六浦	むつら	347
無明の井	むみょうのい	348
室君	むろぎみ	349
和布刈	めかり	350
望月	もちづき	351
求塚	もとめづか	353
紅葉狩	もみじがり	355
盛久	もりひさ	357
八島	やしま	358
屋島（八島）	やしま	358
山姥	やまんば	360
夕顔	ゆうがお	362
雪	ゆき	364
遊行柳	ゆぎょうやなぎ	366
弓八幡	ゆみやわた	367
夢殿	ゆめどの	368
熊野	ゆや	369
湯谷（熊野）	ゆや	369
楊貴妃	ようきひ	371
夜討曾我	ようちそが	373
養老	ようろう	375
吉野静	よしのしずか	377
吉野天人	よしのてんにん	378
頼政	よりまさ	379
弱法師	よろぼし	381
雷電	らいでん	383
来殿（雷電）	らいでん	383
羅生門	らしょうもん	384
龍虎	りょうこ	385
輪蔵	りんぞう	386
籠太鼓	ろうたいこ	387

関原与市	せきはらよいち	197
殺生石	せっしょうせき	198
摂待	せったい	200
蟬丸	せみまる	201
禅師曾我	ぜんじそが	203
千手	せんじゅ	204
千寿（千手）	せんじゅ	204
草紙洗	そうしあらい	206
草子洗小町（草紙洗）	そうしあらい	206
草紙洗小町（草紙洗）	そうしあらい	206
卒都婆小町	そとばこまち	208
大会	だいえ	210
泰山府君	たいざんぷくん	211
大典	たいてん	212
大般若	だいはんにゃ	213
大仏供養	だいぶつくよう	214
大瓶猩々	たいへいしょうじょう	215
第六天	だいろくてん	216
当麻	たえま	217
高砂	たかさご	219
鷹姫	たかひめ	221
竹雪	たけのゆき	222
多度津左衛門	ただつのさえもん	223
忠信	ただのぶ	224
忠度	ただのり	225
龍田	たつた	227
谷行	たにこう	229
玉葛	たまかずら	230
玉鬘（玉葛）	たまかずら	230
玉井	たまのい	232
田村	たむら	233
檀風	だんぷう	235
竹生島	ちくぶしま	236
調伏曾我	ちょうぶくそが	238
張良	ちょうりょう	239
土蜘蛛	つちぐも	240
土蜘（土蜘蛛）	つちぐも	240
土車	つちぐるま	242
経政	つねまさ	243
経正（経政）	つねまさ	243
鶴	つる	245
鶴亀	つるかめ	246
定家	ていか	248
天鼓	てんこ	250
藤永	とうえい	252
藤栄（藤永）	とうえい	252
東岸居士	とうがんこじ	253
当願暮頭	とうがんぼとう	254
道成寺	どうじょうじ	255
唐船	とうせん	257
東方朔	とうぼうさく	258
東北	とうぼく	259
道明寺	どうみょうじ	261
融	とおる	262
木賊	とくさ	264
知章	ともあきら	265
巴	ともえ	266
朝長	ともなが	268
鳥追舟	とりおいぶね	270
鳥追（鳥追舟）	とりおい	270
仲光（満仲）	なかみつ	335
長柄	ながら	271
難波	なにわ	272
錦木	にしきぎ	273
錦戸	にしきど	274
鵺	ぬえ	275
寝覚	ねざめ	277
野宮	ののみや	278
野守	のもり	280
白楽天	はくらくてん	282
羽衣	はごろも	284
半蔀	はしとみ	286

刈萱	かるかや	103
邯鄲	かんたん	104
咸陽宮	かんにょうきゅう	106
祇王	ぎおう	107
木曾	きそ	108
砧	きぬた	109
清経	きよつね	111
金札	きんさつ	113
草薙	くさなぎ	114
国栖	くず	115
楠露	くすのつゆ	117
九世戸	くせのと	118
熊坂	くまさか	119
鞍馬天狗	くらまてんぐ	121
車僧	くるまぞう	123
呉服	くれは	125
黒塚	くろづか	126
現在七面	げんざいしちめん	128
現在忠度	げんざいただのり	129
現在鵺	げんざいぬえ	130
源氏供養	げんじくよう	131
絃上	けんじょう	133
玄象（絃上）	げんじょう	133
源太夫	げんだゆう	135
碁	ご	136
恋重荷	こいのおもに	137
項羽	こうう	139
皇帝	こうてい	140
高野物狂	こうやものぐるい	141
護法	ごおう	143
小鍛冶	こかじ	144
小督	こごう	146
小袖曾我	こそでそが	148
胡蝶	こちょう	150
西行桜	さいぎょうざくら	151
佐保山	さおやま	153
逆矛	さかほこ	154
鷺	さぎ	155
桜川	さくらがわ	156
佐渡	さど	157
実方	さねかた	158
実朝（高浜虚子）	さねとも	159
実朝（土岐善麿）	さねとも	160
実盛	さねもり	161
三笑	さんしょう	163
志賀	しが	165
重衡	しげひら	166
七騎落	しちきおち	167
自然居士	じねんこじ	168
石橋	しゃっきょう	170
舎利	しゃり	172
俊寛	しゅんかん	173
俊成忠度	しゅんぜいただのり	175
春栄	しゅんねい	176
鍾馗	しょうき	177
昭君	しょうくん	178
猩々	しょうじょう	180
正尊	しょうぞん	182
白髭	しらひげ	183
白鬚（白髭）	しらひげ	183
代主	しろぬし	184
須磨源氏	すまげんじ	185
墨染桜	すみぞめざくら	186
隅田川	すみだがわ	187
角田川（隅田川）	すみだがわ	187
住吉詣	すみよしもうで	189
西王母	せいおうぼ	190
誓願寺	せいがんじ	191
是界	ぜがい	193
善界（是界）	ぜがい	193
是我意（是界）	ぜがい	193
関寺小町	せきでらこまち	195

曲目一覧

＊曲目名のうち、流儀によって表記の違うものがあります。
その場合は、項目として取り上げた名称を（　　）内に入れています。

藍染川	あいそめがわ	6
葵上	あおいのうえ	7
阿漕	あこぎ	9
阿古屋松	あこやのまつ	11
蘆刈	あしかり	12
飛鳥川	あすかがわ	14
安宅	あたか	15
安達原（黒塚）	あだちがはら	126
敦盛	あつもり	17
海人	あま	19
海士（海人）	あま	19
綾鼓	あやのつづみ	21
嵐山	あらしやま	23
蟻通	ありどおし	25
淡路	あわじ	27
碇潜	いかりかづき	28
生田（生田敦盛）	いくた	29
生田敦盛	いくたあつもり	29
一角仙人	いっかくせんにん	30
井筒	いづつ	32
岩船	いわふね	34
鵜飼	うかい	35
浮舟	うきふね	37
雨月	うげつ	39
右近	うこん	41
鈿女	うずめ	42
歌占	うたうら	43
内外詣	うちともうで	45
善知鳥	うとう	46
烏頭（善知鳥）	うとう	46
采女	うねめ	48
鵜羽	うのは	50
鵜祭	うのまつり	51
梅	うめ	52
梅枝	うめがえ	53
鱗形	うろこがた	55
雲林院	うんりんいん	56
江口	えぐち	58
江野島	えのしま	60
箙	えびら	61
烏帽子折	えぼしおり	62
絵馬	えま	63
老松	おいまつ	65
鸚鵡小町	おうむこまち	66
大江山	おおえやま	67
大社	おおやしろ	69
翁	おきな	70
奥の細道	おくのほそみち	72
小塩	おしお	73
落葉（京）	おちば	75
落葉（陀羅尼）	おちば	76
姨捨	おばすて	77
伯母捨（姨捨）	おばすて	77
大原御幸	おはらごこう	79
小原御幸（大原御幸）	おはらごこう	79
女郎花	おみなめし	81
大蛇	おろち	82
杜若	かきつばた	83
景清	かげきよ	85
花月	かげつ	87
柏崎	かしわざき	89
春日龍神	かすがりゅうじん	90
合浦	かっぽ	93
葛城	かづらき	91
鉄輪	かなわ	94
兼平	かねひら	96
鐘巻	かねまき	97
加茂	かも	98
賀茂（加茂）	かも	98
加茂物狂	かもものぐるい	100
賀茂物狂（加茂物狂）	かもものぐるい	100
通小町	かよいこまち	101

金子直樹　かねこ・なおき

能楽評論家、独立行政法人日本芸術文化振興会プログラムディレクター(伝統芸能・大衆芸能分野)、楽劇学会理事、能楽学会会員。『能楽タイムズ』『花もよ』での能評、国立能楽堂プログラムの解説執筆をはじめ、解説、評論、講演などを中心に活躍中。主な著書に『僕らの能・狂言』『能鑑賞二百一番』『狂言鑑賞二百一番』(淡交社)。

装幀　中本訓生

淡交新書

能鑑賞二百六十一番

現行謡曲解題

2018年5月12日　初版発行

著　者　金子直樹

発行者　納屋嘉人

発行所　株式会社 淡交社

本社　〒603-8588 京都市北区堀川通鞍馬口上ル

営業　075-432-5151　　編集　075-432-5161

支社　〒162-0061 東京都新宿区市谷柳町39-1

営業　03-5269-7941　　編集　03-5269-1691

www.tankosha.co.jp

印刷・製本　　図書印刷株式会社

ISBN978-4-473-04248-4